# PPP模式重构

## 价值协同、能力互补与伙伴选择

王盈盈 著

清华大学出版社

北京

**图书在版编目（CIP）数据**

PPP 模式重构：价值协同、能力互补与伙伴选择/王盈盈著. —北京：清华大学出版社，2022.10
ISBN 978-7-302-61979-6

Ⅰ. ①P… Ⅱ. ①王… Ⅲ. ①政府投资－合作－社会资本－中国－研究生－教材 Ⅳ. ①F832.48
②F124.7

中国版本图书馆 CIP 数据核字(2022)第 181511 号

**责任编辑：**张占奎
**封面设计：**常雪影
**责任校对：**欧　洋
**责任印制：**沈　露

**出版发行：**清华大学出版社
　　　　　　**网　　　址：**http://www.tup.com.cn，http://www.wqbook.com
　　　　　　**地　　　址：**北京清华大学学研大厦 A 座　　　**邮　　编：**100084
　　　　　　**社 总 机：**010-83470000　　　　　　**邮　　购：**010-62786544
　　　　　　**投稿与读者服务：**010-62776969，c-service@tup.tsinghua.edu.cn
　　　　　　**质量反馈：**010-62772015，zhiliang@tup.tsinghua.edu.cn
**印 装 者：**三河市龙大印装有限公司
**经　　销：**全国新华书店
**开　　本：**185mm×260mm　　**印　张：**17.25　　　　　**字　　数：**303 千字
**版　　次：**2022 年 10 月第 1 版　　　　　　　　　　　　**印　　次：**2022 年 10 月第 1 次印刷
**定　　价：**78.00 元

产品编号：096859-01

感谢清华大学 PPP 研究中心的资助。

献给亲爱的家人和老师们。

PPP模式已经成为各国政府提供公共产品和服务的重要方式,在我国的实践探索中也展现出了一些新的现象和特征,但相关的理论研究还相对匮乏。我的学生王盈盈在博士期间研究撰写、在博士后期间整理出版的这本学术专著《PPP模式重构:价值协同、能力互补与伙伴选择》,以近年来我国PPP的快速发展为背景,针对地方政府的PPP伙伴选择行为开展研究,选题具有重要的理论价值和实践意义。

本书从分析近年我国PPP发展的特征入手,在传统"公私伙伴关系"的理论解释框架基础上,针对我国国企参与PPP积极性高、项目比重大的特点,创新性地提出了"公公伙伴关系"的概念来刻画我国国企参与PPP的独特现象,运用扎根理论构建了"价值协同-能力互补"的伙伴选择解释框架,并以基于财政部PPP项目数据等构建的混合截面数据库,对理论解释框架进行了实证检验,运用案例比较研究进一步揭示了地方政府伙伴选择动机的形成机理及长效机制,对于中国国情下的PPP"公公伙伴关系"具有较强的解释力,所提政策建议也具有较高的参考价值。

王盈盈长期专注于PPP领域,是国内PPP领域兼具实践经验和理论思考、项目管理和公共治理知识的优秀青年学者。她的学术志趣浓厚、学术水平较高、科研能力较强、学术视野开阔,在博士研究生期间高效地完成了博士论文研究,又在博士后期间产出多项具有较高水平的学术研究成果,在项目管理和公共管理的PPP领域均有较高认可度和较大影响力。而且,王盈盈的行业实践经验丰富、政策研究水平较高,能够将行业经历和理论研究紧密结合。望王盈盈在未来的学术科研工作中勤勉治学、宽厚为人,在科学研究和政策研究道路上保持敏锐的洞察力,服务于国家战略和学术研究,产出更多更高水平成果。

是为序。

杨永恒

清华大学政府和社会资本合作研究中心主任

清华大学公共管理学院教授

2022年4月10日

中国政府从 2014 年开始力推 PPP(Public-Private Partnership,公私合作在我国称作政府和社会资本合作),但中国 PPP 与国际 PPP 的最大不同是,中国 PPP 包括国企在内的社会资本,而非仅仅是私营资本,而且国企还可以作为第二个 P(社会资本)与政府合作。从那时至今仍是国企主导了中国的 PPP,形成了极具中国特色的公公合作,但也引起了不少争议。我的学生王盈盈在毕业工作 7 年后回校师从杨永恒教授攻读博士学位,以本书标题为选题,试图拓展 PPP 的理论内涵,探讨有关核心问题,有很强的理论意义和实践意义,也有利于向国际讲好中国 PPP 故事。

首先,本书系统阐述了国内外 PPP 相关理论,摒弃"工具或价值"这一传统二元对立思想,整合"工具"与"价值",指出政府在选择 PPP 伙伴类型时,既存在工具层面"效率最大化"的追求,也存在价值层面"公共价值协同"的取向,由此提出"价值协同-能力互补"的理论框架,可以较好地解释在中国市场经济较不成熟、人情和关系传统影响较大、契约精神较缺乏等为特征的情境下,地方政府选择 PPP 伙伴类型的行为动机,为"公公合作"奠定了理论基础。

其次,本书采用自下而上的方式,应用扎根理论对地方政府选择 PPP 伙伴类型的行为进行深入研究,提出"中国地方政府选择 PPP 伙伴类型的二元性根源于国家治理的二元性"这一重要结论,即强调同时发挥国企与私营资本的活力,并通过一系列法规政策等方式制度化国家治理的二元性,进而以压力传导的方式内化为地方政府 PPP 伙伴类型选择的行为动机,识别中国 PPP 实践中"公公合作"与"公私合作"的"二元一体"特征。

最后,本书进一步对所提出的理论框架开展截面数据和纵向案例的混合实证研究,通过对全国上千个 PPP 项目的采集和编码,验证了研究假设,还对中国 PPP 不同发展阶段的三个典型案例进行了过程追踪和横向比较,揭示了更多伙伴类型选择的过程、要素等机制，进一步验证了理论框架的稳健性。本书结论特别是所构建的理论框架，既具有较强的理论创新意义，也对中国 PPP 和国际 PPP 实践具有很强的应用价值。推荐从事 PPP 学术研究，政策研究的海内外学者和在校研究生阅读，共同推动 PPP 在公共管理学界的进一步发展，形成更具包容性和解释力的 PPP 理论框架。

　　是为序。

清华大学政府和社会资本合作研究中心首席专家

清华大学建设管理系教授、博士生导师

中国高校 PPP 论坛(72 所高校)学术委员会主任

2022 年 4 月 10 日

PPP(Public-Private Partnership,政府和社会资本合作)模式发源于欧洲,应用于全球。进入21世纪之后,PPP模式在世界范围内得到了广泛的推广应用。中国以BOT/TOT等模式起步的PPP实践始于20世纪90年代,与世界大致同步。作为全球范围内公共投融资领域的重要实践,PPP模式引起了全球学术界的广泛关注。PPP作为一种理念和机制,具体实施可以采用多种模式,其概念内涵也没有统一精准的定义。不同的国家、不同的发展阶段、不同的应用领域,PPP均有不同的内涵和特征。中国有关PPP的概念及实践在2014年之后逐渐走向规范。

中国的PPP模式强调政府和社会资本之间建立合作关系。作为舶来品,PPP模式最初进入中国时,曾被译作"公私伙伴关系""公私合作""政企合作"等,自2014年起被官方文件统一称作"政府和社会资本合作"。中国的PPP模式兼具全球规律和中国特色。一方面,中国PPP模式也包含优势互补、风险共担、收益共享三个特征。另一方面,第一个P(Public)在中国情境下只包含政府部门,而同为公有制属性的国有企业和资本被划分到第二个P(Private),与民营企业和资本一道,被统称为社会资本。这里所言"社会资本",既可以是民营资本、外商资本,也可以是各种形式的国有资本或混合资本。可见,与西方市场经济国家的PPP运作逻辑不同,我国没有把投资活动严格划分为公共部门和私人部门,而是把投资活动分为政府投资活动和企业投资活动。我国的PPP形成具有中国特色的狭义政府部门和广义社会资本合作模式。

然而,当前学术界仍以强调公共部门(Public)和私营部门(Private)构建合作伙伴关系(Partnership)的"公私伙伴关系"为主,而对于在我国占据PPP主流的政府和国企构建的合作伙伴关系解释不足。自2014年以来,中国PPP实践呈现出民企和国企参与数量"各顶半边天"的特征,而伙伴类型的选择主导权在于地方政府。已有的诸如效率优先、市场竞争、政治关联等理论无法解释地方政府的PPP伙伴类型选择行为。对此,本书提出新的伙伴类型——"公公伙伴关系",它和传统的伙伴类型"公私伙伴关系"共同构成伙伴选择的两个理想类型。这重构了PPP模式,也拓展了PPP的理论内涵。

本书受贯穿于百年公共管理"工具抑或价值"的理论启发，建立"工具"和"价值"的整合视角，提出地方政府在 PPP 伙伴类型选择中，既存在工具理性层面的"效率互补"动机，也具有价值理性层面的"公共价值协同"取向。在"价值协同-能力互补"理论框架中，"公私伙伴关系""公公伙伴关系"是伙伴类型谱系的两端。其中，"公私伙伴关系"在西方情境下占主导，其成立的预设条件是政府和市场相对均衡。但是在以中国为代表的发展中国家情境下，政府往往掌握大量资源，市场条件较为弱势，因此，中国 PPP 没有走向经典的"公私伙伴关系"，而是发展出国企和地方政府达成的"公公伙伴关系"，形成两种伙伴类型互为照应的 PPP 发展态势。由此，本书建构"价值协同-能力互补"的理论框架，用于解释中国情境下的 PPP 实践特征，超越了以往强调效率互补的单一视角。

本书从"地方政府在 PPP 实践中到底选择哪类伙伴？"这一现实问题出发，经过文献综述、现实调研、扎根研究、定量实证和案例比较等系列研究过程后，提出并论证了"价值协同与能力互补"的 PPP 伙伴选择理论框架，以此廓清 PPP 伙伴关系达成机制。本书还采用扎根理论揭示了中国的情境特征：在中国为代表的发展中国家，国家治理二元性是地方政府 PPP 伙伴选择动机二元性的情境因素。本书还进一步采用定量实证检验理论框架的相关假设，并且采用案例比较进一步分析伙伴选择动机的战略作用机制，展现 PPP 的"战略"协作特征和一般组织协作特征的差别。本书也揭示了一类特定组织协作——基于正式长期合同的公共组织与异质性伙伴（即政府与多元主体）的 PPP 协作特征，指出其选择动机具有长效战略作用和意义。

展望未来，随着投融资理念更加成熟，投融资模式逐步丰富，中国的基础设施和公共服务投融资实践必将呈现新趋势新特征，以更好发挥市场配置资源的作用。在这一走向规范化、成熟化的投融资体制机制创新进程中，以 PPP 运作模式为引领、PPP 精神要义为指导的政府和社会资本合作模式必将在我国得到进一步推广和长足发展。本书揭示的伙伴选择动机对伙伴类型选择结果的影响，仅仅是伙伴关系达成的一个方面，市场条件和产品属性是另外两个重要维度。笔者认为，未来有必要对市场条件和产品属性这两个维度做进一步细分和理论解释，以期完善伙伴关系达成的理论框架。由此，PPP 伙伴选择理论框架也能与其他的政府和多元主体协作机制做更多一致性解释的探索。此外，"伙伴选择"仅仅是 PPP 伙伴关系达成的开始，并不是 PPP 伙伴关系成功的充分条件。虽然本书也揭示了伙伴选择动机对于伙伴关系达成后的成功维系起到重要作用，但是未来针对 PPP 执行和产出绩效等方面的长期协作机制和影响因素探讨，还有很多的工作要做。

王盈盈

2022 年 3 月

| | |
|---|---|
| **APSR** | 美国政治科学评论 |
| **BOO** | 建设-拥有-运营 |
| **BOOT** | 建设-拥有-运营-移交 |
| **BOT** | 建设-运营-移交 |
| **BT** | 建设-运营 |
| **BTO** | 建设-移交-运营 |
| **DBFO** | 设计-建设-融资-运营 |
| **DBFOT** | 设计-建设-融资-运营-移交 |
| **DBOT** | 设计-建设-运营-移交 |
| **DBTO** | 设计-建设-移交-运营 |
| **EPC** | 工程总承包（"交钥匙"） |
| **NPM** | 新公共管理 |
| **O&M** | 运营和维护 |
| **PAR** | 公共行政评论 |
| **PFI** | 私人融资倡议 |
| **PPI** | 私人参与基础设施（来自世界银行） |
| **PPP** | 政府和社会资本合作，公公伙伴关系，公私伙伴关系 |
| **PSVM** | 公共服务价值模型 |
| **PV** | 公共价值 |
| **PV-GPG** | 以公共价值为基础的政府绩效治理理论 |
| **ROT** | 改造-运营-移交 |
| **SPV** | 特殊目的机构，PPP 项目公司 |

| | |
|---|---|
| **TOT** | 移交-运营-移交 |
| **σ（sigma-type values）** | 保持精简和有目的的公共价值 |
| **θ（theta-type values）** | 保持诚实和公平的公共价值 |
| **λ（lambda-type values）** | 保持稳健和弹性的公共价值 |
| **Capacity complementarity** | 能力互补 |
| **Contingency** | 权变 |
| **Contracting out** | 合同外包 |
| **Ambiguity** | 模糊 |
| **Decoupling** | 脱耦 |
| **Dual structure of PPP** | PPP 二元结构 |
| **Goal alignment** | 战略目标一致 |
| **Hybrid forms of collaboration** | 混合合作形式 |
| **Huge scale of PPP** | PPP 超大规模 |
| **Identity** | 身份认同 |
| **Institutional complexity** | 制度复杂性 |
| **Partner selection** | 伙伴选择 |
| **Partner fit** | 伙伴匹配 |
| **SOE** | 国有企业 |
| **Value synergy** | 价值协同 |
| 国企 | 国有企业 |
| 民企 | 民营企业（含外资企业），非国有企业 |
| 外企 | 外资企业 |
| 央企 | 中央企业 |
| 融资平台 | 地方政府融资平台公司 |
| 42 号文 | 国办发〔2015〕42 号文 |
| 43 号文 | 国发〔2014〕43 号文 |
| 60 号文 | 国发〔2014〕60 号文 |
| 92 号文 | 财办金〔2017〕92 号文 |
| 113 号文 | 财金〔2014〕113 号文 |
| 192 号文 | 国资发财管〔2017〕192 号文 |

# 目录

# 第一章

# 导　论

行政科学明显具有实践性特征,行政也像政府本身一样悠久。

——威尔逊(Wilson,1887)

## 第一节　研究缘起

### 一、中国 PPP 实践特色反思

在政府活动中引入市场机制是西方新公共管理(new public management,NPM)的一个重要特征,其中,政府和社会资本合作(public-private partnership,PPP)是一个重要工具和模式(Savas,2000;Linder,1999;Ghere,1996;Kettl,1993;Osborne,1993)。狭义的 PPP 是指政府和企业建立伙伴关系[①],合作供给资本密集型的、回报周期长的大型公共项目(Savas,2000)。广义的 PPP 是指混合组织之间建立的协作关系,即混合组织形式(hybrid organizational forms),其最大挑战在于如何协调和匹配组织绩效,包括组织间认知、目标和经验差异等(Caldwell et al.,2017)。这都表明 PPP 伙伴选择非常重要,对公共服务绩效和公共行政表现具有重要战略意义。

---

[①]　实践中 PPP 以政府和企业合作最为常见,因此本书主要探讨"营利性组织"参与的 PPP,暂不涉及"非营利性组织"参与的 PPP。

西方经典的PPP是指政府和民营企业①（下文简称"民企"）合作，称作"公私伙伴关系"。公私间协作的核心是创造出任何一方独立行动都无法实现的价值（Caldwell et al.，2017），形成双方的优势互补作用，从而帮助政府提高公共项目供给的效率（efficiency）。这一机制发挥作用的前提是政府与市场关系均衡、市场体制相对成熟（Hughes，2012）。然而，在中国情境下，政府往往掌握大量资源、市场却相对不完善②，导致公私伙伴关系的双方优势互补作用无法完全展现。因此，在中国情境下，政府与民企的伙伴关系具有限度，反而是政府与国有企业（state-owned enterprise，下文简称"国企"）③的伙伴关系大量、广泛地存在。在2014年以后中国落地实施的PPP项目④中，国企中标⑤的PPP项目数量超过总量的一半⑥。杨永恒⑦将政府与国企的伙伴关系称作"公公伙伴关系"（public-public partnership），认为中国语境下的PPP之所以被称作政府和社会资本合作，主要是其内涵发生了深刻变化。其中，第一个P只剩下了政府，而国企和资本都转移到了第二个P下面，和民企及资本一道，被共同命名为"社会资本"。可见，中国的PPP既有和西方语境相同的公私伙伴关系，也有独特的公公伙伴关系。

---

① "民营"是具有强烈中国特色的词汇，与西方的"私有"概念几乎等同，但在我国公有制语境下采用"民营"更为恰当。民营企业原本特指"中国公民的私有财产，不包括国有资产和国外资产（境外所有者所拥有的资产）"，但随着中国经济活动的日益全球化，民营企业内涵已扩大至也包含外资企业，因此，本书的民营企业即非国有企业控股的企业。例如，含一小部分国有资产，但不具企业经营权和控制权的有限责任公司和股份有限公司亦可称为"民营企业"。自改革开放以来，中国在发展民营经济、恢复私有产权方面取得了重大的进展，十八届三中全会进一步明确，要"发挥市场在配置资源中的决定性作用，允许社会资本通过特许经营等方式参与城市基础设施投资和运营"，十九大报告进一步明确指出，要"毫不动摇鼓励、支持、引导非公有制经济发展，使市场在资源配置中起决定性作用，更好发挥政府作用"。这表明，中国公共产品和服务供给的治理结构正由传统的体制内单中心治理向党建引领下的多元协作治理结构转变（李友梅，2017）。

② 这里的"资源"不仅仅指物质资源，还包括各项人们生存和发展所需的几乎一切的社会及信息资源，参照孙立平等（1994）对中国改革前"总体性支配"特征的描述，即国家几乎垄断着全部重要资源。

③ "国有企业"概念参见《国有企业境外投资财务管理办法》（财资〔2017〕24号）第二条，"指国务院和地方人民政府分别代表国家履行出资人职责的国有独资企业、国有独资公司以及国有资本控股公司，包括中央和地方国有资产监督管理机构和其他部门所监管的企业本级及其逐级投资形成的企业"。

④ 结合中国PPP政策与实践情形，本书中的PPP指政府与企业以长期合同建立的合作关系，合作内容至少包含投资与运营。换言之，本书中的PPP是一个概念，而非具体操作方式，如建设-运营-移交（build-operate-transfer，BOT）、移交-运营-移交（transfer-operate-transfer，TOT）、建设-拥有-运营-移交（build-own-operate-transfer，BOOT）等都统称为PPP，不过PPP、特许经营及购买服务之间仍存在争议和管理交叉。详见我国《政府和社会资本合作条例（征求意见稿）》以及本书第二章的概念界定和第五章。

⑤ 本书对PPP伙伴类型的确定方式为：当中标企业为一家时，以该企业的所有制为准；当中标企业超过一家时（即联合体中标），以联合体中相对股权最大的企业所有制为准。这一方式根据《中华人民共和国公司法》相关要求确定，即相对股权最大的企业拥有PPP项目公司特殊目的机构（special purpose vehicle，SPV）的实际控制权和决策权。

⑥ "超过一半"信息经"三角验证"确定，分别来自国家财政部PPP综合信息平台、国家发展改革委的全国PPP项目信息监测服务平台及笔者依托明树数据公司（全称为明树数据科技有限公司）的数据库构建的项目数据库。虽然三个项目库的统计口径存在很大不同，但对"国企参与PPP的项目数量比例"的统计结果却基本一致。本书第三章和第四章还将详细介绍这三个数据库的来源及收集统计情况。

⑦ 杨永恒教授深度解读PPP模式的现实困境与未来发展：新华网、财政部PPP中心、搜狐财经〔2016-07-01〕.清华大学公共管理学院官方网站＞首页＞教授风采. http://www.sppm.tsinghua.edu.cn/jsfc/26efe48955a1c4810155a4e57aa40002.html。

这两类伙伴之间有明显区别,各自内部又高度相似,对两者的比较研究详见本书第三章第三节。现实中,两者既形成了明显区分的两个伙伴类型,也同时存在两者混合的伙伴类型。本书将这一实践特色称作"PPP 二元结构",如图 1.1 所示。

图 1.1　中国 PPP 实践的"二元结构"特色

注:两个圆的交叉部分代表个别无法确认牵头方的 PPP 项目。

然而,公公伙伴关系引起了广泛争议。比如,世界银行私人参与基础设施(private participation in infrastructure,PPI)项目数据库至今未把我国国企投资参与的 PPP 项目纳入其统计范畴。学界也先后形成了两派鲜明的观点。其中,支持者认为国企参与的 PPP 项目仍可理解为公私伙伴关系。其理由是,只要是以追逐"利润"为经营目标,即便是国企也可被视为"私人部门"(Ke et al.,2013)。然而,国企中标的 PPP 项目时有爆出账面"零利润"的情况,而且国企经常为获得 PPP 项目而竞相"杀价"。这表明国企投资 PPP 项目可能不是单纯的追逐"利润",与经典的公私伙伴关系存在差异,有必要予以区分。反对者认为国企在 PPP 项目投资中存在政策性负担和软约束行为,导致对民企的"挤出"和市场的"扭曲"(Wang et al.,2019),从传统国企认识视角解释这一现象。然而,笔者访谈的部分地方官员认为 PPP 项目中的政府和国企关系较以往有了新的特征。比如:

"有些 PPP 项目虽然仍是本地国企参与,参与者没有变,但合作规则变了,变得更市场化了,我们和国企的合作规则更加规范透明。打个通俗的比方,政府融资平台中的政府和国企是'父子'关系,但 PPP 模式中的国企成了'上门女婿',这关系自然有变化。"(访谈记录:20180708-B7-GT)[①]

而且,地方官员认为国企相比民企在有些 PPP 项目中更具胜任能力。比如:

"国企对大额融资、大体量工程的建设更能胜任,加上国企与我们拥有更相近的思想文化、行为规则,有时候合作效果确实比和民企的要好。"(访谈记录:20191229-B15-GT)

综上,政府和国企的 PPP 项目合作既不是经典的公私伙伴关系,也不再是传统的政府和国企关系。因此,有必要对近年来我国大量国企参与的 PPP 项目,即新时代下

---

① 　关于访谈记录,详见第四章第二节说明。

我国公公伙伴关系的形成机制作出解释。

公公伙伴关系是我国发展转型过程中的产物。这一现象还引起了全球PPP各界人士的关注。例如，联合国欧洲经济委员会PPP中心主任汉密尔顿先生认为"国企参与PPP项目这一现象非常有趣，研究清楚它的发生原理，对于全球PPP的发展都是重要的"（访谈记录：20191201-B10-GT）。我国在坚持构建更加公平的营商环境、释放民企经济活力的同时，也在鼓励和推动国企进一步的市场化改革。我国当下治理格局的复杂性在于，改革进程中表现出"既需要国企稳健，也需要民企创新"的二元性。这一现象在郑永年等（2021）的专著《制内市场》中已有详细阐述。在地方公共产品和服务供给中，创新和效率固然重要，但增进公平、保持稳健和提高社会效益等需求更为迫切。

公公伙伴关系在这样的治理背景下呈现出极具张力的特征。一方面，由于国企的"预算软约束""政策性负担"等特征（Kornai，1986；王永钦等，2016；Lin Yifu et al，1999；林毅夫等，2004；刘瑞明，2019），公公伙伴关系无法摆脱历史路径的束缚，仍存在国企改革所面临的普遍问题，因此无法像公私伙伴关系那样发挥纯粹的效率互补效用。另一方面，PPP伙伴选择行为促进了国企之间的竞争。而且，在公共设施建设领域，自分权改革后形成的"地区间竞争"赋予了我国国企独特的"成长"经历，尤其是积累了丰富的公共基础设施建设和管理经历（张维迎，1998），以及民企无法比拟的相配套技术和资源倾斜优势（刘瑞明，2011），加之在金融市场上因所有制歧视而获得的融资分配优势（苟琴等，2014；李翃楠，2016），国企参与PPP项目实际上也存在着一定的客观竞争优势（Cheng et al.，2016）。这种优势集中表现为世界一流的建设管理经验、大型资产管理经验和资本运作能力等。因此，公共伙伴关系的建立过程彰显了国企之间多层次竞争关系，折射出其主管政府之间的竞争逻辑。

反过来，公公伙伴关系为地方公共物品供给赋能，起到弥补中国情境下公私伙伴关系效用缺憾的作用。本书第四章通过制度分析指出，国企加入中国PPP的实践，既是制度层面的安排，也是中国实情的展现。国企的加入激发了地方政府的PPP采纳意愿，充分释放了地方政府的协作治理势能，实现了国家预期的发展激励目标。这一行为过程促成了我国的"PPP超大规模"现象。即使在2017年国家财政部发布"清库"文件（财办金[2017]92号）和国务院国资委发文约束中央企业（下文简称"央企"）投资行为（国资发财管[2017]192号），以及2018年国家财政部继续发文以进一步提高PPP融资条件（财金[2018]23号、财金[2018]54号）的情形下，地方实践PPP的热情依旧不减，公公伙伴关系仍旧不断涌现。这是为什么呢？笔者认为，地方PPP实践是继土地财政、融资平台[①]之后一场新的地方竞争场域。它既接替了地方竞争促进发展的热情(本书第四章将阐释这一发展热情的由来),也促成了发达地区企业能力外溢和欠发达地区能力洼地的互补作用。与此同时,地方PPP实践也暴露出诸多问题,包括变相融资、运营不足、低价竞争、国企过多、民企不活跃等。

那么,进一步的疑问则是,**地方政府PPP伙伴选择的动机到底是什么?为何在同样的制度高压之下,地方政府仍旧呈现出了伙伴选择标准的多样性?** 现实的复杂性使得地方政府的PPP伙伴选择动机变得扑朔迷离。在中国社会培育成长、公众需求日益多元和市场经济发展的背景下,地方政府的公共产品和服务供给既受到国家治理总体要求的约束,也受到社会公众和市场资源的影响。这表明,研究清楚"中国地方政府的PPP伙伴选择动机"这一问题不仅任务艰巨,而且非常重要。笔者认为,面对中国PPP的二元结构及超大规模的特色现象,尤其是"地方政府到底怎么选择伙伴"的实践反思,有必要回归到理论中寻找那把解释复杂现实的"钥匙"。

## 二、西方PPP理论解释困境

20世纪末全球民营化浪潮兴起,我国市场经济高速发展,与此同时全能主义国家在我国逐渐退缩(吴俊培等,2004)。在这样的背景下,我国开始实践PPP并取得多方面进展,打破了公共产品和服务供给不足且效率低下的局面(杨永恒等,2018b)。2014年以后,随着原有制度边际收益消散,国家开始自上而下强势推行PPP(谈婕等,2019),相关支持性法律法规的陆续出台促使我国PPP项目数量和质量均大幅提升。例如,教育、扶贫和社会保障等领域均初步形成PPP项目合作及竞争市场。随着公众需求日益增加和政府供给能力有限的矛盾凸显,PPP在地方公共产品和服务供给中发挥越来越重要的作用,同时也在悄然重塑市场化机制的创新。而且,由于PPP通常是一项10~30年的超长期协作,因此随着时间的推移,PPP中的伙伴作用将越来越凸显,呈现出双方战略合作的特征。这对政府治理能力提出了更大的挑战(Van Gestel et al.,2012;Casady et al.,2019)。因此,中国PPP发展的可持续性,特别是公公伙伴关系的作用机理,引起了强烈关注。

虽然近年我国的PPP实践时常受到"假PPP""没有真正提高效率"等质疑(如:

---

① "地方政府融资平台公司"的定义参照《国务院关于加强地方政府融资平台公司管理有关问题的通知》(国发〔2010〕19号)第一段文字"指由地方政府及其部门和机构等通过财政拨款或注入土地、股权等资产设立,承担政府投资项目融资功能,并拥有独立法人资格的经济实体"。本书第三章还将详细介绍"我国地方政府融资平台公司"的发展历史。

Song et al.，2019；蓝志勇等，2019)，但毫无疑问，我国 PPP 实践创新行为仍然活跃。笔者从 PPP 的两个基本特征出发，分析中国情境与 PPP 实践特色。

第一，PPP 项目通常需要签订长期合同(Hart，2003)。PPP 伙伴选择动机除包含短期利益因素之外，显然还有长期战略因素以及价值观念因素。在西方情境下，由于市场机制能发挥相对充分的效用，因此 PPP 伙伴关系建立在市场主导逻辑的基础之上。成熟的制度框架约束使得双方对长远合作可行具有稳定预期，也对事前约定的退出机制约束作用有信心，即有较为充足的可置信承诺，以此为前提来确定双方未来的成本与收益。相比之下，中国社会历来的官僚传统使得 PPP 伙伴选择更多建立在社会"关系"之上，而且选择权由政府主导，其可置信承诺的形成逻辑与西方完全不同。

第二，PPP 项目通常具有大规模资金的投融资属性(Hodge et al.，2007)。其他公共项目供给的协作方式主要由财政买单，相比之下，PPP 虽然也有少数的公共财政补助，但大部分尤其是 2014 年后的 PPP 项目实施必须计算投资回报。因此，PPP 伙伴选择的结果将对未来项目全生命周期的每个阶段产生深远影响。伙伴选择是每一个 PPP 项目合同的起点，如果 PPP 项目合同期限为 30 年，则这一个项目的实施往往能覆盖一个参与个体的整个职业生涯周期，有望成为其一生的核心事业，因此从个体层面来看这一选择动机也具有战略特征。

那么，在公共项目投融资的组织协作中，政府到底是选国企还是选民企？面对这一困惑(puzzle)，过往研究 PPP 的学者认为国家发达程度决定了 PPP 伙伴选择的动机，中国作为发展中国家，选择的企业更多是具有大规模融资能力和建设管理能力的伙伴(Chan et al.，2009)。也有学者从市场竞争视角出发，认为我国民营化浪潮最终会推动民营经济的成长，进而为我国市场化转型提供良好的土壤(刘迎秋，1994；杜国臣等，2012)，也有助于解开国企对经济活力的桎梏(张维迎，1998；刘瑞明，2011；廖艳嫔，2015)。但也有学者认为，相比于市场竞争视角，技术治理视角更能解释中国 PPP 实践，即便 PPP 对应的公共项目投融资市场相比以往有了很大的发展，但这并不意味着国家可以放弃这一领域的主导权。恰恰相反，政府主导才能体现公共项目投融资领域中的政府责任与价值。著名政治学学者汉娜·阿伦特把"公共的"一词理解为世界本身，政治属性是公共领域与私人领域的本质区别(阿伦特·H，1998)。换言之，公共物品的供给机制可以市场化，但政府责任不能市场化(彭宗超等，2008；邓国胜，2009；郑谦，2012；杨永恒等，2018a)，公共项目的公共属性不能被市场竞争消解。技术治理视角建立在政府更能把握公共价值的预设之上，政府引入私营部门提高效率是建立在保有公共属性前提条件下的组织机制。然而，随着时代的发展，在承认我国强势政府和强大国企的共识下,虽然诸如"官营经济""父爱关系""庇护主义"等中国本土框架日益涌现,但对于"国企还是民企"的改革方向依旧没有共识。学者们均认为中国既需要国有经济的半统制、半竞争市场,也需要以法治为基础的市场环境,来释放民营活力,即"泥泞前行"(薛澜,2014)。巫永平(2017)认为,"大政府+大国企+大金融"的公有垄断模式是很多国家和地区实现经济赶超的工具,但同时也是以牺牲民营经济市场活力为巨大代价的增长方式。基于这一视角,从理论上判断,地方政府主要出于提高效率的目的选择伙伴(Osborne,1993;Savas,2000;Klijn,2003),这是工具理性选择逻辑。

然而,笔者却在现实中观察到这一困惑:**为什么地方政府也会在 PPP 中选择不那么高效的伙伴类型?**现有理论首先没有明确区分公私伙伴关系和公公伙伴关系两个伙伴类型,其次也没有给出中国地方政府 PPP 伙伴选择行为的合理解释。当前实践者往往过度关注 PPP 是否有助于破解眼前的问题,比如稳投资、保"基建"体量和补基础设施短板等,却未意识到大量 PPP 项目落地意味着有中国特色的 PPP 机制形成以及伙伴双方许下长期承诺将产生的影响。这必将对我国未来公共治理格局产生潜移默化甚至颠覆性的影响。然而已有理论在面对这一现实情境时,陷入了理论解释的困境,亟待突破和创新。

## 第二节 研究问题:中国地方政府的 PPP 伙伴选择动机

PPP 作为市场机制与科层机制有效结合的产物,虽然尚无可遵循的既定路径作为统一模式,但公私伙伴关系的互补形成机制仍为理论共识(Savas,2000)。学者们对国企可能成为市场经济枷锁的探讨也有定论(Kornai,1986)。国内外学者也一直密切关注中国近年 PPP 井喷现象和独特特征,并积极寻找理论解释答案。然而,其中诸多研究存在的缺憾是:在认知起点上,多数研究普遍将"互补"作为 PPP 给定的形成因素,直接跳到行为结果、表现及其影响上作事后分析,而鲜有研究对近年中国 PPP 改革缘起、制度建构以及地方政府在这一宏观背景之下的行为动机、行为特征和行为影响等一系列行为逻辑作系统探讨。这使得理论在现实面前依然有限,中国情境下的 PPP 伙伴关系形成机制及作用机理"黑箱"尚未真正揭开。

综上,我国 2014 年以来的 PPP 实践,存在这一反常现象:国家并没有禁止国企参与 PPP,反而是规范其投资行为,同时也鼓励民企积极参与,呼吁打造更优良的营商环境来形成开放、公平的竞争格局;同样,地方政府也并没有只选国企抑或民企,而是在有些项目上选择民企,在另一些项目上更倾向于选择民企。那么,地方政府的 PPP 伙伴选择动机到底是短视的，还是也有长远考虑？由此，本书提出核心研究问题：**中国地方政府的 PPP 伙伴选择动机是什么**？笔者希冀通过回答这一问题，区分 PPP 伙伴的两个理想类型(ideal type)，着重解释公公伙伴关系的形成机制及作用机理，通过重构预设条件(assumption)建立两个伙伴类型之间的联系，从而丰富 PPP 机制的内涵，从传统发达国家情境中的"互补"机制走向转型国家情境中的多种机制并存，使得 PPP 模式更具解释力。进一步地，本书围绕这一问题又形成三个研究子问题。

子问题一：作为转型国家的代表，中国 PPP 的制度情境及实践行为有何特征？

子问题二：面对国企和民企两类伙伴，地方政府的 PPP 伙伴选择动机是什么？

子问题三：上述伙伴选择动机有哪些作用机制，如何在不同阶段发挥战略影响？

# 第三节　研究意义

## 一、理论意义

"中国国家治理现代化"目标的提出，是人类社会制度演变中的巨大挑战和复杂命题(薛澜，2014)。因此，如何回答好中国国家治理现代化命题，是当今我国公共管理学科的使命与担当。本书围绕公共项目投融资和供给模式创新，旨在探索中国情境下的 PPP 形成机理，揭示地方政府的 PPP 伙伴类型及其选择逻辑，为这一领域的有效治理提供启示，也致力于 PPP 模式的理论重构。

本书的理论贡献可能是希冀形成地方政府 PPP 伙伴选择行为的理论解释，意图在社会个体和国家制度之间建构地方政府组织的中层理论(mid-range theory)(Merton，1967)。不过，社会机制和经验现象并不具有一对一的确定关系，一个社会现象可能对应着多个解释机制，而将中层理论所处的制度情境一并分析有助于发现中层理论的现实意义(赵鼎新，2015)。因此，本书基于"结构-行为"范式(Giddens，1984)，研究地方政府的 PPP 伙伴选择动机与结果，如图 1.2 所示。

综上，本书预期贡献在于：

(1) 提出公公伙伴关系概念，在公私伙伴关系的 PPP 实践基础上，丰富 PPP 的伙伴类型，实现 PPP 模式的理论重构。

(2) 建构价值协同-能力互补理论框架，解释地方政府 PPP 伙伴选择行为，超越效率互补的单一研究视角，遵循公共项目价值与效率均衡的二元性视角。

(3) 揭示政府组织与异质性伙伴达成长期战略协作的行为动机，其特征在于"伙伴

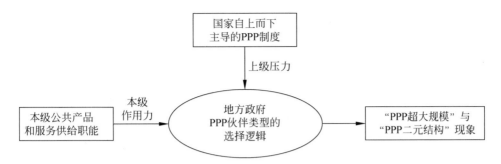

图 1.2　本研究预期揭示的地方政府 PPP 伙伴选择行为"黑箱"示意图

选择动机的长效作用",有助于拓展组织协作理论对于公共产品和服务供给领域的解释力,也有助于加深对国家治理逻辑的理解。

## 二、理论构想

由于本书面对的 PPP 伙伴选择是一个具有强实践属性的、带有复杂互动的研究问题,因此,笔者预期结合理论与实践开展理论研究工作,计划完成理论建构和实证检验的两阶段研究工作。

这一构想来自陈向明(2000)[323-327] 的启发。她在专著中专门介绍了哈佛大学肖(Shaw,1993)的理论建构教学案例,肖的示例则是以威利斯(Willis,1977)的研究为模板。威利斯在从事其博士论文《学会劳动》的研究工作中,用于理论建构的研究资料有一半源于实地资料的收集和归纳,其余一半则是来自对马克思主义理论的回顾和演绎。

本书的研究对象也同样面临既有深厚的理论基础,又有丰富的实践素材这一境况。因此,笔者首先对 PPP 的研究起源及理论体系进行回顾,找到学术共同体对类似现象中已经解决的问题和尚待探索的方向。然后,笔者带着理论储备扎根到现实,按照威利斯自下而上地抽象理论的方法进行探索,在收集和归纳必要的、丰富的实践细节之余,着重在理论与实践的中间层次找到恰当的结合点,以期给出可信且可行的理论解释。

综上,本书的理论建构设想如图 1.3 所示。

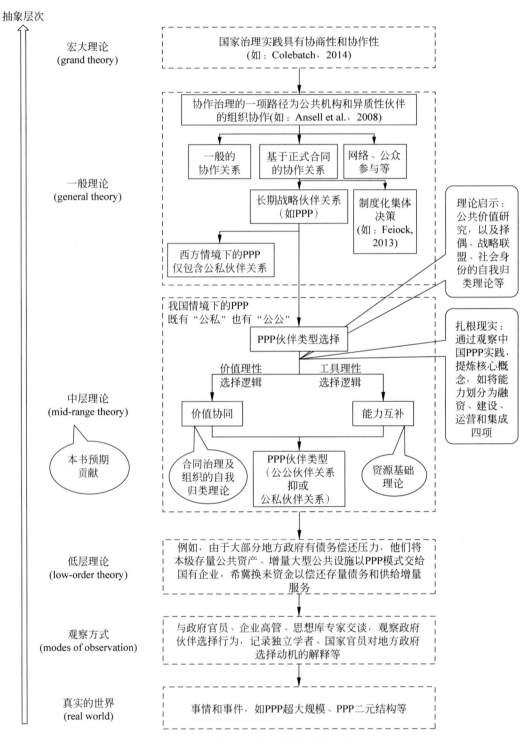

图 1.3  本研究的理论构想示意图

## 第四节  本书结构

### 一、技术路线图

本书研究工作形成的技术路线如图 1.4 所示,每个方框对应本书的一章。

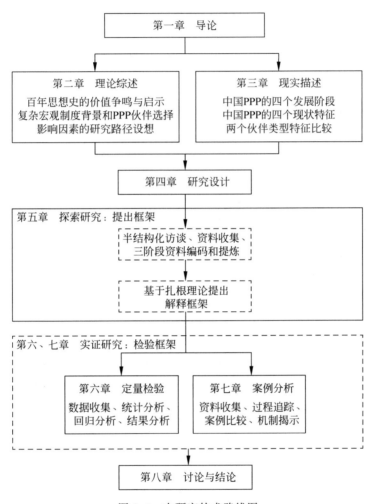

图 1.4  本研究技术路线图

### 二、章节安排

**本书共分八章。本章为导论**,交代了本书的研究缘起、研究问题、研究意义和行文结构，提出了现实疑问、理论局限、研究问题和子问题，并介绍了预期理论贡献和理论构想。

**第二章是理论回顾与述评**，即文献综述。本章首先界定了贯穿研究工作始终的核心概念，回顾了PPP伙伴选择的三个竞争性解释，述评了现有文献并归纳其局限性；然后在回溯了百年公共管理思想史的价值争鸣后，找到了理论研究的空间，从公共价值理论的范式中形成研究PPP的启示，也初步设想了揭示情境特征和探索整合视角的研究路径。

**第三章是实践回溯与分析**，即中国PPP的发展脉络和伙伴类型特征分析。本章主要介绍中国PPP发展的四个阶段，回溯了我国PPP项目伙伴类型的演变，统计描述了我国当前PPP实践的规模、区域、行业和伙伴四个现状特征，为后文研究铺垫经验性的知识。

**第四章是研究设计**，也是全书理论研究的开始。本章主要介绍本书的研究设计工作。首先围绕本书的理论研究目标，对研究对象、研究方法、数据资料和分析工具作了总体介绍；然后针对探索研究（扎根研究）和实证研究（定量和案例）两个阶段，分别对具体研究方法、资料收集依据、资料来源、收集过程和样本筛选结果作了详细介绍。本章还重点阐释了研究过程中保证研究信度与效度的相关操作。

**第五章是中国情境下的PPP模式重构**，即基于扎根理论的探索性研究。本章首先介绍了基于扎根理论方法指导的三阶段编码过程；其次阐释了扎根得到的三条理论故事线；最后提出了"价值协同、能力互补与伙伴选择"的理论框架及有待检验的研究假设。在现实归纳的基础上，本章重点阐释了价值协同和能力互补这两个核心概念的理论推演过程及核心内涵。

**第六章是理论框架检验一**，即理论框架的定量检验。本章通过截面数据的统计和回归分析，检验研究假设。首先详细介绍了变量的编码与测量过程，形成了独特数据库；然后采用多层次Logistic模型和Tobit模型进行回归分析，回归结果验证了价值协同与能力互补的作用效应及两者的交互效应，并在分行业实证结果中发现了行业类型的调节效应。

**第七章是理论框架检验二**，即理论框架的案例检验。本章通过纵向案例进一步检验理论框架，采用最不相似案例比较与最小可能关键个案追踪原则。通过深入考察三个不同时间跨度案例的伙伴选择过程比较，检验了选择动机的长效作用，同时揭示了不同价值协同程度下的关系达成机制，以及更为丰富的情境性和过程性要素。

**第八章是讨论与结论**。本章首先对本书理论的内部推论和一般化作了讨论，然后归纳总结了本研究结论与创新、政策性启示及研究局限与展望。

# 第二章

## 理论回顾与述评：此PPP非彼PPP

公共行政中"正统"理念的核心是假设真正的民主和真正的效率是一致的，至少是不相悖的。

——沃尔多（Waldo，1948）

本章围绕研究问题，进行概念界定与文献梳理。第一节为基于已有理论演绎的概念界定，在此基础上，本书第四章还将基于现实归纳作进一步概念化（conceptualization）。第二节对 PPP 伙伴选择的已有研究进行了回顾，现有文献的解释视角相对丰富，见诸经济学、管理学和公共行政学等多个学科，然而，已有研究并没有专门回答"政府选择国企作为 PPP 伙伴的动机是什么？""相比选择民企的动机有什么差异？"等问题。本书则回归 PPP 的原生定位——一项行政工具，相比以往的侧重工具理性视角的 PPP 研究，本书倡议要更多关注 PPP 的公共行政使命。因此，本章第三节在回顾了 130 年公共管理思想史中的多元价值争鸣之后，聚焦于已有 25 年发展历史的公共价值理论，进而找到学术共同体的理论边界，为后文从价值导向探索和实证 PPP 伙伴选择解释框架打下理论根基。

## 第一节　概念界定

### 一、PPP

如第一章所述，本书 PPP 的内涵比经典的公私伙伴关系更为丰富，以类型学的研究逻辑将 PPP 伙伴分为两个理想类型（ideal type）。因此，**此 PPP 非彼 PPP**。中国对 PPP 的中文称呼也从早期的"公私合作"，到过程中的"政企合作"，又到 2014 年后官方文件称作的"政府和社会资本合作"[①]。其中，政府不包括国企，而社会资本包含社会中各式各样的资本及其组织形式，这类组织通常需要具备投融资和运营管理能力，因此以营利性的企业组织为主。基于第一章阐述的中国 PPP 实践特征，本书按照产权性质的差异（何艳玲等，2020），将 PPP 伙伴二分为两个理想类型，分别是公公伙伴关系和公私伙伴关系，前者主要指国企控股的 PPP 项目，后者则是民企控股的 PPP 项目。学者们称公公伙伴关系的英文译名为 public-public partnership[②]，与西方经典的 public-private partnership 相对应，也可简称为 PPP。因此，如无特殊说明和解释，本书之后出现的 PPP 均包含公公和公私两种理想的伙伴类型，是中国情境下混合组织协作的统称。马奥尼等（Mahoney et al.，2009）从组织层面给出了更具一般意义的 PPP 概念界定：PPP 主要指征一种具有长期性、契约式、投资风险共担的战略伙伴关系，强调一种混合协作形式的机制设计（hybrid forms of collaboration）。组织管理领域的学者都沿用混合组织这一定义来解释 PPP，本书 PPP 的理论内涵也采用这一概念界定。

然而，应用层面的 PPP 内涵一直没有共识，核心在于实践情境千差万别。通常，各个国家和地区结合 PPP 实践的实际情况，界定 PPP 实践概念及其适用范围。其中，较有代表性的机构为：澳大利亚基础设施建设委员会（Infrastructure Australia）[③]、英国财政部（HM Treasury）[④]、加拿大 PPP 委员会（Canadian Council for Public Private

---

[①]　该定义来自国办发[2015]42 号文。值得注意的是，定义中的"社会资本"显然与学术共同体意识中的社会资本内涵不同，但又具有相似性，前者是狭义的"资本"，是需要计算投资回报的资本。

[②]　杨永恒教授深度解读 PPP 模式的现实困境与未来发展.新华网、财政部 PPP 中心、搜狐财经[2016-07-01].清华大学公共管理学院官方网站。

[③]　Infrastructure Australia.

[④]　HM Treasury.

Partnerships，CCPPP）①、美国 PPP 委员会（National Council on Public Private Partnerships，NCPPP）②、香港效率促进组（the Government of the Hong Kong Special Administrative Region，Efficiency Unit）③等。霍奇等（Hodge et al.，2007）试图给出统一的 PPP 内涵界定，按应用场景将其划分为 5 个常见类型：政府间合作、长期基础设施合同、松散利益相关者的公共政策网络、公民社会和社区自治、城市改扩建合作。这一类型化的 PPP 内涵界定得到了学者的普遍认可，在公共管理视角的 PPP 理论对话中应用较为广泛。我国官方的 PPP 定义④指出，政府是公共产品和服务的供给责任方，允许政府将生产权限让渡给市场/社会，通过订立合同达成伙伴关系并通过绩效评价及对价付费维持这一关系。该定义也要求 PPP 伙伴须至少具备投资和运营两项能力，但没有限制伙伴的产权属性，即不排斥国企。总言之，中国 PPP 的第一个"P"指政府机构，比西方的公共部门内涵更狭窄，而第二个"P"指具备投资运营能力的多元主体，例如央企、商业银行、契约型基金等，比西方的私人部门内涵更宽泛。实际上，我国针对 PPP 是模式还是概念有过很长时间的争论，正如国际上有学者认为 PPP 仅仅是一个停留于观念变革的"符号"一般（如：Roseneau，1999；Bazzoli et al.，1997；Stephenson，1991；Perry and Hal，1988），过往的政策曾将 PPP 与其他模式并列，指代政府和企业合资公司这一狭义的 PPP 模式。其中，国家发展改革委一直主导的特许经营和 2014 年后财政部主导的 PPP 之间一直存在这种争议。不过，尽管 PPP 的准确内涵和类型划分尚无定论，但 PPP 应具备的四个特征已形成共识，分别是合理的风险分担、明确的产出要求、强调全生命期绩效、回报与风险关联（如：王守清等，2017）。

PPP 伙伴关系的成功达成与实践取决于三个方面的因素，其中伙伴类型的正确选择起到重要影响。这三个方面分别为：①市场条件，包括竞争程度（如：Hefetz et al.，2012）、制度安排（如：Feiock，2013）等；②产品属性，包括资产专用性（asset specificity）、服务可测量性（service measurability）（如：Williamson，1999），以及信息不对称性（如：Samii et al.，2002）等；③伙伴类型，包括双方目标一致性程度（如：Brown et al.，2006）、公共价值共识程度（如：蓝志勇等，2019）等。例如，资产专用性高、需要资本密集投入的公共产品和服务供给领域，如果又恰好处于自然垄断的市场条件中，那么

---

① The Canadian Council for Public-Private Partnership.

② National Council on Public Private Partnerships.

③ Efficiency Unit，the Government of the Hong Kong Special Administrative Region.

④ 该定义的具体描述为"政府和社会资本合作模式是公共服务供给机制的重大创新，即政府采取竞争性方式择优选择具有投资、运营管理能力的社会资本，双方按照平等协商原则订立合同，明确责权利关系，由社会资本提供公共服务，政府依据公共服务绩效评价结果向社会资本支付相应对价，保证社会资本获得合理收益。政府和社会资本合作模式有利于充分发挥市场机制作用，提升公共服务的供给质量和效率，实现公共利益最大化"。来自国办发[2015]42 号文。

管理垄断可能比推动竞争更好(Ramesh et al.，2010)，而此时适合采用政府直接提供或者准市场化的方式(如PPP)(Yang et al.，2013)。可见，不同市场条件和产品属性情境下的政府伙伴选择动机有很大差异。

本书聚焦的伙伴类型属于伙伴匹配(partner fit)研究。PPP伙伴选择行为是公共组织与异质性伙伴建立长期战略协作的过程。卡特赖特等(Cartwright et al.，1993)认为组织之间的伙伴匹配与配偶研究相似。马文聪等(2018)进一步证实，个体选择的结婚对象与自身匹配程度越高，则婚姻关系越好，即门当户对和两情相悦一样重要。伙伴匹配研究在企业管理中发展得较为丰富，例如战略联盟、跨国伙伴等领域。这得益于企业行为及其所处的市场环境相对透明，企业组织的伙伴匹配研究已经发展到求最优解的决策模型阶段(Cummings et al.，2012)。已经发现的伙伴匹配因素主要集中在资源基础观、组织学习、关系资本等领域(如：Das et al.，2000；Shah et al.，2008；Lavie et al.，2012)。随着行为的可捕捉和可获得，异质性伙伴匹配的研究成果也越来越丰富，如政府组织协作(Ansell et al.，2008)。本书的PPP伙伴选择是政府组织和异质性伙伴匹配(即政府与多元主体)的研究范畴，然而由于政府部门的信息可获得性远未达到企业的程度，而且政府行为的复杂性和非标准化均使得求解政府伙伴选择的最优决策模型尚不具备条件。因此，地方政府的PPP伙伴选择远未达到企业管理伙伴匹配研究的精细程度，而针对PPP伙伴选择动机识别的研究则不失为一个可行的选择。

## 二、公公伙伴关系

公公伙伴关系可在英文中翻译为public-public partnership，在本书指政府和国企基于PPP机制达成的伙伴关系。已有文献提出public-public partnership概念(如：Silvestre et al.，2020)，但并没有与public-private partnership形成直接对话和类型比较。陆红梅等(Lu et al.，2021)将我国国企参与的PPP项目界定为准PPP(quasi-PPP)，同样旨在解释为何中国没有发展出经典的公私伙伴关系，而是转型成了准PPP。本书贡献在于界定公公伙伴关系概念的理论内涵，着重辨析以下两个方面。

**第一，为什么国企参与的PPP项目不是传统的政府和国企关系？**理由在于，国企基于PPP与政府达成伙伴关系的过程，不再完全是传统的天然和政府存在千丝万缕关系，而是更具市场竞争态势的形成过程。何艳玲等(2020)将政府和国企传统关系演变的现象称为政企合作关系转换，是理解中国经济转轨和国家转型的重要方面。而且，地方政府确实因国企在资本和技术方面的能力更强，而在伙伴选择时更青睐国企(Wang et al.，2018b)。虽然这一能力优势来自国企历史上依靠垄断而获得的对地方基础设发展起重要作用的机会,但这一历史优势构成当前国企参与竞争 PPP 伙伴的有利条件。综上,国企参与的 PPP 项目不是传统的政府和国企关系。

**第二,为什么国企参与的 PPP 项目不是公私伙伴关系?** 一方面原因是国企不完全以利润为导向,营利目标并不是国企的全部激励。可见,国企无法和政府形成真正的公私互补,因为双方身份有重合,甚至有可能合谋(Cheng et al.,2016)。反过来,政府可能会向国企提供过多的财政支持,而不会向民企过多提供(Mouraviev et al.,2014)。另一方面原因是 PPP 所应用的领域普遍存在市场失灵(market failure),政府不能完全退场。而且,在中国情境下,公私伙伴关系赖以发挥效用的高度发达的市场经济体制土壤并不具备,因此只有民企参与的中国 PPP 无法达到预期作用,需要国企赋能且保障公共属性。综上,国企参与的 PPP 项目不是公私伙伴关系。

## 三、公私伙伴关系

公私伙伴关系是 public-private partnership 的中文译名,指公共部门和私人部门的合作(Savas,2000)。第一章已述本书只研究企业组织,不涉及非营利组织。经典的 PPP 机制设计已有理论共识,强调“公”“私”的优势互补关系。

20 世纪下半叶,土耳其、英国、美国等国家因遭受债务危机的困扰,开始探索解决基础设施建设资金短缺的问题。因此,公私伙伴关系的诞生与欧美公共部门的发展和城市更新管理的现实密不可分。同时,公共选择理论(Buchanan et al.,1962)、新公共管理运动(Hughes,2012)和新公共服务理论(Denhardt et al.,2000)的发展也进一步推动了西方公共服务体制与机制的创新(陈振明等,2011)[12]。这改变了以往由政府单一供给公共产品和服务的弊端(麻青青,2014)。具体而言,理论奠定了生产者与提供者可以分开的行动基础(Ostrom et al.,1977),由此政府可从专业化生产中脱身,从“划桨”向“掌舵”再向“服务”角色转变,与多元主体形成协作治理关系(陈振明等,2011)[13]。在这一理念指引下,欧美各国纷纷开始通过民营化、购买服务、特许经营等模式引入市场和社会力量,同时精简政府职能和机构。奥斯本(Osborn,1993)强调市场机制和私营部门管理工具的重要性。而且,充分竞争不仅有助于提高公共服务质量、降低公共服务成本、缩减政府规模,还有利于实现公平和效率的有机统一(包国宪等,2012)。

相比新公共管理运动中的其他组织协作机制,PPP 被认为克服了“过分强调”私人管理、“消灭公共部门”等极端倾向,主张政府既不能被消灭,也无法单一供给的客观事实。PPP 的核心机理是强调公私混合,发挥行政科层和市场竞争的双重优势,双方合作生产、共创价值(Mahoney et al.,2009)。穆尔(Moore,1995)则从高效创造公共价值的视角,指出政府不再是公共价值的直接"生产者",而主要职责在于建构和管理网络、利用公私伙伴关系、引导公众参与及吸纳一切可使用的社会资源。PPP 自提出后迅速被全球推广,被广泛应用于公共产品和服务供给的实践当中且成为学界的热点议题(Yang,2018)。时至今日,学者们已经分别从产权理论、委托-代理理论、公共选择理论、新公共管理理论和组织理论等多样的理论视角审视 PPP(谈婕等,2019;王盈盈等,2020)。

## 四、伙伴选择的组织二元性

组织二元性(duality)是贯穿本书始终的研究视角。格拉兹等(Graetz et al.,2008)[270] 对它的定义是"表面上相互矛盾的和相互冲突的性质同时出现在同一个组织中"。与研究悖论、矛盾等特征的区别在于,二元性强调探索矛盾对立的要素之间是否实际上是互补关系的概念空间(Evans et al.,1992;Johnston et al.,2006)。二元性很常见,而且可以作用于任一层级或任何层级之间,两者之间的动态作用过程往往是拆分(splitting)、投射(projection)和投射认同(projective identification)(Smith et al.,1987)。然而,由于组织中矛盾对立的要素动态过程总是非常复杂,因此学界当前对二元性实际的动态作用过程及其管理知之甚少(Ashforth et al.,2014;Graetz et al.,2008)。

本书基于组织二元性视角看待公共组织的多元主体协作行为及其动机。进一步地,本书提出我国地方政府的PPP伙伴类型选择存在"二元性"动机——既需要国企稳健,也需要民企创新,具体呈现出效率和公平的价值权衡。这也和公共组织一直以来的多元价值取向和张力权衡相吻合(如:彭国甫等,2007;彭国甫,2004;Hood,1991;Rosenbloom,1983)。

### (一)国家治理二元性

宏观上,国家面对民营经济和国有经济两大阵营时表现出治理二元性(薛澜,2014)。这具体体现为两种产权属性,所有制企业均受到政府的重视,均能对公共产品和服务的供给起到重要作用。这一二元属性能从国家相配套的制度设计和执行结果中观察到。后文将基于个人实践经验和田野观察,对中国 PPP 发展相关的政策演变展开阐述,并提炼出中国 PPP 实践所处的情境特征,揭示 PPP 领域的国家治理二元性特征。

而且,本书通过回答"地方政府 PPP 伙伴选择动机是什么?"这一问题,揭示国企和民企各占半边天的 PPP 二元结构何以形成这一实践问题,进而揭开国家治理二元性通过近年 PPP 领域的制度高压作用于地方政府的动态过程。

在中国情境下揭示的国家治理二元性具有一定的特殊性,因为这一属性基于政府掌握大量资源、市场相对不完善的预设之上。相比之下，多数发达国家通过市场经济和工业革命实现了现代化，更侧重于有限政府和完善市场的治理逻辑。虽然之后针对亚洲"四小龙"的发展也采用了这一逻辑，但发展中国家的解释逻辑一直存在争议。不同于以往，本书正是立足于以中国为代表的发展中国家情境，直面历史路径依赖形成的国有优势以及民营力量的不足，进而在PPP领域提出国家治理二元性这一情境特征。

### （二）伙伴选择的二元性动机

后文将通过扎根研究方法，揭示地方政府如何在国家治理二元性作用下产生PPP伙伴类型选择的二元性动机，以及价值理性层面的选择动机如何在极端情境中得以观察。通常，价值层面的行为动机较难观察到，尤其是超越短期利益的长效动机一般潜藏在诸多复杂行为动机的深处，而"PPP超大规模"这一极端情境是观察这一价值层面动机的良好机会。

一方面，能力互补动机是解释PPP伙伴选择的重要视角。这一视角主要遵循效率导向的工具理性取向。其理论基础为沃纳菲尔特（Wernerfelt，1984）提出的资源基础理论（resource-based view，RBV）。这是战略管理理论的一个重要学派，最早用于分析企业成长行为，倡导采用内部资源分配和使用的分析范式来研究企业的战略联盟行为。该理论认为，组织成长的基础为资源的掌握情况，一方面是现有资源的掌握，另一方面是对外部资源的获取能力。在PPP实践中，伙伴选择发生的基础为PPP伙伴能够提供公共产品和服务供给所需的各项能力，形成与政府供给能力的互补作用。萨瓦斯（Savas，2000）认为政府会出于自身供给能力有限而产生互补的伙伴选择动机。这一动机根源于有限的政府供给和管理能力，但对政府能力的理解存在歧义，有些学者主要强调政府管理PPP的能力（如：Yang et al.，2013），而本书强调的是政府供给公共产品和服务所需的资本、专业知识和管理等综合能力（Jorna et al.，2010）。提高政府供给能力历来是公共管理理论与实践的焦点，无论是汉密尔顿主张的强大而统一、集权又充满活力的"大政府"模式，还是杰斐逊主张的基于个人自由的、分权的、民主的、有限的"小政府"模式，都强调政府能力的重要性（Richard，1982）。PPP有助于政府能力提高的理论研究成果也已非常丰富，然而以往只针对公私伙伴关系的能力互补视角在解释面对两个PPP伙伴类型选择时，显得过于笼统。而且，现有研究对我国国企和民企在PPP项目中的能力互补作用也未有深入解释，有待本书展开探索研究。

另一方面，除了能力互补的工具理性（即提高效率为主）选择动机以外，政府还有价值理性的选择动机。哈特（Hart，2003）认为工具理性的选择动机主要着眼于市场竞争和优胜劣汰的选择结果，注重事前的产权分配，但忽略了PPP合同订立后的长期性与复杂性,需要通过合同执行的过程治理来提高 PPP 效用。由于 PPP 机制所应用的领域通常属于具有公共属性的公共产品和服务供给,因此伙伴选择动机还应注重考查伙伴自身对公共属性的价值判断,而非仅仅是基于市场竞争的能力判断。不仅如此,由于 PPP 通常要求伙伴双方之间签订正式的、长期的合同,因此,学者们也指出了为了维系伙伴关系长久的选择动机。例如,布朗等(Brown et al.,2003b)认为外包合同订立后的伙伴机会主义行为风险,与订立前的能力因素同样重要。萨米等(Samii et al.,2002)强调了 PPP 相比外包合同的差异在于,需要考虑资源依赖性、承诺对称性、共同目标对称性、密集沟通、合作学习能力的一致性及趋同的工作文化等战略层面的因素。然而,已有研究并未清晰地提出 PPP 中价值理性的伙伴选择逻辑,本书将对其进行探索。

## 第二节　三个已有视角回顾和述评

PPP 是一项强实践的复杂协作机制,学者们也从不同学科视角给出了解释。王欢明等(Wang et al.,2018a)围绕公共管理相关的国际主流学术期刊做了 PPP 文献梳理,提炼出三类知识背景:①经济学背景,例如,交易成本理论关注交易的最优治理结构,产权理论关注 PPP 合同的不完备属性,委托代理理论关注公共和私人之间信息不对称引起的激励问题;②公共管理和公共政策背景,例如,网络和治理理论研究公共和私营部门之间的合作过程,新公共管理更关注供给的竞争机制;③组织管理背景,例如,利益相关者理论关注 PPP 中的利益平衡与博弈,而制度理论将 PPP 视为一项制度安排,合法性与效率同等重要。何艳玲等(2020)从政企合作关系视角,将 PPP 实践的约束性条件归纳为制度和组织两个方面,前者主要关注制度限制、激励与地方政府选择,后者则关注政府或企业的组织禀赋如何影响双方互动。**当前关于 PPP 伙伴选择动机的研究主要遵循三个视角:国家发展阶段视角、市场竞争视角及技术治理视角。**下文对这三个既有视角逐一进行介绍,并在此基础上围绕三种既有理论视角的解释力进行述评。本书认为这三个竞争性解释都不能很好地回答本书的研究问题,因此亟须理论方面的创新。

### 一、国家发展阶段视角

国家发展阶段视角的形成源于 PPP 常应用于跨国伙伴关系达成这一场景。该视角认为国家发展阶段影响了政府对跨国 PPP 伙伴的选择。政府选择什么伙伴与本国的发展阶段紧密相关。这一视角可以追溯至国家宏观经济理论中关于先发优势与后发优势的比较研究(林毅夫,2007)。通常,发达程度越高,政府越侧重伙伴的运营和集成能力,而对融资和建设能力的敏感度较低(Edwards et al.,2003)。西莫兹等(Simões et al.,2013)指出,随着发达程度的提高,政府将有条件关注如何实现规模经济,因此,政府更愿意挑选能发挥规模效应的合作伙伴。艾思阁(Essig,2005)通过德国航空航天中心案例说明 PPP 的达成不仅由经济原则驱动,还和许多复杂因素有关,尤其受决策过程的影响,证明了发达国家 PPP 驱动因素超越单纯经济目标的观点。有学者对美国收费公路 PPP 进行了研究,发现美国各级政府采纳 PPP 的动机主要是应对严重的基础设施财政赤字、缓解财政压力和回应交通服务需求等问题(Wang et al.,2014)。因此,选择的伙伴既要带来投资也要提高效率(Wang,2015)。

相比之下,欠发达国家或地区主要为解决资金短缺而实施 PPP,因而会倾向于选择多边银行、外资或融资能力见长的伙伴(Chan et al.,2009；2010；2011)。穆罕默德等(Mohammad et al.,2019)通过对孟加拉国 PPP 绩效的研究同样发现,与大多数发达国家使用的公共部门比较分析的成本、时间和质量衡量标准不同,发展中国家认为 PPP 成功的标准是"成功融资(financing)""成功策划并实施项目(planning and initiation)""透明的程序和清晰的问责制度(transparency and accountability)"。奥塞基耶等(Osei-Kyei et al.,2014；2018)先后通过分析非洲加纳的 PPP 行为特征,并与发达经济体进行对比,也指出如果伙伴不能给加纳政府解决资金问题,伙伴关系则无法达成,双方的合作是建立在降低政府预算压力的基础上启动的。而且,由于这些国家或地区公共部门的市场合作与商务谈判能力较弱,在与私人部门的互动中处于不利地位,因而,法律环境不完善、程序不透明、公众参与不健全等问题成为双方合作的障碍(Yang et al.,2013)。这将促使这些国家或地区的公共部门选择 PPP 伙伴时更加关注伙伴对于自身行政风格的认同度,以及伙伴是否会存在超过自身可控范围的机会主义行为风险(Lobina,2005)。

而处于快速发展通道的发展中国家 PPP 伙伴选择逻辑更加复杂,中国就属于这一类。一方面,中国早期为了赶超经济而扩张式举债发展留下了偿债压力(王永钦等,2016)。另一方面,发展中经济体对于 PPP 伙伴及供给能力经历了从"从无到有"到"从劣到优"的动机转变(Almarri et al.,2017)。王守清等(Wang et al.,1999；2000a)通过分析外商投资的 PPP 案例指出,虽然外商投资者的项目融资或国际援助获得能力是我国政府评价的首要指标,但效率仍是重要因素(例如,以电价最低选定伙伴)。然而,政府债务对于政府 PPP 伙伴选择的作用效应复杂且尚未形成一致结论。寇潘思卡等(Kopanska et al.,2019)关于近年波兰政府 PPP 的实证研究,充分讨论了债务与 PPP

之间的关系及情境因素。不过，无论政府债务抑制还是促进了 PPP，毫无疑问，债务将驱动政府选择更有融资能力的伙伴进行合作。

虽然国家发展阶段视角在一定程度上有助于解释 PPP 伙伴选择动机，但它忽视了国家发展阶段的变化会导致市场环境成熟度的变化，从而影响 PPP 机制的作用效果，也悄然改变着 PPP 机制的形成机理。休斯（Hughes，2012）认为，新公共管理的核心是将市场竞争的原则运用于公共管理之中。市场原则也是和精简的政府、开放成熟的市场相联系的（韩蔚，2008）。西方情境符合这一前提预设，然而发展中国家往往缺少市场运作的经验，市场无法有效运转是因为许多必要因素尚不具备。成熟的市场体系是经典 PPP 机制发挥效用必不可少的基础。理性政府通常会选择来自更发达地区的伙伴，但经济理性并不是唯一动机，出于政治安全考虑，落后地区可能宁愿不发展也不合作。可见，国家阶段的差别还暗示了两国之间政治、经济、社会、文化等一系列综合差异（赵梦媛，2018），这些因素都有可能在不同情境下成为政府 PPP 伙伴选择的重要影响因素。而且，国家发展阶段视角过于宏观，虽有参照性，但不适用于一国之内的 PPP 伙伴选择动机研究。

## 二、市场竞争视角

市场竞争视角将 PPP 伙伴选择视作市场竞争的产物。这一视角通常从投标竞争性程度、资产专用性程度和私人投资者的剩余控制权程度等维度，来分析伙伴关系建立的可能性及其参与程度（Wang et al.，2018b）。市场竞争视角本质上是将 PPP 视作市场投资合作行为，其理论根基可追溯至科斯（Coase，1937）的交易成本理论。伙伴关系的达成建立在交易成本小于预期收益的动机之上，组织之间通过协作和订立合同，从事前的竞争关系转化为了事后的垄断关系，交易成本也随之减小。威廉姆森（Williamson，1999）进一步指出，更高的资产专用性和更大的合同管理难度意味着更高的交易成本。这也被学者们证实了影响着 PPP 伙伴关系的达成（王田苗，2019）。通常来看，做出购买一项服务的决定主要是由服务特征、具体有形基础设施的水平、合同规范和管理的难度、市场竞争程度、公共利益特征和所在区域特征等因素决定的。而城市地位和竞争力也是关键的解释变量，尤其在合同管理困难和竞争激烈的情况下，政府对伙伴的选择也是一种重要的公共市场选择（Hefetz et al.，2012）。

交易成本最低理论成立，然而，保证交易成本最低的实际手段及识别交易成本最低的措施却困难重重。为了保证交易成本最低，政府有必要采取适度干预，例如适当规制、保证透明、确保竞争等，以保证市场机制有效，实现通过竞争者的报价信号来选择

PPP伙伴。通常认为,战略联盟伙伴报价越低、效率越高,胜出的概率也越大(赵昌平等,2001)。特克寇(Tecco,2008)指出,政府应尽可能地保证市场环境健全,包括提供一个强有力的监管体系、透明的签约程序和各方之间的风险分配等,这样越有可能保证价格机制发挥作用,通过竞争择优选择出最优的伙伴。阿尔巴拉特等(Albalate et al.,2013;2015)指出,项目的投资回报风险越小,企业的参与积极性越高,市场竞争机制越有效。罗斯等(Ross et al.,2015)指出,经济学家们为了实现交易成本最小的目标,在伙伴选择中会侧重于双方合作任务(如设计、招标和运营)的捆绑优化,然后选择能实现最优捆绑的对象成为PPP伙伴。换言之,学者们预设任何交易结构的最优解,都能对应找到最佳的伙伴及符合要求的综合能力,实现PPP合作下的效率最大化。

虽然事前交易成本是伙伴选择的重要影响因素,但合同治理(尤其是事前控制权分配的约定、剩余控制权分配的实际情况等)依旧关键。组织在选定协作伙伴之前,如果能对事后的合作风险评价、事后合同治理的交易成本作出判断,则这一预判将成为事前的先验知识,进而影响事前选择。哈特等(Hart et al.,1997)指出,剩余控制权对代理人的激励起到重要作用。例如,剩余收益(residual earnings)能够测量组织之间可分配的组织利润(郑文全,2014)。在PPP项目中,这表现为合同类型的不同,给予私人投资者剩余控制权的不同(Wang et al.,2018b)。政府给予企业的控制权越高,越能吸引到更高参与意愿和程度的伙伴(Hefetz et al.,2012)。私营部门拥有剩余权利的程度越高,其参与的意愿和程度就越高(潘洪洋,2009)。世界银行PPI数据库中的公私伙伴关系项目有许多类型的合同,如移交-运营-移交(transfer-operate-transfer,TOT)、建设-运营-移交(build-operate-transfer,BOT)等,这些不同类型的公私伙伴关系意味着私营部门保留不同程度的剩余权利(Wang et al.,2018b)。郭(Kwak,2009)侧重强调PPP合作中契约关系的性质,关注关系和潜在伙伴的异质性的关系。而且,即便事前在伙伴选择时做出了最优解的决策,合同签订后的治理或者有效实施依然十分重要(Essig et al.,2005;Grimsey et al.,2004)。

上述视角在我国早期PPP伙伴选择研究中有所体现。这一视角的前提是政府与市场保持一个相对平等的关系(陈国权等,2009)。此时,政府需要为企业构建更加透明的市场环境,包括采取降低交易成本、配置剩余控制权等措施。这一视角试图讨论PPP相关合作者之间通过最优分配来实现最大产出。然而,哈特(Hart,2003)认为市场竞争主要着眼于事前的产权分配,而忽略了PPP合同的实施和治理。在早期PPP作为补充机制以及西方情境下,政府希冀将PPP培育为效率的"标杆"或自然地发展形成供给市场时,这一视角成立。政府的任务是作为"监管者"保证市场有效,从而通过市场竞争或价格调节机制来选择伙伴。然而,如今在我国政府主导的情境下,PPP日渐成为一种主要的供给机制,政府与企业并不是双向选择,而是地方政府处于主导选择的优势地位。此外,在 PPP 作为主要供给机制的情境下,即便地方政府有短期利益和效率导向等动机,也会生发出长期战略和价值把握动机。因而,从侧重市场竞争的视角,对当前中国地方政府 PPP 伙伴选择动机的解释力较为有限。

## 三、技术治理视角

技术治理视角建立在对市场竞争视角的批判之上,认为 PPP 伙伴选择的研究应该回归到政府购买的本质,而非政府干预。政府购买视角下的伙伴选择是一种类市场的竞争关系(赵鼎新,2019)。在组织设计、基本战略以及与更广泛的环境、机构行为者、关键利益相关者和其他社会成分的联系性质方面,PPP 之间的伙伴表现为不同于纯粹基于市场交换的协作和联盟。已有针对政府购买的研究更多聚焦于社会治理领域,换言之,主要针对社会服务领域的政府购买模式进行研究,例如,管兵等(2016)针对大型城市的政府购买治理模式进行类型化,分别界定了项目制、单位制和混合制三种模式。陈家建(2017)通过对国家项目历史过程的考察,梳理了项目化治理手段的组织形式和转变过程,揭示了上下级政府间不同的组织关系对于项目治理特殊性的塑造过程,从专项的目标管理和资源配置、上下级部门间的权力和责任分配多样的不同组合分类形成直控式、承包式、连带式三种方式。不过,本书应用 PPP 的领域与技术治理主流领域有所不同,主要针对大型基础设施建设和运营的公共项目投融资管理领域。因此,已有的 PPP 研究主要从工程管理视角解释 PPP 项目的管理方式,这在整体上也属于技术治理视角。

技术治理视角将 PPP 看作一种复合型公共治理模式,认为良好的 PPP 本身建立在"合作、信任、透明、公正"等责任政府之上(即作为预设条件)。信任是 PPP 等基于合同治理方式的重要因素,但实际上其效用并不如预期(Rufin et al.,2012)。布隆菲尔德(Bloomfield,2006)认为政府的主要职责在于改进专业技能,提高商务能力,正确选择伙伴并加强对长期合同的监督和管理等。可见,伙伴的心理品性、道德素质等均会影响伙伴选择动机以及伙伴关系达成之后的互动过程。总体而言,技术治理仍然强调政府要侧重考察其伙伴是否能提高公共产品和服务供给效率(许光东,2018)。在技术治理的视角下,提高效率动机体现于政府购买绩效评价实践与理论研究之中(刘朋朋等,2017)。张万宽等(2010)基于跨国视角专门研究了影响 PPP 绩效的评价指标。这些绩效指标虽有部分偏向主观评价,但更多评价权重仍侧重客观效率和能力的评价。易澳萨(Iossa et al.,2015)侧重分析政府伙伴选择中的激励和风险设计,提出政府对伙伴的事前信息掌握程度、伙伴联合体之间的关系（如运营商与融资者的关系）等会影响选择结果。他们的研究旨在提高现有行政效率互补质量，尤其强调在水、电和交通运输方面。当然，他们也注意到政府绩效评价的特征，讨论了激励和绩效之间的权衡，包括成本超支，强调了监管机会主义风险的制度设计的重要性。

以往将 PPP 视作行政效率标杆的做法在实践中虽发挥了重要作用，但仅仅适用于 PPP 是一个城市公共产品和服务供给补充机制的情境。在过去的城市公共产品和服务供给机制中，PPP 犹如"稀有物种"，政府通过强调 PPP 项目中伙伴的效率价值，能够对同类服务的其他主体起到锚定作用。这好比 PPP 伙伴是"市场化的针尖"，政府宣扬其高回应、高互动、精细化服务的初衷在于刺激传统体制"麻木的神经"，达到"鲇鱼效应"和"整体看齐"作用。然而，这种做法却难以应用于当下公公伙伴关系的实践情境，因为当前的中国 PPP 实践情境发生了重要转变。自 2014 年以来，PPP 日渐成为我国地方公共产品和服务供给的主要模式，对于我国经济社会发展的贡献比率日益重要，技术治理视角的存在前提逐渐消散，其局限性日渐显现。所以，相比而言，在我国当前的 PPP 实践中，地方政府的伙伴选择动机显然还有超越效率层面（即工具理性）的驱动因素。

## 四、理论述评

上述研究从国家阶段、市场竞争和技术治理三个视角解释了 PPP 伙伴关系达成的影响因素。然而，上述三个视角普遍基于政府提高效率的价值取向，却忽视了政府其他方面的价值取向，而所忽略的价值取向也可能是重要的伙伴选择影响因素。需要说明的是，本书并不是批判已有研究只有效率视角，而是认为不应过于强调政府采纳 PPP 的提高效率动机，更不能把提高效率作为政府 PPP 行动的出发点，还是倡导应该回归政府多重价值取向的客观现实，以及中国情境下地方政府行为的独特逻辑。实际上，这并不是 PPP 研究的特有问题，而是公共行政学科自诞生以来长期的学术争议焦点。本书将已有研究的核心观点和解释本书所指新现象的局限性进行了归纳，如表 2.1 所示。

表 2.1　PPP 伙伴选择三个已有视角的归纳和述评

| 理论视角 | 核心观点归纳 | 理论述评（这里主要指出局限性） |
|---|---|---|
| 国家发展阶段 | 政府所在国家或地区越发达，越倾向于选择能提升运营效率的伙伴，常见于跨国投资 PPP 实践 | • 该视角适用于跨国投资型 PPP 项目，能够解释我国过往"引进来"PPP 项目的欧美国家选择原因，现在能解释我国企业"走出去"投资 PPP 项目前，对目标国家的选择原因，但不适用于本书研究对象<br>• 该视角过于宏观，在一个国家或地区内部的解释力相对较弱 |

续表

| 理论视角 | 核心观点归纳 | 理论述评（这里主要指出局限性） |
|---|---|---|
| 市场竞争 | 市场环境有效的前提下，依靠市场竞争规则选择最优伙伴，政府的核心任务是通过干预防止市场失灵 | • 该视角适用于法律制度成熟、市场条件发达的情境，将PPP与市场竞争行为划上等号，通常强调市场失灵，但忽视了政府效益以外的价值取向对伙伴选择的影响<br>• 在我国市场环境尚不健全的情境下，政府干预作用更深且复杂，市场机制发挥的作用有限，解释力较弱 |
| 技术治理 | 将PPP伙伴选择看作政府购买。政府通过法定程序公开选择高效率伙伴。政府的核心任务是在政府购买领域里引入市场化机制，形成类市场的竞争关系 | • 这一视角承认PPP并不是纯市场机制，但仍然认为能在政府参与把握公共价值不偏离的前提下，将PPP与效率工具画上等号，适用于过去PPP作为市场化机制的一种补充工具和仅占少数的情境<br>• 不适用于本书研究对象所处的新情境。在我国当前PPP超大规模的极端情境中，其解释力下降。因为随着PPP在我国公共产品和服务市场化供给机制中占据越来越重大的比重，政府对PPP伙伴选择的动机将超越效率导向的工具理性动机，还会有权衡效率与公平的价值理性动机 |

# 第三节　本书视角追溯：公共管理思想史和公共价值理论

## 一、以史为鉴：百年公管思想史的价值之争

在公共管理思想史相关课程中，老师曾多次提问：公共部门的价值体系应该是"理性"的还是"感性"的？学生或引经据典，或天马行空，提出了各种各样的见解，暗示着公共部门价值的多元性和复杂性。在工具理性和价值理性的钟摆运动之间，多元价值之间的冲突需要结合不同情境并用感性来调和（张德胜等，2001）。笔者通过回顾公共行政学科130年发展历史中关于价值的学术争鸣，为后续的研究工作打下理论基础。

### （一）诞生伊始

19世纪末期，公共行政学诞生，其特征是用"科学"的手段提高行政效率（沙夫里茨等，2010）[4]。伊顿（Eaton，1880）在美国文官制度改革之前，指出英国和美国有相似的宪政精神，因此美国借鉴英国的文官制度有合理性。他强调，在文官制度设计中，应既体现出政府的公共价值属性，又能让公职人员实现个人价值，有正确的激励机制。之后，威尔逊（Wilson，1887）提出政治-行政二分，这标志着公共行政学科的诞生。自学科诞生伊始，学者们便主要围绕公共行政的"效率""理性"等中性原则，提出科学管理、官僚

制等一系列成果,形成传统公共行政时代的鲜明特征。不过,古德诺(Goodnow,1900)对二分法的进一步阐释,渗透着公共行政民主和效率的多元价值取向,也更真实地反映出当时学者思想的立体性:公共价值并没有被摒弃,只是在突出行政效率的热潮中被淹没。例如,亚当斯(Addams,1905)便质疑为促进效率而生的公共行政,呼吁应该回归为回应公民需求而行政的价值取向。

### (二)西沃之争

20世纪中期,以"西沃之争"为代表的手段与目的争议促进了公共行政学科的发展(周芳友等,2012)。第二次世界大战的爆发及战后罗斯福新政的实行对美国公共行政的理论与实践都产生了极其重大而深远的影响。相比以往,人们难以再将企业管理中价值中立的原则运用于政府管理的实践。艾泊碧(Appleby,1945)指出,政府与企业在使命等方面有本质差异,既不可能是价值完全中立的部门,也不可能单纯追求经济利益和效率。政府的核心特征是公共本质(public nature),其活动要体现综合考虑全体人民的需求、行动、思想和感受的公共价值(public value)属性。

随后,达尔、西蒙和沃尔多的争论促成了学科发展的分野,推动了公共行政学科的发展。达尔(Dahl,1947)最先指出,传统公共行政的两大支柱是效率和经济取向,忽视了公共行政伦理(normative values),也忽视了个人情感、行为的价值,批判了盲目追求普适性的公共行政理论却忽视了情境的作用。西蒙(Simon,1947)则对此作了澄清和回应,认为行政科学应该区分为纯科学(pure science)和应用科学(applied science)。这就好比空气动力学与飞机设计的关系,也是科学家与工程师的职责之区别。前者与价值和规范无关,在于发现规律与扩充人类知识,后者则涉及复杂的价值选择和规范研究。沃尔多提倡重视政治理论与公共行政的结合(郁建兴等,2018),这促成了新公共行政学派的兴起。沃尔多(Waldo,1948)在他的博士论文《行政国家的兴起》的结论一章中,指出了公共行政学"效率"追求的弊端,挑战了当时公共行政学的主流范式——价值中立的效率追求,并指出效率本身也是一种价值判断。

1952年,沃尔多、西蒙等在《美国政治科学评论》(*American political science review*,APSR)上的文章(Waldo,1952)、评论与回应(Simon et al.,1952),开启了长达半个世纪的关于公共行政本质(学科定位、研究方法和价值取向)的西沃之争,也正式结束了公共管理古典时期。后来的公共行政研究大体是在"西蒙路径"与"沃尔多路径"这两条理论路径的交错中不断发展起来的(颜昌武等,2008)。从西沃之争开始,围绕公共行政领域内的效率与公共性问题的讨论就没有停止,并一直持续到建立起一个效率与公共性并存的机制,而这个时候又会出现其他的价值诉求。组织理论的发展促进人们对公共组织公共性的认识(任浩,2006)。事实上,效率同样是价值的一种表达形式,各种范式的转换不过是假设与角度的变化,对于公共行政学大问题的讨论必将涵盖从顶层的哲学假设到底层的实践支撑,对于这些问题的回答也会因为环境与人的差异有所不同。

### (三) 找回价值

1968 年召开的第一次明诺布鲁克会议推动了新公共行政学(new public administration)的诞生(沙夫里茨等,2010)[199]。新公共行政学倡导社会公平(social equity)的价值取向,与传统公共行政形成鲜明对比。弗雷德里克森的文章是其中最重要的代表作之一,它倡导把社会公平加入到行政目标和基本原理中(Frederickson,1971)。弗雷德里克森指出,传统的公共行政学践行一个有效、经济和协调的行政管理系统,而研究重点是高层管理机构(如城市管理)和政府的重要职能部门(如国家预算、系统分析、计划、人事以及政府购买方面等),总是以追求更有效率和更具经济性来阐明公共行政的机理。新公共行政不仅强调上述两项,还强调将社会公平作为公共行政的追求目标。弗雷德里克森认为传统的公共行政试图回答两个问题:①我们怎样利用好当前人类已有能力利用的资源,以提供更好的服务(效率)? ②我们怎样能用更少的钱,以保持服务水平(经济)? 而新公共行政学在此基础上还提出了第三个问题:这些服务是否促进了社会公平? 因此,价值层面的差异导致了传统公共行政和新公共行政的显著不同(沙夫里茨等,2010)[IV]。

基于不同的价值取向,新公共行政挑战了传统公共行政中"政治-行政"二分的理论基础(吕志奎,2012;祁志伟,2018)。弗雷德里克森指出,这种传统二分观点缺乏经验证据,因为管理者既执行、也制定,反而探讨政治(政策)与行政的联通才是一种更贴近实践的学术视角(吕志奎,2012)。因此,新公共行政学着力论证的观点是:公共管理者并不是价值中立的。

### (四) 识别价值

20 世纪 80 年代,在新公共管理运动时期(沙夫里茨等,2010)[387],依然有学者呼吁要重视公共行政的"价值"。罗森布鲁姆(Rosenbloom,1983)提出了分别对应于宪法规定的行政、立法和司法的三个公共行政价值视角,即管理途径、政治途径和法律途径,重点阐述多元价值取向的差异与张力。茉(Moe,1987)批判了公共行政"抛弃"其所根植的公法根源的危险倾向,重申了公共部门的主权特征并强调公共部门私有化要有限制性,进而指出公共职能中哪些必须由政府提供,哪些职能可以交由私营部门来履行,并一步指出其分配的依据。

作为新公共管理理论的奠基人物,胡德(Hood,1991)则提出了在行政设计中经常出现的三种价值取向:σ价值(sigma-type values),即保持精简和有目的(keep it lean and purposeful);θ价值(theta-type values),即保持诚实和公平(keep it honest and fair);λ价值(lambda-type values),即保持稳健和弹性(keep it robust and resilient)。这三个价值内涵之间存在着一定程度的张力和不可调和性。胡德认为新公共管理主要是σ价值的表达,然而新公共管理的成功能否以牺牲θ价值和λ价值为代价来换取,还有待充分调查和理论拓宽。此外,行政伦理、公务员公共道德等研究的兴起(Adams et al.,1998;Thompson,1985;Rohr,1978),也意味着学者们越来越意识到公共行政要将"价值理性"作为基本前提,而这本质上是对更好的公共治理以及公共价值如何实现的再思考(汪辉勇,2008)。斯蒂福斯(Stivers,1991)以女性主义的视角批判公共行政过于理性的色彩,也佐证了学者们对公共行政更多元价值取向的呼吁与关注。

### (五)形成公共价值理论

21世纪交迭之际,公共价值理论被提出,逐渐成为公共行政学科的新范式(王学军等,2013;孙健,2009;Stoker,2006)。穆尔(Moore,1995)首次将公共价值(public value)作为学术术语正式提出。此后,公共行为多元价值取向的客观存在性越来越能得到学者们的正面回应和主动探究。波兹曼(Bozeman,2007)致力于探索公共行政多元主体之间凝聚的价值共识过程和内涵。2012年以前,公共价值相关的理论发展非常缓慢,相关的国际文献仅77篇(Williams et al.,2011)。2012年,以《公共行政评论》(public administration review,PAR)刊发'公共价值'专刊征稿启事[①]"事件为标志,公共价值理论正式进入国际学术的主流舞台(王学军等,2013)。

综上,传统公共行政学是最具工具理性色彩的时代,而新公共行政学是最具价值理性的时代,之后的范式以两条主线交错着螺旋式地发展。不过,即使在传统公共行政时代抑或新公共管理"私有化"时代,对于公共价值的关注也从未停止,因为"公共属性"是公共行政学科的合法性前提,也是区别于私人部门的根本差异。关于公共组织(尤其是政府)行为的多元价值取向,理当得到重视和深入观察。

## 二、价值理性：公共价值理论回顾和范式启示

公共价值并非绝对标准,而是相对于任务情境的政策或目标的价值性(何艳玲,

---

①　在2012年第1期的第166～167页刊发了题为"Call for Papers for a Conference and Special Issue of Public Administration Review on Creating Public Value in a Multi-Sector, Shared-Power World"的征文启事。

2009）。因此，公共价值研究以规范性研究为主，实证性研究较少（王佃利等，2019）。为弥合 PPP 研究和公共价值研究的理论空白（gap），本书首先对公共价值现有的两条研究路径——"什么是公共价值"和"如何创造价值"进行回顾和综述，这为本书从公共价值视角研究 PPP 打下了理论基础。下文两条路径的梳理参照了中国公共价值领域学者们的研究（王学军等，2013；蓝志勇等，2017）。

### （一）价值共识路径：什么是公共价值？

价值共识路径以波兹曼（Bozeman）等学者为代表，致力于回答什么是公共价值。其所指的公共价值主要作用在公共行政过程之中，如决策形成过程等（李忠汉，2017）。1994 年，波兹曼提出公共性困惑（Bozeman et al.，1994），呼吁关注组织的"公共性"。2002 年，波兹曼又提出要专门研究"公共价值失灵"问题（Bozeman，2002）。安顿臣等（Antonsen et al.，1997）认为，通过制度化公共价值生产过程，能一定程度上实现公共价值产出目标，从而达到公共性。之后的诸多研究中，最具影响力的研究成果是由约根森和波兹曼（Jørgensen & Bozeman，2007）从 1990—2003 年的 230 篇文献中提出的"公共价值集"。他们以"作用领域"为分类依据归纳了 7 种类型的公共价值，包括与社会贡献相关的价值（如可持续、公共利益等）、与社会利益转化为公共政策相关的价值（如多数原则等）、与公共管理者和政治家关系相关的价值（如忠诚等）、与公共管理环境相关的价值（如妥协、竞争、合作、公开-保密等）、与公众关系相关的价值（如公平、回应、保护个人权利等）、与公共管理内部组织相关的价值（如稳健、可靠、及时、热情等）和与公共行政行为相关的价值（如伦理、道德、专业精神等）。

更多学者致力于对公共价值进行分类和排序，以帮助更好地廓清公共行政过程中公共价值的多元内涵。科纳汉（Kernaghan，2003）区分了四类价值类型，分别是道德、民主、专业和公民。罗格斯（Rutgers，2008）提出了三个有关公共价值分类排序的方法，包括价值的核心程度、出现的年代顺序、其他综合因素。同时，他也指出"公共价值分类的尝试很多都缺乏一个明确的标准，因此也就丧失了理论和实践的可行性"。范德瓦尔等（Van Der Wal et al.，2009）认为，多元价值或价值冲突表现为模糊性（ambiguity）、价值竞争（competing values）和复杂组织（hybrid organization）等方面，可有针对性地分别深入研究。我国学者也对公共价值内涵作了研究，例如，孙斐等（2015）区分了公共价值类型。

也有学者尝试从其他学科视角来解释公共价值的影响因素。例如，莫尔顿（Moulton，2009）从新制度理论视角出发，试图找出公共组织实现公共价值的制度化的影响因素，并归纳了不同类型的公共价值机构的影响因素。德格拉夫等（De Graaf et al.，2010)则将公共价值冲突与"善治"(good governance)相联系，以善治作为普遍价值标准来管理可能的价值冲突，从而实现对公共价值共识的治理，并最终达到社会公众所信任和支持的善治结果。

在我国，以研究价值共识路径为主的学者代表是清华大学的蓝志勇教授及其团队。蓝志勇等(2005)以经验事实为依据，梳理了当代美国公共管理的研究范式，认为有关公共管理领域是否具有其自身独特性的知识以及其与学科的发展之间的相关性的争论已有基本共识。他强调，学者们应该对现有范式有清醒的意识和清晰的把握，应侧重提升学科的自觉意识、谬见的辨识能力等，由此推动公共管理理论的发展。2006年，他还通过回归20世纪的历史，指出国家制度中公权与私权的合理配置与使用会决定经济的发展甚至国家的兴衰，也强调一国制度依赖于历史文化和政治、经济及知识领袖的"群体意识"和"管理智慧"(蓝志勇，2006)。2019年，他专门审视"公共管理大问题"，指出要对长期存在的以及随着时代和施政情境的变化(内、外部条件)而变化或以不同的方式反复出现的大问题予以区分，正视中国快速发展中出现的独特问题(蓝志勇，2019)。他认为有必要研究好公共管理的微观目标、阶段性目标和终极目标之间的关系，这是助推国家治理体系现代化、能力构建和引领世界文明的重要力量(蓝志勇，2019)。2020年，他直面公共管理学科的任务，是现代治理的挑战，除了需要有广博的知识基础和各个学科理论的支持，还要用更多的努力来关注学科自身的核心理论。公共价值相关理论正是公共管理锚定学科方向、凝聚学科向心力、汇聚人才、推动技术使用和社会进步的内在基础和动力，是指导各类公共政策有效运行的导向(蓝志勇，2020)。

### (二) 价值创造路径：如何创造价值?

价值创造路径以穆尔(Moore，1995)等学者为代表，其将公共价值视为公共行政的出发点，致力于回答"如何创造价值"等实用主义问题。这一路径的理论成果主要体现在政府绩效评价指标的改进和应用等方面(彭国甫等，2007)。1995年，穆尔在出版的《创造公共价值：政府战略管理》一书中正式提出了公共价值的概念(王学军等，2013；徐国冲等，2017)，并构建了公共部门战略管理"三角"模型(包含授权环境、操作能力、公共价值产出)。这使得公共价值概念既有理论性又具操作性(董礼胜等，2014)。穆尔认为：首先要界定公共价值，明晰任务情境和产出目标；其次要授权一个可供价值创造的行政环境，构建并维持公共、营利性和非营利性组织的同盟，保持满足战略行动的需求；最后是构建操作能力，利用和运作组织内外部的操作资源(如财政、职员、技能和技术)，以满足公共价值产出的需求。2013年，穆尔又出版了《认知公共价值》，该书是其研究公共价值的最新成果(董礼胜等，2014)，其通过经典案例分析，例如青少年服务部、图书馆、改造项目、警察署等,给予管理者和教育者更具实践性的指导价值,也从中展现了公共价值问题错综复杂之处与视角的综合性。

学者们也强调公共行政价值应由"公共"来决定(如:O'Flynn,2007)。斯托克(Stoker,2006)提出公共价值作为公共行政学科新范式的四点建议:①公共行为以"创造公共价值"来定义;②利益相关者创造价值的范围应更广泛,授权他们合法性;③创造公共产品和服务供给的开放路径,坚持并承诺公共服务精神;④应对探索公共产品和服务供给过程中面临的挑战,以提高适应性和构建以学习为基础的路径。斯托克等提出的"公共价值范式"是穆尔的"战略管理三角模型"的进一步发展。公共价值范式的特征在于,它将公共价值的实现作为公共行政的主要目标(刘璎,2018)。而公共价值的共识形成已如前文所述,以多方利益相关者的协商为基础,实现途径则可以通过建立网络治理的方式(孙斐,2017)。

公共价值范式对公共产品和服务供给中的公平、效率和责任问题给出了不同于以往公共行政范式的新见解。其应用最为直接的是为公共服务供给目标和政府绩效测量指标提供了更加宽广的路径。寇勒等(Cole et al.,2006)提出了公共服务价值模型(public service value model,PSVM)以寻找更有效的定义、测量和改进公共服务价值的操作路径。邓国胜等(2006)从群众评议(即公众参与)视角研究了政府绩效管理的理论与实践。不过,公共价值范式仍旧存在很多争议,核心还是概念没有统一。鲍法德(Bovaird,2007)曾犀利抨击"公共价值的概念尚不具备可操作性,因此干预公共价值创造的过程仍旧是一个'黑箱'"。阿尔福德等(Alford et al.,2008)倡导公共价值实用主义(public value pragmatism)精神。他们认为,无论是传统公共行政所强调的官僚制和科学管理,还是新公共管理运动时代的公共服务外包,抑或协作治理时代基于信任的组织协作,都存在寻求"唯一最优路径"来解决复杂实践的过于理想化问题。公共管理问题历来是复杂多变的,而管理模式和环境也存在客观的适应性。斯帕诺(Spano,2009)认为公共管理者时常面临创造公共价值的各项挑战,必须通过参与政治过程、与制度边界内外的多元主体寻求协作、追求管理的效率和效益、与社区和公众广泛协作并积极探索建立公共管理的职责和责任。柏宁顿(Benington,2009)则从"为什么公共价值很重要""什么能够增加公共价值"两个问题来尝试打开黑箱并提出了四个价值类型,分别是生态价值(减少"公共垃圾")、政治价值(增加公民参与)、经济价值(增加就业岗位)和社会及文化价值(社会凝聚力、文化认同等)。类似的研究和倡导很多,学者们都是为了破解公共价值谜题。

奥利里等(O'Leary et al.,2010)通过梳理三次明诺布鲁克会议背景和主题,重温公平和民主的重要意义,强调"公众参与"的重要性。此后,公众参与的行政框架成为一个学术研究的热点话题。与新公共管理运动不同，公众参与首先建立在公共价值来自公众的预设之上，主要从如何保证公共行政更加公平的视角展开。冯(Fung,2015)提出了民主治理的三种价值观，分别是效用、合法性和社会正义，也梳理了"公众参与式"治理面临的"缺乏系统的领导、缺乏公众或精英对直接公民参与的共识、参与式创新的范围和权力有限"这三个挑战。他强调，公众参与虽然客观存在并真实作用于公共政策或制度制定过程，然而，其效力往往较为弱势，通常被商业利益所掩盖。亚基(Yackee,2015)讨论了在美国官僚制体系下公民参与的效力，政策制定的参与者虽然有发言权，但与普通公众相比，机构往往对商业利益更加敏感。索娃(Sowa,2016)通过对两本专著①的理论述评，强调要将公众纳入到公共服务的生产当中，围绕公众与公共管理者的合作生产的理论建议，指出公共行政的目标制定依据（公众需求）、目标实现路径（合作生产）、公众参与范围等要点。

在我国，创造价值路径的学者代表为兰州大学的包国宪教授及其团队。包国宪等(2012a)提出了基于公共价值的政府绩效治理(public value-government performance governance,PV-GPG)理论体系框架。以穆尔的战略管理三角模型分析政府的绩效管理，他们的系列研究试图为价值创造路径的实现给出操作化建议（包国宪等,2012b；2015)。王学军等(2014)以公民集体偏好作为政府绩效评价的价值依据，通过案例揭示了地方政府公共价值创造过程中面临的挑战和路径。马翔等(2020)通过定量实证了政府回应和公共价值的一致性，对于网络舆情回应绩效的影响，将公共价值分为任务型和非任务型两类，发现了不同价值类型的不同作用，也在公共价值理论的方法论上作出了贡献。王学军(2020)从公共价值视角审视公共服务合作生产，指出传统视角将合作生产置于产品或服务主导逻辑下，追求合作生产中的管理效率提升，而忽视了作为公共服务本质规定性的公共价值。他进而提出了推进公共服务合作生产和公共价值共创的主要策略建议，即从主体关系、管理效率和协同机制等方面重构基于公共价值的公共服务合作生产绩效治理体系（王伟朋,2018；王学军,2020)。

### （三）共同点和理论启示

公共价值理论范式的形成，是"什么是公共价值"和"如何创造公共价值"两个研究问题螺旋前进的结果，如图 2.1 所示。

上述两条价值研究路径虽然存在不同的派别，在公共行政实践过程中扮演着不同

---

① 两本专著为 ALFORD J. Engaging public sector clients：from service-delivery to co-production[M]. Basingstoke：Palgrave Macmillan,2009：272；THOMASJC. Citizen，customer，partner：engaging the public in public management[M]. Armonk：M. E. Sharpe,2012：242。

图 2.1　公共价值理论范式形成示意图

的角色,但是两者并不是没有联系,也不可能截然分离。例如,斯托克提出的公共价值内涵判断需要建立在利益相关者协商基础之上的观点,与波兹曼等试图回答的"什么是有共识的公共价值"有了很好的衔接桥梁(bridging)。"形成价值共识"是"创造公共价值"的制度基础和行动指南,指引着政府寻找价值吻合的多元主体进行合作,或者引导多元合作主体向达成更多价值共识的方向靠拢,双方均以实现根本公共利益为最终目的(Bao et al.,2013)。

　　不过,公共价值理论要成为解释公共产品和服务供给研究的新范式,还需要做出更多的突破。斯托克(Stoker,2006)认为,至少还需要回答以下三个问题:"公平如何保证?""效率如何实现?""责任如何维持?"阿尔福德等(Alford et al.,2008)提倡的"公共价值实用主义"或许是一个突破口,倡导不同情境下需要不同的管理手段,坚持公共行政的实用主义精神和权变理论传统,而不是停留在探索"唯一最优路径"观念的讨论上。周志忍(2009)也同样强调了这一点。这源于公共部门对社会声誉及公信力的获得已从过去的自然继承转变为竞争获得(董晓松,2009)。市场化供给迫使政府面临需求差异化与供给多元化的双重压力,政府只有在竞争性的公共产品和服务市场中通过"政府再造"和提升有效性来获得行政合法性。确实,从后文对经验现象的归纳中会看到,组织结构化理论中的结构与行为互动关系正是一种权变的关系。

　　面对如今日益复杂的公共管理问题,相比以往的简单问题,奇特问题(wicked problem)的应对和处理更需要以"价值理性"为基础的解释框架和实践路径,将情境特征、公共价值内涵、政体结构和过程属性、组织管理和领导等要素进行协同(郭佳良,2017)。纵观西方公共行政理论的发展历程,倡导工具理性或价值理性的流派交替占据主导地位并逐渐将两种理性加以融合,呈现出一种钟摆运动的状态(董礼胜等,2014)。由此,公共价值管理的理论形成于这种价值理性与工具理性的交替运动之中,推动着公共管理学科的发展,也给了本书以公共价值视角探索"PPP 伙伴选择"研究路径的理论基础和良好启发。

## 第四节　本书视角确立：从 PPP 的工具理性到价值理性

### 一、重新认识 PPP 的工具理性

前文已对"能力互补"概念做了界定。而且，绝大部分研究认为 PPP 不仅是打破繁文缛节和降低日益增加的复杂性的一种有效手段，还是私有化和合同外包机制的有力替代方式（Wettenhall，2003）。PPP 在解决公共问题方面有许多优点，它能带来私人部门的专业知识和资本，并提高公共产品和服务供给能力（Allison，1980；Jorna et al.，2010）。

然而，已有研究认为私人部门拥有的诸多能力优势，并不是我国情境下的民企具备的，反而是国企在资本和技术（主要是设施建设技术和标准化运营技术）能力方面具有明显优势（Wang et al.，2018b）。琼斯等（Jones et al.，2020）也专门探索了我国作为一个国家主导（state-led）的经济体，为何会出现 PPP 井喷这一问题。结论也得出，我国的 PPP 不过是为了加强国家控制手段的工具，这一结论虽然与本书的观点不同，但揭示的事实相同。

笔者结合自身经验，认为现有研究对政府 PPP 伙伴选择的能力互补动机划分过于粗糙。其笼统地认为企业基于市场竞争和利润约束便具有"能力优势"，显然只能用于解释"公私伙伴关系"这类单一的伙伴类型情境，而面对两个 PPP 伙伴类型便缺乏解释力。因此，笔者认为有必要结合中国 PPP 实践的现实，将"能力互补"选择动机作进一步细分，以提高这一"工具理性"选择动机的解释力。

在我国情境下，我国国企源于历史上的行政垄断和所有制歧视，已在地方公共产品和服务供给领域形成了不可替代的能力优势，如果绝对地否定国企的客观存在，则是不符合现实的理论研究。可见，已有研究中的能力互补作用并不适用于我国情境，这正是 PPP 强实践性属性特征导致的结果。笔者希冀通过观察现实，归纳提炼出适合我国情境的能力互补因素。

### 二、工具理性和价值理性的视角整合

前文已述，解释 PPP 伙伴选择的三个竞争视角均把 PPP 伙伴与公共部门价值不协同、目标不一致作为预设条件，认为双方之间存在机会主义行为需要协调，也会提高事

前伙伴关系达成的交易成本（Mahoney et al.，2009）。而且，已有视角还强调伙伴之间平等的交易地位，却忽视了组织中忠诚、可靠、目标一致、相互理解和价值诉求的一面，低估了组织的复杂性（Perrow，1986）。这些因素在西方情境中或许只是次要因素，但在中国情境中，作为发包方的政府部门历来与外部组织地位不对等，"准等级制"而非合作伙伴的情形更为普遍（李晨行等，2019）。PPP 伙伴关系的达成，需要伙伴之间拥有一些共同价值，通过长期参与、决策协商、风险分担等机制设计，以实现 PPP 长期合作（Savas，2000；莱斯特·M.萨拉蒙，2008；Forrer et al.，2010）。相比于公路、铁路等"硬设施"，医疗卫生、公共文化、基础教育、养老和社会服务等内容复杂的"软服务"尤其需要精心的机制设计（Dehoog，1990）。布朗等（Brown et al.，2006）很早就在对公共服务承包方的选择动机研究中，批判了经济学家将外包看作追求经济效率工具的观点，指出公共行政学者们普遍的反驳意见是认为经济学视角往往牺牲了关键的公共价值（例如公平），反而降低了服务提供能力。进而在服务外包研究中，他们倡导要注重外包伙伴与公共部门的一致性价值（aligning values）。这一观点与本书对 PPP（相比外包是一种更复杂、更长期的公共服务市场化供给机制）所做出的竞争性解释述评逻辑高度一致。

越来越多学者从组织协作的混合形式（hybrid forms of collaboration）来解释 PPP。马奥尼等（Mahoney et al.，2009）指出，将 PPP 看作公共、社会和私人经济活动领域交汇处的组织安排，是新近组织科学和管理研究中日益受到关注的一种现象与理论话题。瑞纳斯（Reynaers，2014）指出，学者们总是称赞 PPP 机制的效率价值，却往往忽略其公共价值，因此也很少有实证支持或反对 PPP 对公共价值有负面影响的说法。进而，瑞纳斯通过案例研究，为 PPP 中的公共价值与为社会创造价值之间的关系提供了有价值的见解，得到 PPP 中的公共价值是否受到威胁不能简单地用是或否来回答。相反，公共价值可能受到威胁、保护甚至加强，这取决于项目阶段和受审查的公共价值的特定方面，最后她从公共价值的角度揭示 PPP 的优势和劣势，为公共管理者提供了优化的起点。盖林等（Quélin et al.，2017）指出，PPP 被认为是改变以往政府处于权力中心状态的尝试，强调经济和社会利益之间的混合，并将政府、企业和非营利领域的活动者汇聚到一起，将原本属于公司和客户的价值传递给更广泛的利益相关者。PPP 合作中体现了公众价值、公共价值和私人价值的融合，更广义地看，是将零散的社会价值进行联结和创造的过程。进一步地，考德威尔等（Caldwell et al.，2017）通过案例分析，认为关系协调是 PPP 创造社会价值并保持组织绩效的必要条件，而伙伴之间的相互了解和目标一致性则是关系协调的重要因素（楼婷婷，2011）。关于混合组织的机制设计、互动过程等研究，均对 PPP 进行了充分的论证并得出了令人信服的结论，但针对中国的情境推论却尚未出现，原因正是本书开篇指出的情境差异。

近年来，我国学者也开始关注伙伴关系（含 PPP）的价值研究。敬乂嘉（2011）运用该理论解释了中国的非营利伙伴关系。而与本书研究对象更接近的，则是蓝志勇等（2017，2019）从公共价值视角分析我国近年公用事业 PPP 实践中价值失灵的隐患，也有其他一些学者关注 PPP 的可持续发展和价值冲突等，关注焦点开始由 PPP 的效率追求转向"代际公平"、环境和利益者的价值矛盾、问责制、透明度和回应性等（如：石世英，2017），为 PPP 开辟了新的研究方向。然而，方法论上仍停留在国外案例的经验分享或者宏观层面的实证研究，例如，宁靓等（2018）从多元利益主体的价值取向差异和多元主体之间的互动过程，剖析了 PPP 项目中产生公共价值冲突的根源，以期实现公共服务供给中社会公平公正和市场效率等价值的平衡。但遗憾的是，该文最终是通过澳大利亚 PPP 学校的案例，而非中国 PPP 案例，提出协调 PPP 价值冲突的基本设想。可见，从公共价值视角对 PPP 进行实证研究的还相当少（Bovaird，2010）。这一研究视角尚处于起步阶段，在广度和深度上仍有广阔探索空间，在方法论上也有广阔的尝试空间。

## 三、伙伴选择的情境特征：揭示宏观制度复杂性

有必要提及 PPP 是一项借鉴自西方的公共产品和服务市场化供给领域的新制度安排①（刘银喜，2005）。尽管 PPP 是一项移植性制度，但在我国本土化的生命力非常顽强（Boettke et al.，2008；卢现祥，2011）。而且在中国情境推行的过程中，PPP 实践必然会受到西方与本土、历史与当前两个关系维度的影响（李婷婷，2019），而与 PPP 相配套的本土制度为项目制（渠敬东，2012）。笔者认为，我国 PPP 发展现状是西方制度与我国项目制结合的产物。

一方面，与 PPP 相配套的制度建设在欧美国家已研究与实践良久，但依然要注意到各个国家之间的制度体系也存在很大差异。作为 PPP 实践经验丰富的英美法系国家（common law jurisdictions），如英国、澳大利亚等，并没有制定 PPP 成文法律，而是通过制定政策或实践指南来规范（陈新平，2017）；在大陆法系国家（civil law jurisdictions）中，如法国、德国等，则普遍通过行政立法来调整 PPP（黎梦兵，2019）；而兼具英美法系和大陆法系特征的国家，如加拿大等，则 PPP 的立法体系和层级较为完善和均衡（陈新平，2017）。世界银行等国际组织也持续关注各国 PPP 制度建构实践并出台指导文件

①　通过后文分析可知，本书所述的"PPP 制度安排"，是从社会学制度主义视角（Olson，2009）界定的，包含正式和非正式制度两者。需要说明的是，虽然本书将 PPP 看作一种制度安排，但仅仅将 PPP 的制度特征作为先验的知识前提，着重阐释中央政府的制度供给过程（反映情境特征）和地方政府的行为逻辑及差异（本书着重针对"PPP 伙伴选择"行为进行深入观察和研究，并力争提炼整合视角）。

(Harris,2003)。我国近年的 PPP 制度研究也开始起步(徐玖玖,2019)但尚未经过系统研究。

　　另一方面,我国现有制度环境中,政府主导市场和公共领域、国有企业拥有部分垄断优势等是核心影响因素。其实,与目前 PPP 实践特征相似的项目制(渠敬东,2012)在我国已存在良久。项目制曾大规模蔓延且是改革开放以来政府对自身及非政府领域力图加强控制的直接努力。这种努力与计划经济时期"放权-收权"的收放逻辑的不同之处在于,中央政府力图通过运用新的制度和技术手段来实现权力的上移(周飞舟,2019)。

　　PPP 本质上是项目制在官僚体制中的具体应用。项目制以中央或上级政府通过专项转移支付的渠道,以专项项目形式直接发包至指定的地方政府,且明确限定资金用途(折晓叶等,2011)。项目制是常规行政体系下的特定激励形式,以达到政策执行目的。PPP 的特征在于,它不仅带来了资金,还带来了团队和技术。本书认为 PPP 是"项目制2.0"版,是"伙伴(项目)制"。相比以往的"带帽资金"直接下达到中央指定的地方,国家通过"伙伴制"不仅能实现资金的直接下达,还能指导央企的定向战略投资,从而深度影响地方的发展走向和区域之间的竞争格局。而且,我国 2014 年以前已有 PPP 尝试,虽局限在部分领域(如市政工程)和部分地区自主实施,但相配套的 PPP 制度建设也曾出现过以国务院的名义颁布的层次较高的意见、决定、条例等规范性文件(丁新正,2020),为 2014 年以来伴随我国市场化改革日益深化,由三大部委联合自上而下推动伙伴制奠定了制度基础。

　　我国 PPP 制度拥有复杂的制度逻辑。制度逻辑已经被广泛地定义为社会领域的组织原则(organizing principles)(Friedland et al.,1991)。它们为组织行为人提供了共同的参考框架或认知地图(cognitive maps),以指导和赋予他们活动的意义(Scott et al.,2000)。PPP 制度之所以复杂,是因为它存在两种交错的制度需要平衡,一种是市场逻辑,另一种是政府逻辑,对应于工具理性和价值理性的平衡诉求(马克斯·韦伯,2012)。而当混合组织在相互冲突的逻辑中形成管辖权重叠(jurisdictional overlap)时,制度复杂性(institutional complexity)也就随之产生(Thornton et al.,2012)。然而,我国 2014 年以来 PPP 制度的复杂性远未被揭示,多个制度逻辑之间的不兼容行为抑或政策平衡妥协行为(陈玲等,2010)也仍没有被调研,笔者希冀在后文通过扎根研究的方法展开这项工作。

# 第五节 本章小结

本章主要通过文献综述进行理论演绎。在界定论文核心概念之后，本章评述了既有研究关于 PPP 伙伴关系何以达成理论解释的不足。诚然，现有理论已做出了很多努力，但对于我国近年在公共产品和服务市场化供给机制创新中不断尝试与摸索形成的一条 PPP 治理的独特道路，却力有不逮。尤其是本书的研究问题并没有得到深入解答：为什么政府要在某些情况下选择国企而在另一些情况下选择民企？本书通过回顾百年公共管理思想史中的价值研究及范式启示，确定了要寻求政府部门多元价值取向动机的研究路径，以超越效率追求视角。考虑到 PPP 的强实践属性，笔者认为有必要深入现实，从中发现破解本书研究问题的那把"钥匙"，希冀重构 PPP 理论。综上，本章基于文献综述后提出的研究设想如图 2.2 所示。

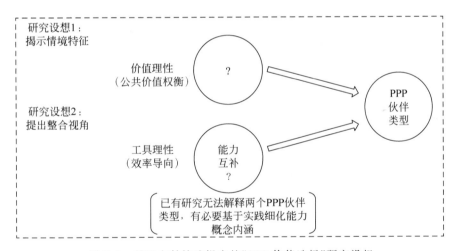

图 2.2 基于文献综述提出的"PPP 伙伴选择"研究设想

# 第三章

## 实践回溯与分析：中国PPP特征

PPP 的发展前景光明，而实践历程曲折。

——王守清（2017）

## 第一节　中国 PPP 的发展阶段

中国 PPP 的起步并不算晚。早在改革开放之初，伴随大量境外资金涌入我国，我国部分地区开始尝试 PPP，当时较为常见的操作模式有 BOT、TOT、特许经营等（杨永恒等，2018）。PPP 模式在我国公共产品和服务领域的应用大致经历了四个阶段。

1984—2002 年，PPP 主要应用在我国自然资源和交通领域，以引进外资企业（下文简称"外企"）、国家部委牵头若干项目的试点为主，落地项目数量虽不多，但都至关重要且对之后的 PPP 发展产生了深远影响（例如本书案例分析环节选择的项目）。

2003—2008 年，PPP 的应用范围稳步推广到全国各级政府，主要应用于市政工程领域；同时随着本土企业的成长，PPP 伙伴的范围也从外资为主向着内资和外资同等重要转变，但总体来看 PPP 依旧只是地方公共产品和服务供给的补充机制，占项目总体规模的比例非常小。

2009—2013 年，受国际金融危机影响，我国市场环境整体呈现"国进民退"特征，土地财政和融资平台模式逐渐成为公共产品和服务供给领域的主要手段，PPP 实践也因此停下了前进的脚步。

2014 年至今，在中央政府自上而下强势推动 PPP 模式的情境下，我国 PPP 实践呈现井喷发展态势，应用领域也从传统基础设施拓展到公共服务领域，并继续向着"新基建"的方向延伸。这一阶段的PPP承载了更多的责任，是一项真正意义上的公共管理手段和国家发展工具。也正是在这个阶段，我国的PPP伙伴分为公公伙伴和公私伙伴两个类型，两者各占"半边天"。而且两类伙伴之间有明显区别，各自内部又高度相似，本书将中国这一PPP实践特征称为"PPP二元结构"（dual structure of PPP）。笔者正是从中产生了现实困惑，进而提出了PPP伙伴选择这一研究问题。

下文将详细介绍每个阶段的关键事件。

## 一、阶段一：外资企业引进BOT阶段（1984—2002年）

1984年，伴随改革开放，外企带着资金、技术和人才进入我国的公共产品和服务领域，在国家部委的批准和支持下开始部分项目的试点工作（例如广西来宾B电厂）。这段时间的PPP伙伴主要以外企为主，政府选择外企作为伙伴的动机主要是学习国际经验，以"引进来"的方式提高政府供给效率。

这一阶段的PPP制度供给呈现出"项目倒逼政策"的特征。在这个阶段，PPP项目主要通过谈判来落地，一般由PPP伙伴主动发起投资倡议（这与PFI模式相似）。我国政府在这一过程中积极消化吸收国际经验，形成了大量PPP实践相关的宝贵资料，包括运作方式（如BOT、特许经营等每种方式的实施要点）、合同范本（原国家建设部形成了五本市政PPP合同范本）、法律制度等，这些对我国的PPP发展和改革产生了深远的影响，许多成功经验和文本至今仍被广泛参考。

1992年初邓小平南巡之后，伴随党的十四大确立的社会主义市场经济体制，原国家计委开始研究投融资体制改革，选择探索BOT等PPP模式。1994年，国家选定了五个BOT试点项目——广西来宾B电厂项目、成都第六水厂项目、广东电白高速公路项目、武汉军山长江大桥项目和长沙望城电厂项目。1995年8月，原国家计委、国家电力部、国家交通部联合下发了《关于试办外商投资特许权项目审批管理有关问题的通知》，明确了重点推动外企参与电力、交通PPP的发展精神。

在这个阶段达成的外企PPP合作是经典的公私伙伴关系，虽然许多项目因不再满足我国快速发展的能力互补诉求而终止，但这一阶段的PPP项目因受到国家层面的高度重视，其交易结构的设计、招标评标环节的组织、合同文本的编写等各个环节，都经过了反复论证和多方探讨，实践中也有大胆尝试创新，因此许多项目的实施质量和效果相比如今要更加可靠和规范。2000年以后，即这个阶段的末期，我国本土化的PPP项目开始崭露头角。

## 二、阶段二：本土企业崛起推行特许经营阶段（2003—2008 年）

2003 年，北京申奥成功，我国在奥运会筹备过程中尝试 PPP 的同时（例如北京地铁4 号线），在全国各地稳步推广。这段时间的 PPP 伙伴类型较为多样化，呈现外企、国企和民企"三分天下"的格局，其中国企 PPP 主要以央企和外地国企为主，本地国企与地方政府仍旧是传统关系。由于 PPP 的比重非常小，政府选择伙伴的动机以提高效率为主，尤其看重融资和建设成本的降低。

这一阶段的 PPP 制度供给呈现出"初步体系化"的特征。上一阶段部分项目的负面新闻，例如水务资产高溢价转让引发的百姓用水价格上涨等事件，促使我国政府开始反思 PPP 的核心立场，也意识到规范操作流程的重要性。同样，在各地项目实践过程中，PPP 相关的实施流程、运作方式、合同体系等经验被制度化，PPP 伙伴的选择方式也从过去的谈判等个性化方式转变为公开招标等流程化方式，这奠定了 PPP 全面推广的制度基础。

在党的十六大提出市场要在资源配置中发挥基础性作用的精神指引下，原国家建设部于 2002 年底出台了《关于加快市政公用行业市场化进程的意见》，又于 2004 年出台了《市政公用事业特许经营管理办法》，这标志着国家层面的 PPP 制度供给正式形成，也提高了地方实践 PPP 的积极性。尤其在市政工程领域，PPP 项目开始密集出现，例如，各地污水项目、兰州自来水项目、北京燃气项目等，同时也出现了北京地铁 4 号线、北京长阳新城等城市交通和新城建设 PPP 项目实践。PPP 项目实施流程更加规范，商业模式更加成熟，竞争也更加激烈，PPP 伙伴选择多样性进一步提高，地方政府对生产者和供给者分离的理念更加熟络，愿意通过让渡部分权力给市场以换取供给效率提高。而且，PPP 实践也有正外部性，能对地方国企形成冲击，从而促进传统行业进行体制机制改革，促使国企主动改革和提高效率。

这一阶段的 PPP 项目引发了一些反思。2007 年，由于外企过多过快地以高溢价竞标方式收购国内地方国有水务企业股权（如法国威立雅水务公司连续投资收购青岛、海口和兰州自来水公司股权），我国社会各界对 PPP 产生隐忧，主要担心外企提供公共服务的安全性和可靠性。我国市场经济体制还处于初步发展阶段，政府通过经济效益交换市场效率的定价机制尚不健全，个别曝光的暴利项目（如存量水务股权高溢价转让进而形成快速大幅调价压力）也使得地方 PPP 实践踌躇不前。此外，地方政府顾及 PPP 所涉及的公共产品和服务领域本质上仍属于政府职责范畴，将其开发给外企时，政府对于公共安全、主权保障等风险的防范意识更高。总之，经过这一阶段的 PPP 实践,我国政府对 PPP 的期待从追求效率向着更加公开透明、更加公平公正转变。

## 三、阶段三:国进民退的融资平台蓬勃发展阶段(2009—2013 年)

2009 年,受国际金融危机影响,国家采取干预手段和积极政策保增长,影响了 PPP 的发展。由政府引导投入的巨额财政资金和信贷资金相继进入公共产品和服务领域,这促使各地政府竞相成立融资平台,转变为"企业家型政府""国进民退"态势回归,大量以往的 PPP 项目也被政府"收回",各地融资平台发展井喷,一时间仿佛公共产品和服务供给领域不再需要 PPP 伙伴。

融资平台是我国经济快速发展进程中一个过渡性制度安排,在基础设施形成的过程中发挥了极为重要的作用(范剑勇等,2014)。2009 年 10 月,国家财政部公布了《关于加快落实中央扩大内需投资项目地方配套资金等有关问题的通知》(财建[2009]631号),允许地方政府利用融资平台通过市场机制筹措用于中央扩大内需投资的地方配套资金。至此,融资平台数量快速增加,2009 年底全国各级融资平台高达 8221 家[①],达到了历史顶峰,其中有近 5000 家是积极财政政策信号发出后成立的[②]。各地的融资平台模式不尽相同,最早(1991 年)成立的上海城投是一家跨行业的综合性融资平台,这一平台容纳了市政、交通等各类设施[③]。还有一些城投公司则是采用分行业设置的管理模式,例如,重庆"八大投"是重庆市八个实力最强的市级城投公司,包括重庆市城市建设投资公司、重庆市开发投资有限公司等。北京市也采取了分行业设置专业性融资平台的方式,例如,京投公司是一家专门容纳城市轨道交通、城中村改造等基础设施的平台公司[④],相应的还有北京市自来水集团有限责任公司、北京城市排水集团有限责任公司、北京市文化投资发展集团有限责任公司等(李伟等,2010)。融资平台成为地方政府深度参与金融市场的重要工具,起到从金融体系获得资金用于地方经济建设的重要作用(刘畅等,2020)。与中小企业相比,融资平台拥有更为充足的抵押品以及地方政府的隐性兜底保障,在获取银行贷款方面具有天然优势。

融资平台对培育国企竞争力和市场信用起到了重要作用,公公伙伴关系雏形显现但不成熟。当时正在洽谈的许多公私伙伴关系项目突然终止,地方政府纷纷转向国家申请资金拨付,银行等金融机构也将业务重点转向与地方政府或融资平台合作。而且,

---

① 中金公司相关研究报告。转引自:李伟等《破解城投公司困局》(引文信息详见参考文献)。
② 《问责地方融资平台》《南风窗》2010。转引自:李伟等《破解城投公司困局》(引文信息详见参考文献)。
③ 上海城投(集团)有限公司。
④ 北京市基础设施投资有限公司。

伴随各级国企拿到大量银行授信和政企分开改革的深化，政府与国企开始以市场方式建立合作关系，其中也有公公伙伴关系。例如，北京门头沟垃圾焚烧发电厂是北京市政府与首钢集团合作的 PPP 项目。然而，国企虽然在我国快速城镇化进程中起到了重要作用，但这一过程也伴随着大量不规范操作和隐患，尤以垫资承包（即伪 BT 模式，后被 2012 年出台的 463 号文禁止）为典型，其中充斥着大量如手续不齐全、政治关联等问题，还有融资平台推高地方政府债务的隐忧。

# 四、阶段四：形成 PPP 超大规模与二元结构阶段（2014 年至今）

2014 年，在党的十八届三中全会提出的"市场在资源配置中发挥决定性作用"要求下，国家自上而下地推行市场化机制创新，发动了以国家财政部消解地方债为主要目的之一的 PPP"运动式"实践，这也引起了海内外巨大反响。公公伙伴关系在这一阶段大量出现，与公私伙伴关系构成前文已述的 PPP 二元结构，这已成为一个不可回避的客观事实。PPP 伙伴选择动机更加复杂，这也构成本书的研究对象。

这一阶段的 PPP 已进入全面普及的阶段，也形成了前文已述的 PPP 超大规模特征。中国 PPP 所覆盖的领域之广、项目之多、投资额之大等，是世界其他任何国家或地区、历史阶段都无法比拟的（杨永恒等，2018b）。想必 PPP 20 世纪在西方诞生之时，谁也未曾料到它会在半个世纪后植根于东方。根据国家财政部 PPP 中心季报显示，截至 2020 年 3 月末，自 2014 年以来我国累计入库 PPP 项目 9493 个、投资额 14.5 万亿元；累计落地（即选定 PPP 伙伴）PPP 项目 6421 个、投资额 10.2 万亿元，落地率 68%[①]。而且，这一阶段与 PPP 相关的政策文件出台之密集程度也是前所未有的。据笔者统计，中央政府层面出台的鼓励或规范 PPP 的政策法规多达 208 份（详见附录 A），因此我国政府和市场主体均快速积累了 PPP 实施知识与经验，也建立了 PPP 制度，这有助于 PPP 的进一步发展。然而，中国 PPP 出现的问题如此之多，也是各界所担忧的。PPP 制度仍旧不成熟，存在高度模糊的制度空间，也存在权变匹配特征，而 PPP 脱耦现象普遍，操作流程也五花八门，究其原因是对 PPP 理念认知不深、共识不足（杨永恒等，2018b）。其中，通过 PPP 变相融资、变相举债的"伪 PPP 项目"举目皆是，这一方面积累形成了金融风险，另一方面，地方政府还发起了大量并不具备实施条件的项目，也造成了行政资源的人为浪费，致使 PPP 并没有很好实现政府减债、提高效率等目标（杨永恒等，2018b）。

---

① 财政部 PPP 中心. 全国 PPP 综合信息平台项目管理库，2020 年 3 月报［2020-04-29］.

相比之下，国企参与PPP引发的"国企挤出了民企"的争议，仍旧是最受瞩目的争议焦点。财政部条法司副司长赖永添认为"国企对民营资本的'挤出效应'比较明显"[①]。在2017中国PPP投资论坛上，厉以宁认为"国企占大头，民间资本总感到在PPP模式中是陪衬，凡有利可得的项目几乎都被国企把持了"[②]。然而，笔者访谈的一位国企PPP负责人则表示："我们投资PPP根本不挣钱，投资的动力主要是从过去一个标段一个标段地拿施工任务，转为通过PPP一次性拿全标段的施工任务。"（访谈记录：20191231-C10-GT）可见，PPP二元结构的现象远比表面的"挤出"要复杂。实际上，笔者认为，如果没有国企参与PPP，中国可能就不会出现PPP超大规模，PPP相关的制度供给可能也不会像如今这样丰富和体系化，民企可能也没有能力支撑起如此巨大规模的PPP市场。那么，国企对民企到底形成了"挤出"还是"挤入"效果？国企与民企到底是竞争关系还是互补关系？这一问题尚无定论。

# 第二节　中国 PPP 的发展现状

如今，PPP对于我国公共产品和服务供给机制创新、地方政府财政压力缓解、民营经济发展及推动"一带一路"建设等方面都有重要影响，且在国家发展、公共治理、产业升级等多个方面日益凸显重要作用（杨永恒等，2018b）。然而，近年我国PPP的发展历程十分曲折，我国PPP从2014年的政策鼓励实践，到2016年基本形成制度体系，又到2017年项目清理退库，再到2018年规范资本金融资，其发展经历了井喷之后又回落到冷静状态的过程。

## 一、中国 PPP 发展总量的国际比较与经济贡献

将我国与巴西、印度和土耳其相比可以看出，1990—2014年三国（除巴西）PPP发展不相上下，而2014年以后中国PPP发展"一枝独秀"，如图3.1所示[③]。

前文已述，我国PPP项目的统计口径与世界银行PPI项目库不同。相比之下，我

---

① 目前PPP中已出现国资对民资的"挤出效应"[2016-06-23]。
② 厉以宁.民间资本为何对PPP热情不高？怕被套住厉以宁民间资本PPP_新浪财经_新浪网[2017-09-25]。
③ 国际比较数据来自世界银行PPI项目数据库。需要指出的是，世界银行PPI项目的统计口径与我国财政部、发展改革委等PPP项目库统计口径均存在差异。不过其国际横向比较结果仍有统计意义。

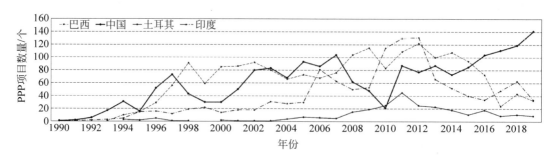

图 3.1　1990—2019 年世界银行 PPI 项目数量比较

注：笔者根据世界银行 PPI 项目库数据绘制。

国口径更能反映国内 PPP 实践的真实情况，包含了所有合格企业的 PPP 合作投资金额。2002—2019 年中国 PPP 项目投资额对 GDP（国内生产总值）的贡献比率如图 3.2 所示。

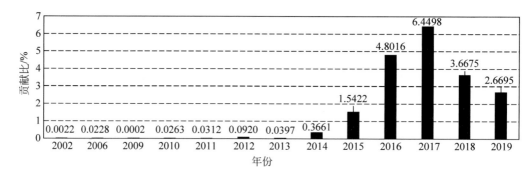

图 3.2　2002—2019 年我国 PPP 项目投资额对 GDP 的贡献比率变化

注：笔者根据明树数据公司和国家统计局 GDP 数据统计绘制①。

　　图 3.2 显示，我国 PPP 发展自 2014 年以后呈现井喷，但从 2018 年开始回落。原因在于，2017 年国家财政部发布《关于规范政府和社会资本合作（PPP）综合信息平台项目库管理的通知》（财办金［2017］92 号文）文件②，该政策被业界称为"退库"文件，即国家财政部在 2017 年底对全国 PPP 项目进行全面排查，明确将不符合规范要求的"假 PPP""伪 PPP"等项目清理出库。至此，我国 PPP 发展回归理性，PPP 由过去的重数量和速

---

　　①　明树数据公司是一家专注基础设施和公共服务投融资大数据的应用平台。笔者在数据采集工作中得到了其技术支持，这能保证采集范围除了财政部 PPP 综合信息平台项目外，还获得市场公开采购信息的 PPP 项目数据（如中国政府采购网发布的交易信息），以保证数据采集工作尽量达到饱和。需要说明的是，由于采购数据通常以招标人为单位发布，这使得新疆有两个主体（新疆维吾尔自治区和新疆生产建设兵团），由于本书只反映地区特征，因此将其合并为一项，也有中央本级数据，笔者将其剔除，理由将在第四章研究对象中说明。此外，该项指标计算还用到了国内生产总值（GDP），获取来源为中华人民共和国国家统计局。http://data.stats.gov.cn/easyquery.htm? cn＝C01。

　　②　财政部印发通知规范政府和社会资本合作（PPP）综合信息平台项目库管理_部门政务_中国政府网.http://www.gov.cn/xinwen/2017-11/16/content_5240219.htm。

度向重质量转变[①]。

理论上，PPP 是多个组织共同生产的混合形式(Mahoney et al.,2009)，其对应的是长期性、契约式、风险共担的战略伙伴属性(Savas,2000；Hart,2003)，这均预示 PPP 执行不仅并不简单，而且非常复杂(Klijn et al.,2003)。然而，我国在短短几年内形成的上述局面，让人不禁推测，我国的 PPP 项目实践模式会不会仅仅是简单的"复制粘贴""千篇一律"。笔者根据自身经验和资料判断这一现象确实存在，即大部分项目的实施文本高度相似，如交易结构、回报机制、实施方案、合作合同等无一例外。这一现象却并不让人感到陌生，我国多年城镇化的产物便是城市"复制"，各个地区失去了本身的地域特色。虽然"运动式"地发展能降低制度学习成本，达到快速发展的目标，但是否能带来真正的效率提高？不得而知。

不仅如此，笔者继续根据自身经验判断，认为我国 PPP 项目"千篇一律"实施文本的背后又是"千差万别"的实践行为，这意味着 PPP 存在严重的脱耦现象。这样的判断无疑是令人沮丧的，这使得笔者接下来列出的统计图表仿佛毫无意义，但即便如此，通过统计反映客观信息，仍旧是非常重要的。

## 二、中国 PPP 区域特征

我国区域之间的 PPP 实践差异非常大，根据国家发展改革委建立的全国 PPP 项目信息监测服务平台发布的信息，截至 2020 年 4 月末，全国 PPP 累计投资额最大的区域，分别为四川省和浙江省。不过，自 2014 年以来，各地 PPP 发展的节奏并不一样，四川省和浙江省也不是最早掀起 PPP"热潮"的地区。笔者将 2014—2019 年 PPP 投资额最大和最小的地区分别统计汇总，如表 3.1 所示。

表 3.1 2014—2019 年 PPP 投资额最大与最小地区统计

| 统计依据 | 年 份 | | | | | |
|---|---|---|---|---|---|---|
| | 2014 | 2015 | 2016 | 2017 | 2018 | 2019 |
| 当年投资额最大地区 | 贵州 | 山东 | 云南 | 新疆 | 河南 | 四川 |
| 当年投资额最小地区 | 西藏、内蒙古、宁夏、甘肃、吉林、江西、陕西、上海[a] | 宁夏、天津、西藏[b] | 天津 | 上海 | 西藏 | 西藏 |

注：a 和 b 分别表示 2014 年和 2015 年投资额最小的地区均没有 PPP 项目落地的统计信息(这不代表当代没有真正意义上的 PPP 项目，本书所采用的数据库统计口径已经达到饱和，但仍无法保证收集到全部项目信息)。

---

① 财政部 PPP 中心.全国 PPP 综合信息平台项目管理库 2020 年 3 月报[2020-04-29]. http://www.cpppc.org/jb/1972.jhtml.

西藏和上海同为 PPP 投资额较小的地区，可见各地 PPP 投资额规模与经济发展水平无直接关联。而通过当年投资额最大地区的统计能看出，PPP 投资额最大的地区也许是近年发展速度最快的地区。北京、上海等地公共产品和服务已相对完善，PPP 发展意愿较弱，而西藏等地 PPP 发展条件尚不具备，因此，PPP 发展与许多条件都有关系，进一步证明了其实践复杂的特征。

为进一步呈现地区之间的差异，笔者根据清华大学 PPP 研究中心①发布的"PPP 发展环境指数"②，对公布的 289 个城市的 PPP 指数的四个维度进行 K 均值聚类分析，得到我国四个形态迥异的 PPP 发展环境类型，如图 3.3～图 3.6 所示。这也暗示了我国地方政府 PPP 伙伴选择动机的复杂性。

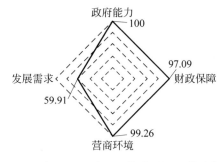

图 3.3　中国 PPP 发展环境类型一：弱需求型

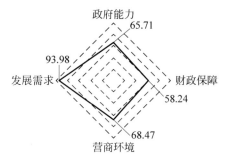

图 3.4　中国 PPP 发展环境类型二：弱财力型

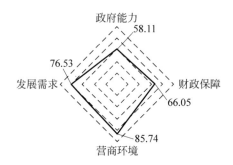

图 3.5　中国 PPP 发展环境类型三：弱管理型

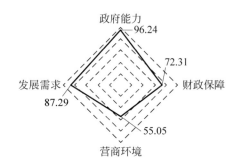

图 3.6　中国 PPP 发展环境类型四：弱市场型

① "清华大学政府和社会资本合作研究中心"的英文全称为"Center for Public-Private Partnership at Tsinghua University"，英文简称为"TUPPP"，中文简称为"清华 PPP 研究中心"。由于社会惯例称为"清华大学 PPP 中心"，因此本书以此社会惯例行文。这是一家清华大学校级的非营利性学术机构，由国家发展改革委、原中国保险监督管理委员会（现已并入中国银保监会）和清华大学共同发起，依托清华大学公共管理学院管理。
② "中国城市 PPP 发展环境"由清华大学政府和社会资本合作研究中心（清华大学 PPP 研究中心）的中国城市 PPP 发展环境指数课题组研究并发布［2018-12-01］。

### 三、中国 PPP 行业特征

由于市场条件和产品属性的异质性，我国行业之间的 PPP 发展现状差异很大。例如，市政工程以公共设施建设为主，项目建成后的运营服务较易标准化，而且该行业实践 PPP 较早，因而市场条件也更加成熟；相比之下，养老行业的运营服务特点是"边服务边生产"，结果不易测量，而且市场条件也还很匮乏。2014—2019 年各行业的 PPP 投资额比较如图 3.7 所示。

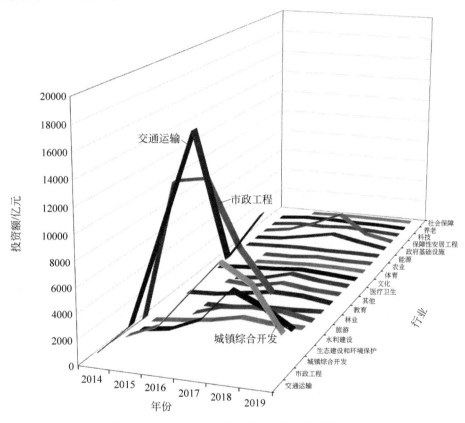

图 3.7　2014—2019 年各行业 PPP 投资额比较

图 3.8 依据 2019 年各行业新增 PPP 投资额大小顺序从前往后排列，结果显示我国 PPP 投资额最大的前三个行业分别是交通运输、市政工程和城镇综合开发，而投资额最小的三个行业分别是社会保障、养老和科技。各行业相应的 PPP 投资额数值如表 3.2 所示。

表 3.2　2014—2019 年各行业 PPP 投资额统计　　　　　　　　　亿元

| 行业类型 | 年　份 | | | | | | 合计百分比/% |
|---|---|---|---|---|---|---|---|
| | 2014 | 2015 | 2016 | 2017 | 2018 | 2019 | |
| 交通运输 | 902 | 3198 | 10 584 | 18 047 | 9096 | 12 489 | 33.4 |
| 市政工程 | 874 | 2957 | 13 595 | 13 983 | 9068 | 6007 | 28.6 |

| 行业类型 | 年 份 | | | | | | 合计百分比/% |
|---|---|---|---|---|---|---|---|
| | 2014 | 2015 | 2016 | 2017 | 2018 | 2019 | |
| 城镇综合开发 | 389 | 1459 | 4317 | 7094 | 5658 | 2085 | 12.9 |
| 生态建设和环境保护 | 58 | 414 | 1461 | 4153 | 3096 | 1542 | 6.6 |
| 水利建设 | 21 | 284 | 592 | 1112 | 861 | 835 | 2.3 |
| 旅游 | 0 | 100 | 879 | 1135 | 1060 | 604 | 2.3 |
| 林业 | 0 | 20 | 38 | 321 | 388 | 524 | 0.8 |
| 教育 | 2 | 112 | 471 | 846 | 791 | 444 | 1.6 |
| 其他 | 0 | 504 | 350 | 869 | 534 | 422 | 1.6 |
| 医疗卫生 | 0 | 62 | 294 | 933 | 555 | 359 | 1.4 |
| 文化 | 68 | 269 | 370 | 574 | 424 | 233 | 1.2 |
| 体育 | 0 | 46 | 170 | 275 | 276 | 172 | 0.6 |
| 农业 | 0 | 19 | 53 | 266 | 161 | 169 | 0.4 |
| 能源 | 22 | 121 | 210 | 161 | 195 | 154 | 0.5 |
| 政府基础设施 | 4 | 166 | 591 | 1044 | 542 | 142 | 1.5 |
| 保障性安居工程 | 4 | 364 | 1213 | 2253 | 614 | 127 | 2.8 |
| 科技 | 10 | 252 | 209 | 351 | 218 | 80 | 0.7 |
| 养老 | 3 | 234 | 241 | 160 | 146 | 48 | 0.5 |
| 社会保障 | 0 | 3 | 55 | 45 | 30 | 14 | 0.1 |

表 3.2 中的数据同样显示行业之间的差异巨大。2014—2019 年各行业 PPP 投资额的合计占比最大为 33.4%（交通运输）、最小为 0.1%（社会保障）。以 2019 年投资额为例，交通运输 PPP 新增投资额达 12 489 亿元，而社会保障 PPP 新增投资额仅为 14 亿元。

交通运输行业包含的细分行业中，投资额贡献最大的前三者分别是高速公路（累计约 35 000 亿元）、一级公路（累计约 10 000 亿元）、铁路（累计约 24 820 000 万亿元，不含城市轨道交通，城市轨道交通被划分为市政工程行业），此外，还有港口码头、航道航运、仓储物流、机场、隧道、交通枢纽等。

社会保障行业包含的细分行业分别有殡葬（累计约 28 亿元）、社会福利机构（累计约 71 亿元）、残疾人事业服务机构（累计约 1 亿元）、就业服务机构（累计约 19 亿元）等。

## 第三节　中国 PPP 的伙伴类型分析

目前，我国现实的 PPP 伙伴有六种类型，分别是央企、央企下属公司、地方国企、内资民营企业、外资企业、有限合伙机构。本书按其所有制属性分类，分别将央企、央企下属公司、地方国企统称为"国企"，将内资民营企业、外资企业、有限合伙机构[①]统称为"民

---

　　① 有限合伙机构也可以由国企发起设立，本书将其归为民企的理由是，当前已经中标的项目中，有限合伙机构作为 PPP 伙伴的数量非常少，金额也不高，而且均为民营所有制发起设立。因此，本书将其归为民企。

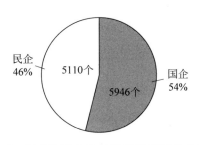

图 3.8 国企和民企参与的 PPP 项目数量比较

企"。两类伙伴参与的 PPP 项目数量占比如图 3.8 所示,两者各占"半边天"。

虽然国企和民企参与的 PPP 项目数量"势均力敌",但两者投资的金额差距却相对悬殊。2014—2019 年两类伙伴参与的 PPP 项目投资额对比如表 3.3 所示。

表 3.3 2014—2019 年国企和民企参与的 PPP 项目投资额比较

| 年份 | 国企 | | 民企 | | 合计/亿元 |
|---|---|---|---|---|---|
| | 金额/亿元 | 百分比/% | 金额/亿元 | 百分比/% | |
| 2014 | 820 | 91 | 82 | 9 | 902 |
| 2015 | 2529 | 79 | 669 | 21 | 3198 |
| 2016 | 9432 | 89 | 1151 | 11 | 10 583 |
| 2017 | 16 498 | 91 | 1549 | 9 | 18 047 |
| 2018 | 8108 | 89 | 988 | 11 | 9096 |
| 2019 | 12 246 | 98 | 243 | 2 | 12 489 |
| 总计 | 49 634 | 91 | 4682 | 9 | 54 316 |

注：表格数据为截止历年年末的新增数据。

两类伙伴确实存在投资量级的差异,想必即使没有国企参与 PPP,民企也无法承受如此巨大规模的 PPP 投资体量。表 3.3 中 2014—2019 年两类伙伴的 PPP 新增投资额比较示意如图 3.9 所示。

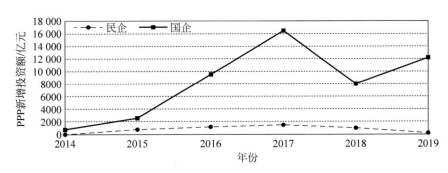

图 3.9 2014—2019 年国企和民企 PPP 新增投资额比较

## 一、经营属性比较

两类伙伴之间存在明显的经营属性差异。可以初步判断，两类伙伴之间既有"竞争"关系，也存在"互补"关系；既有"挤出"效应，也有"挤入"效应。两类伙伴的经营者属性的 PPP 项目数量分布比较如图 3.10 所示。

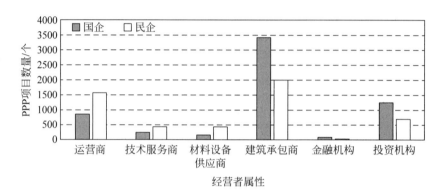

图 3.10　国企和民企的经营者属性的 PPP 项目数量分布比较

注：从左至右按经营属性从效率型能力向资源型能力排布，详见后文阐释。

图 3.11 显示，两类伙伴的经营属性存在较大差异。国企的经营属性依次以建筑承包商、投资机构等为主，而民企的经营属性虽然在绝对数值上仍以建筑承包商为主，但在运营商数量和比例上都超过国企。可见公公伙伴关系和公私伙伴关系的经营属性存在明显差异，国企以投资型建设工程为主，民企以投资型运营服务为主。

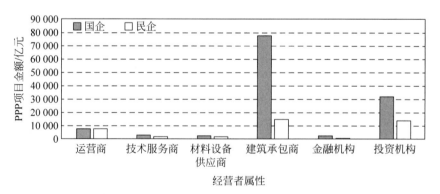

图 3.11　国企和民企的经营者类型的 PPP 项目金额分布比较

注：从左至右按经营类型从效率型能力向资源型能力排布，详见后文阐释。

笔者又对两个伙伴经营属性的 PPP 投资额进行了比较，如图 3.11 所示，能够更加直观地看出两者的属性差异，一方面是两者在投资体量上存在量级差异，另一方面是两者在经营属性上也存在属性差异。两类伙伴类型形成了 PPP 二元结构。

## 二、行业分布比较

笔者继续对两个伙伴类型在行业、区域、模式之间的差异进行统计和比较分析。由于采用PPP投资额会模糊两者份额的比较关系，笔者采用项目数量进行比较。两类伙伴在各行业的PPP项目数量分布比较如图3.12所示。

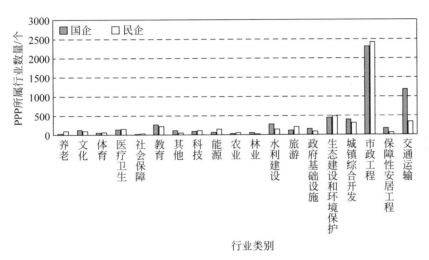

图 3.12　国企和民企参与的不同行业 PPP 项目数量分布

注：从左至右按所属行业从软向硬排布，详见后文阐释。

两类伙伴在不同行业的 PPP 项目数量分布能进一步验证 PPP 二元结构的结论。国企占比更高的行业分别为交通运输（78%）、保障性安居工程（74%）、林业（70%）等，而占比更低的行业分别有养老（15%）、能源（29%）、社会保障（31%）等。

行业分布反映出三个统计特征：①可测量性越高的行业，标准化程度越高，国企参与程度越高。这源于这类行业一般运营管理相对更标准化，但也体现为个性化更少，创新需求也更低，进而表现为对运营创新、个性和专业化能力专有性的依赖度更弱。②资产专有性越高（建设比重越高）的行业，国企分布越高。这是源于以工程建设投资为主的行业，一般需要大规模资金的投入，表现为其对融资和建设能力专有性的依赖度更高，而我国一般的民企无法胜任这种大规模融资（这源于很多因素综合作用的结果）。③国企分布于大市场之中，市场条件较为成熟，而国企在其中处于相对垄断的竞争地位，例如交通运输、市政工程、保障性安居工程（即保障房）等重资产行业；民企则处于小市场之中，市场力量较弱、政府控制力较高，而数量基础庞大、经营规模普遍较小的众多民企之间存在竞争和被政府培育的态势，例如农业、社会保障、养老等，可以分解为多样化轻资产的行业。

## 三、地区分布比较

两类伙伴在各个区域（不含港澳台地区）的数量分布比较如图 3.13 所示。

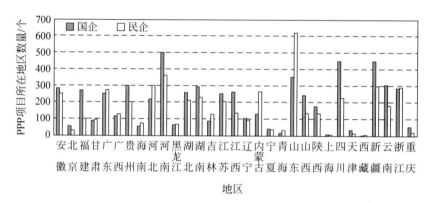

图 3.13　国企和民企在不同地区参与的 PPP 项目数量分布

注：从左至右按地区的行政区划代码排布。

图 3.14 显示，国企占比明显更高的区域有福建、贵州、河南、江西、四川、新疆等，而民企占比明显更高的区域有河北、内蒙、山东等，两者基本持平的区域有甘肃、广西、黑龙江、宁夏、辽宁、浙江等，各地选择两类伙伴的原因与当地经济发展水平无直接联系。

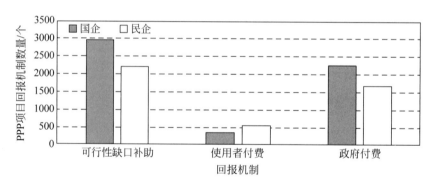

图 3.14　国企和民企参与的 PPP 项目中不同回报机制之间的数量比较

## 四、交易结构比较

笔者继续对两类伙伴在 PPP 模式的交易结构方面进行了比较，分别对比回报机制、运作模式和合作期限。图 3.14 是两类伙伴不同回报机制之间的数量比较。

图 3.15 显示，国企参与的 PPP 项目更加依赖财政付费或可行性缺口补助，相比之下，民企参与的 PPP 项目中，使用者付费的项目占比比国企高。此外，根据笔者掌握的

经验性资料，即便是可行性缺口补助项目，其中使用者付费的占比也较低，我国 PPP 项目总体上仍以政府付费或可行性缺口补助为主。

图 3.15 是两类伙伴不同运作方式之间的 PPP 项目数量比较。

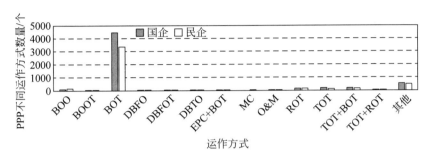

图 3.15　国企和民企参与的 PPP 项目中不同运作方式之间的数量比较

图 3.16 显示，两类伙伴在运作方式上差别并不大，而且我国 PPP 项目整体以 BOT 模式为主。但需要说明的是，根据笔者自身的经验判断，PPP 项目运作方式的实践与名义脱耦严重。同为 BOT 项目，有的项目包含"设计"任务，类似于 DBFOT，且不论"设计"任务的范围界定本身就存有争议，有些 PPP 伙伴是从方案设计便介入，而有的 PPP

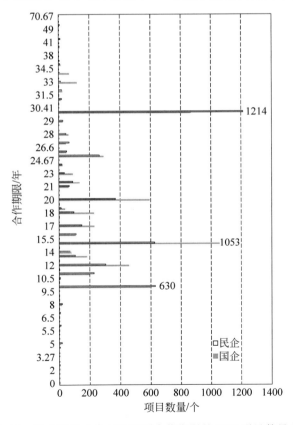

图 3.16　国企和民企参与的不同合作期限的 PPP 项目数量比较

伙伴的"设计"任务仅仅是为施工之便利的"施工图优化设计"。因此,对我国PPP实践的理解,尚无法通过字面意思揣测,而需要深入研究现场才能发现事实真相。还比如,有的BOT项目其实只包含公共设施建成后的一小部分运营。例如,PPP伙伴建成学校、医院后,往往只负责楼宇的物业管理,并不负责核心运营,这与高速公路的建设和运营内涵差别也非常大。

而且,还有相当一部分PPP项目的运作方式被标为"其他",也进一步说明我国现阶段对于运作方式的分类和管理还比较初级。这也与我国历史上项目管理和工程管理分类不清晰有很大的关系。因此,我国PPP管理有待未来在运作方式等各方面实践中进行标准化。

图3.16是两类伙伴基于项目合作期限的项目数量比较。图中显示,PPP项目的合作期限以10年、15年、30年为主。其中,10年期项目中民企占比更高,数量达630个;15年期项目中则以国企占比更高,数量达1053个;而30年期项目中又以民企占比更高,数量达1214个。可见,相比国企,民企参与的PPP项目更加两极分化,一部分追求短期合作,而另一部分则希冀能实现长久经营。然而,这也反映出一个严重的隐患,我国一般民企的平均寿命仅为2.9年,而大型集团民企的平均寿命也仅7.8年[①]。有条件参与PPP项目的民企通常为大型集团民企,但它们的平均寿命仍短于目前已签约的PPP项目合作期限。民企参与的10年期及以上的PPP项目前景"堪忧",也许东方园林被国资控股[②]将是大量民企参与的PPP项目的"宿命",但这并非当前鼓励民营经济的趋势所希冀的结果。

## 五、企业分布比较

笔者再以PPP伙伴为单位进行统计,结果显示,截至2019年12月31日共有4334家企业参与了11092个PPP项目,其中有多家企业投资了多个PPP项目。笔者进一步统计企业投资的PPP项目数量,结果显示,有67.8%的企业只参与了一个PPP项目,而0.4%的企业参与了超过50个PPP项目。可见PPP市场也呈现出"垄断"与"竞争"并存的态势,其中有多个市场交错,而且还有一些半市场的领域。企业参与PPP项目数量的统计如表3.4所示。

---

① "民企平均寿命年份"证据来自中国私营企业的统计平均寿命-马克思主义经济学-经管之家(原人大经济论坛)[2013-09-06].关于这一主题的素材年限普遍较早,笔者从中挑选了这条2013年的素材作为佐证。

② 东方园林正式被国资控股.2019环保民企都遭遇了什么? -国际环保在线[2019-09-18]。

表 3.4　企业参与 PPP 项目数量规模的分层统计汇总

| 参与 PPP 项目数量范围/个 | 企业数量/家 | | 合计/家 |
| --- | --- | --- | --- |
| | 国企 | 民企 | |
| >100 | 0 | 2 | 2 |
| (50,100] | 6 | 8 | 14 |
| (10,50] | 104 | 39 | 143 |
| (0,10] | 1794 | 2381 | 4175 |
| 合计 | 1904 | 2430 | 4334 |

为进一步查看主要参与 PPP 的企业情况，本书统计了每家企业参与 PPP 项目的数量。参与 PPP 项目数量达 50 个以上的企业信息如表 3.5 所示。

表 3.5　参与 PPP 项目数量超过 50 个的企业信息汇总

| 编号 | 中标牵头企业 | 所有制属性 | 参与的 PPP 项目数量/个 |
| --- | --- | --- | --- |
| 1 | 北京碧水源科技股份有限公司 | 民企 | 145 |
| 2 | 北京东方园林环境股份有限公司 | 民企 | 116 |
| 3 | 中国建筑股份有限公司 | 国企 | 97 |
| 4 | 北控水务(中国)投资有限公司 | 国企 | 94 |
| 5 | 太平洋建设集团有限公司 | 民企 | 71 |
| 6 | 龙元建设集团股份有限公司 | 民企 | 70 |
| 7 | 北京首创股份有限公司 | 国企 | 68 |
| 8 | 深圳市铁汉生态环境股份有限公司 | 民企 | 64 |
| 9 | 启迪环境科技发展股份有限公司 | 民企 | 60 |
| 10 | 中建国际投资(中国)有限公司 | 国企 | 59 |
| 11 | 中交一公局集团有限公司 | 国企 | 58 |
| 12 | 云南建设基础设施投资股份有限公司 | 国企 | 56 |

表 3.5 显示，有 6 家民企获得 50 个以上项目，其中东方园林便是业界熟知的被 PPP"拖垮"的民企，而其他民企几乎都集中在获得 1 个项目的统计层级中。国企则相反，虽然数量不那么集中，但同一家央企往往有多个主体同时进入市场，呈现联盟关系，例如，中国建筑分别有"中国建筑股份有限公司"和"中建国际投资(中国)有限公司"等参与竞争。但同属一家央企的企业内部之间也有竞争关系，因为某些下属子公司(如中建三局)在属地形成了地缘锁定效应，与其他兄弟公司呈现竞争态势。

综上，本书通过统计比较发现，民企参与的项目主要集中在金额相对较小、市场竞争相对激烈的行业、制度相对透明的地区，而且民企两极分化明显，呈现"哑铃形"，可称之为"精灵小巧"型伙伴。国企参与的项目则金额较大，尤其是 100 亿元以上的巨型复杂项目几乎都由国企中标，企业没有明显分化，分布较为集中，呈现"纺锤形"，可称之为"财大气粗"型伙伴，两者形态对比如图 3.17 所示。

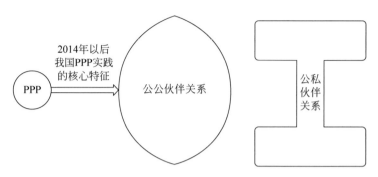

图 3.17　我国公公伙伴关系和公私伙伴关系构成形态对比示意图

## 第四节　本章小结

考虑到 PPP 的实践属性,在第三章理论演绎的基础上,本章对现实进行陈述,回顾了中国 PPP 发展的四个阶段,也统计了发展现状。其中,本书着重呈现了两个伙伴类型的实践比较,为下文理论研究打下现实基础。

# 第四章

# 研究设计

质的研究是在与量的研究相抗衡的环境中发展起来的,结合起来使用可以相互取长补短。

——陈向明(2000)[472]

本章主要介绍论文研究设计,分为总体设计、扎根研究、定量研究和案例研究等四个方面。第一节围绕研究目标,对研究对象、研究方法、数据资料和分析工具作总体介绍。第二~第四节针对探索研究(扎根研究)和实证研究(定量研究和案例研究)两个阶段,分别对具体研究方法、资料选择标准、资料来源、资料采集过程和结果作了详细介绍。此外,笔者在研究设计中重点阐释了研究过程中保证研究信度与效度的相关操作,以尽量解决内生性问题,也尽量避免"效度威胁"。

## 第一节  总体设计

本书是地方政府组织协作的研究,具有分析对象多样、关系网络复杂、演变过程曲折等特征,是一个复杂的、未知的、棘手的研究问题和情境(陈向明,2000;约翰·W.克雷斯威尔,2006;郭佳良,2017)。质性分析有助于笔者较好地获取真实信息,其经验深度能帮助笔者回到事实本身产生学术判断,避免社会科学片面逻辑的认知偏差。而且笔者曾是本书研究对象的"局内人",近年又成为"局外人"对其展开反思和系统研究。

笔者认为自己在研究这一问题上具有"局外人"和"局内人"的双重身份优势，也符合"可以被接受的边缘人"的学术研究者角色（Hammersley et al.，1983）[①]。因此，结合被研究者的特征和研究者的经历，**本书采用以质性研究为主、量化研究"坐巢"其中的内含型研究设计**[②]。具言之，笔者首先通过理论与实践相结合的探索性研究，提出扎根理论并形成理论框架，然后分别通过定量检验研究假设和跨案例发掘过程性关键要素，以混合方法实证理论的稳健性。后文将重点说明本书在如何协调不同方法之间作出的努力，以保证多种方法的有机结合与"交相辉映"，以期较为全面和深刻地解答本书研究的问题。

## 一、研究对象

本书的分析单元（unit of analysis）为组织，即中国的"地方政府"，是指 PPP 伙伴关系达成过程中代表第一个"P"（public，公共部门）的行政机构系统，可划分为整体政府、部门政府、官员代理人三个层面（吕纳，2016）。由于 PPP 项目通常要涉及多个部门才能完成，根据研究需要，后文若无特殊说明，出现的"地方政府"指整体意义上的一级政府。在整个 PPP 实践过程中，地方政府既受到中央政府及上级政府的外在力量约束，也受到传达和执行上级政策的内在激励，还是与市场主体产生互动、协调和联系的直接行动者。地方政府是整个 PPP 实践过程中的核心行动者，也是 PPP 机制结果的直接受益者和责任方。只有分析清楚地方政府的 PPP 行为逻辑，才能解答我国 PPP 实践过程中的"黑箱"问题。虽然，绝大部分 PPP 项目的发生场所为我国各个市级和县级行政机构（县以下行政机构的 PPP 项目由县级政府统一管理），不过仍有少量 PPP 项目由中央政府、省级政府的某一部门直接实施。考虑到中央政府或省级政府 PPP 行为逻辑与其他地方政府有着高度的相似性，后文若没有做特别说明，本书提到的"地方政府"一般指直接与市场主体发生联系的代表政府机构的行为主体"中央政府"，主要是指构成地方政府宏观制度背景的行为主体。此外，本书提到的"PPP 伙伴"主要是指市场主体（暂不含社会组织），具体包括国企（含央企及其下属公司、地方国企等）、民企（含内资民企、外资企业等），它们共同构成地方政府的 PPP 关系实现与互动合作的伙伴。

本书的研究对象是"地方政府 PPP 伙伴选择行为"。地方政府行为研究历来是古今中外社会学科的一个重要领域，我国地方政府行为研究与政府主导的中国特色发展模式密不可分（周飞舟，2019）。自 20 世纪 80 年代初以来，财政体制改革、地方剩余控

---

[①] 转引自：陈向明《质的研究方法与社会科学研究》第二十章的"理论建构的方式"一节第 142～148 页（引文信息详见参考文献表）。

[②] 参照了贝克等（1961，1977）对波士顿一所医学院学生的研究方案，信息来自陈向明《质的研究方法与社会科学研究》第二十七章"质的研究与量的研究的结合"，第 481～482 页（引文信息详见参考文献表）。

制权的提高等均极大地激发了地方政府的利益主体地位感,随之而来的是为自身谋利的强烈动机(周黎安,2008;周飞舟,2012;周雪光,2012)。伴随我国经济发展,地方政府的利益主体行为逻辑容易观察又极富张力,因此研究成果也非常丰富(如:Oi,1995;周雪光,2005;周雪光,2008;周黎安,2007;渠敬东,2012;郁建兴,2012)。周雪光曾指出,学者们对这一主题研究乐此不疲的根本原因在于中国政治一直以来存在着权威与有效治理的张力(周雪光,2011)。学者们在研究地方政府行为逻辑时,突破了传统组织经济学的结构-行为-绩效(structure-conduct-performance,SCP)研究范式,而且大量地挖掘了正式制度以外的行为逻辑(例如非正式制度、关系、利益主体协商等)。然而,上述研究都将地方政府置于一个利益主体地位的视角,观察其行为逻辑,主要表现出一个自利者与上级指令之间的张力。本书仍旧遵循"结构-行为"分析范式(Giddens,1984),探索地方政府的社会职责内化动机作用于行为的逻辑。不同的是,本书试图将地方政府置于另一个情境之中进行观察,即地方政府作为本级公共事务代理人时,面对 PPP 这一市场化创新协作工具时,除受到外在力量约束与内在自利激励之外,还有没有超越利益主体这一自利者本体假设的深层次行为动机会被激发和展现出来?

前文已述,公共价值失灵应当成为指导地方政府 PPP 行为的出发点(蓝志勇,2019)。然而,前文也已述评用当前价值视角解释 PPP 理论成果尚存空白的原因在于没有将理论与实证很好地连通。诚然,价值在实证层面难以捕捉和观察,也无法直接测量,因此实证价值的研究工作并不容易。地方政府在近年 PPP 制度变革情境中经历了(公共产品和服务供给)权力的产权重置。具体而言,地方政府的公共物品治理方式从以往由政府决策相关资源配置,即采取"土地财政"(郑思齐等,2014)和"融资平台"(吕健,2014)等自主融资与合同外包相结合的模式,转变为由市场主体决策相关资源配置,即自主融资权力被上收,取而代之的是需要向市场寻找伙伴进行投融资合作的复杂协作治理模式,不过地方政府仍旧拥有"垂帘听政"或"放之任之"的自由裁量权(discretion authority)。这一供给机制变化如图 4.1 所示。

那么,在复杂动机的综合作用下,地方政府如何选择 PPP 伙伴,既能满足上级行政要求,又能同时实现本地发展,还能为本地百姓创造公共价值?后文的分析将揭示,影响地方政府 PPP 伙伴选择动机较以往其他协作机制不同的,正是 PPP 的机制特征与我国 PPP 制度供给共同作用的结果。我国制度允许国企成为 PPP 伙伴竞争者,而 PPP 机制又致使组织之间的协作规则较以往发生了根本变化,组织之间的利益、关系等短期协作动机,将被长期协作动机替代。在长期协作中,人性中的工具理性和价值理性等本

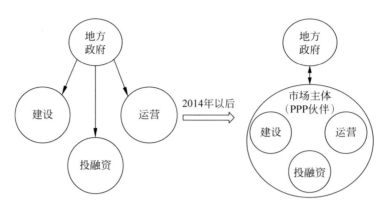

图 4.1　地方政府公共产品和服务供给制度 2014 年前后变化示意图

性都将发挥作用①。韦伯在他具有代表性的著作《新教伦理与资本主义精神》中分析了西方社会理性的新教伦理如何促进资本主义经济的急速发展（马克斯·韦伯，2012），在书的末尾提出了他的担心——快速发展的资本主义经济正日益变为人们铁的牢笼，工具理性逐渐摆脱了价值理性的制约，且这种关系越来越显示出其缺陷。

## 二、研究方法

克雷斯威尔提出了三个关于研究设计的问题，对应于研究的三大要素（知识观、研究策略、研究方法）（约翰·W.克雷斯威尔，2006）[3-5]。这为本书研究设计工作提供了指导。笔者针对三个问题的思考和研究工作安排展示如下。

### （一）研究者运用了什么样的知识观（包括理论视角）？

这个问题包含两个层次。第一个层次是确定理论视角中的认识论。它贯穿于研究工作始终。陈向明（2000）[3]指出："社会科学研究是人们了解、分析、理解社会现象、社会行为和社会过程的一种活动。"关于社会科学研究的立场，通常有两种对立视角，分别是客观主义/实证主义（positivism）和主观主义/解释主义（interpretivism）。而在这两个对立的观点之间，还存在一种折中的态度，即既承认客观现实的存在，又强调主观理解的作用，这种折中的态度是目前很多社会科学家主要采取的研究立场（陈向明，2000）[3]。**笔者也采取折中的态度。**

第二个层次是确定研究的知识观/哲学立场。它潜藏在研究工作过程里解决问题的方法论之中。关于社会科学研究知识观/哲学立场的分类方式，学者们已经做了很多

---

①　相比个人，本书认为组织的集体决策在一定程度上修正了个人的计算错误本性。不过，组织的计算错误仍然存在，但在本书的观察和实证中暂不考虑。

归纳和讨论。陈向明(2000)[13]认为古巴等(Guba et al.,1994)的分类方法相对全面,因此,本书也列举古巴等的分类方法,分别是实证主义、后实证主义、批判理论和建构主义[①]。实证主义理论起源于经验主义哲学,将社会现象视作一种客观的存在,主体和客体二者可截然分开。而另外三种范式与科学理性主义相对立,将科学研究过程视作知者和被知者的"互动"过程,知者的视角、所处情境、与被知者的关系等都会影响研究的进程和结果。其中,后实证主义是指在思想上渊源于实证主义,但在"知识的绝对真理性"这一观念上挑战传统(Phillips et al,2000)[②]。后实证主义认为当研究者对人类的行为(behavior)和行动(actions)进行研究时,研究者的知识观/哲学立场是无法"证实"的,犹如波普尔(Popper,1986)提到的那只潜在的"黑天鹅"般等待/可能"证伪"。后实证主义源于19世纪的学者,例如孔德、穆勒、迪尔凯姆等(约翰·W.克雷斯威尔,2006)[5],他们多采用质性研究方法,擅于在自然的实地情境中观察被研究者的言行,自下而上地从实践中建构理论(陈向明,2000)[15]。**本书采用后实证主义的知识观**,认为世界由规律或者理论统治,但这些规律和理论有待查证、核实、提炼,以使研究者能更好地了解世界(约翰·W.克雷斯威尔,2006)[5]。

### (二) 什么样的研究策略将贯穿于整个研究步骤?

这个问题回答的是联结研究方法和结论之间的行动计划,主导着研究工作的方法选择及运用。本书提出的研究问题是一个处于全新情境的(中国经济新常态下的城镇化进程)、复杂的(多元利益主体之间互动)、流动的(具有明显的项目管理实践特点)实践现象(中国PPP)。在特西(Tesch,1990)看来[③],这属于发现规律的研究类型。换言之,本书属于探寻影响因素及其因果联系的研究类型,适合采用"扎根理论"建构理论框架,再通过实证来检验理论效度。综上,**本书采用旨在理论建构的探索性研究和旨在理论检验的实证性研究相结合的研究策略**。首先采用扎根理论的方法,揭示一个未知的实践"黑箱",并结合基础理论提炼出一个有待检验的理论框架;然后采用定量和定性相结合的混合方法开展实证研究。其中,定量方法用于理论的内部推论,定性方法则是揭示作用机制。混合方法的优势在于既能概括出有关总体的结果,又能充实对于个体的具象和详细了解(约翰·W.克雷斯威尔,2006)[17],而且不同方法能提高研究结果的可靠性(Fielding et al.,1986),然而目前在国内公共管理领域并没有被很好地使用(杨立

---

① 转引自:陈向明《质的研究方法与社会科学研究》第一章的"质的研究方法的理论基础"一节第14页(引文信息详见参考文献表)。

② 转引自:约翰·W.克雷斯威尔(2006)第一章"研究设计的框架"第5页(引文信息详见参考文献表)。

③ 转引自:陈向明《质的研究方法与社会科学研究》第四章"质的研究的设计"第67~75页(引文信息详见参考文献表)。

华等,2019)[36]。

自 2016 年国家财政部 PPP 中心建立并向全社会公开 PPP 项目数据库以来,PPP 相关研究走出了从个案分析、制度分析的困境。一方面,中国 PPP 实践是一个既关乎各级政府行为逻辑,又遍及众多具有高度知识壁垒行业领域的"条块形"研究问题,有必要采用定性方法。另一方面,只有定性分析的主观性较大,不具备良好的客观性,其分析结果的外部效度也相对较差,因此需要用定量的方法给予统计学意义上的验证(杨立华等,2019)[37],越来越多研究者通过定量方法揭示提高我国 PPP 实践的相关规律,以便于知识的体系化和传播。

### （三）将使用什么样的资料收集和分析方法？

这对应研究工作中的操作技巧和步骤,主要包括数据资料和分析工具。本章的数据资料和分析工具两段将介绍本书数据资料的收集、来源、方式和概况以及分析工具的作用与运用。然后,本章的第二、三、四节将分别介绍每一个研究方法(扎根、定量和案例)的作用、操作步骤和详细的数据资料获取过程。

在寻找解释地方政府行为逻辑的影响因素中,有学者借助西方学术的理论框架并结合中国的特性扩展理论内涵,此谓"洋为中用";而越来越多的学者开始向中国历史寻求答案并挖掘中国智慧之光,此谓"古为今用"(周飞舟,2019)。本书面对这样一个有着复杂动机的组织行为,也试图按照赵鼎新(2018)归纳的融合"中国智慧"和"西方学术"的社会科学方法和研究范式。首先在文献综述里回顾了主宰全球的具有美国特色的百年公共管理思想史,系统梳理了其中关于"公共价值"的研究脉络;然后扎根到中国本土的 PPP 实践,回顾了我国 PPP 发展的四个阶段,着重关注我国 PPP 发展的第四个阶段,即 2014 年以来的中国 PPP 实践,并利用参与式田野观察、深度访谈等方法挖掘探寻"地方政府 PPP 伙伴类型的选择逻辑"。概言之,本书采用扎根理论提出理论框架,进而采用截面数据的定量研究和纵向过程的案例比较分析的混合方法检验理论框架,证明"价值协同与能力互补"对于地方政府 PPP 伙伴类型的选择结果具有重要作用,而且多方求证也表明这一理论框架具有稳健性。在这一研究过程中,本书的特色在于揭示了"我国的"情境特征,形成中国本土特色,也提高了与西方情境等其他理论对话的可行性。此外,本书还剖析了分属我国三个阶段的典型案例,案例的纵向比较中不仅发现了选择动机及其长效作用,还展现了我国 PPP 各个阶段之间的传承和发展情况。

此外,笔者采取陈向明(2000)[402-410]归纳的多项"效度威胁"应对措施,包括"同行反馈法""参与者检验""相关检验法""侦探法""证伪法"和"比较法"等,以尽量避免内生性问题,具体为应对选择偏误、遗漏变量和逆向因果这三类威胁。其中,"同行反馈法"和

"参与者检验"是将研究结果反馈给高校学者和政府官员,通过多轮互动有助于修正和收敛研究结论。"相关检验法"是采用多项研究方法来互相检验,本书分别采用扎根、定量和案例研究方法且尽量保证资料的不同来源。"侦探法"和"证伪法"则是笔者假设可能存在的其他解释或者遗漏变量,然后在研究过程中寻找线索予以排除或证伪,从而降低它们的效度威胁。"比较法"则是尽可能地将其他可能因素都呈现在同一情境中,不断地进行对比从而排除竞争性解释的干扰。

本书研究工作的总体设计如图 4.2 所示。

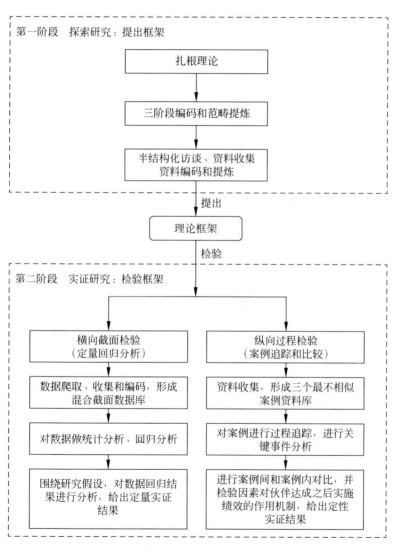

图 4.2 本研究工作的总体设计示意图

## 三、数据资料

本书所收集的数据资料用于支撑探索研究和实证研究两个阶段，因此，需要针对两个阶段分别获取资料，而且获取的资料来源具有显著差异，以形成三角验证，且尽可能保证收集的资料达到饱和状态，以提高研究的信度和效度。

**第一阶段，采用观察和访谈方法收集探索研究所需的经验资料。**

**访谈资料。** 围绕扎根理论展开的探索性研究所需的资料采取目的性抽样策略（Glaser and Strauss，1967），主要来自笔者滚雪球式地半结构化访谈和目的性地田野式观察获得，同时伴以笔者个人的经验性资料。笔者进入研究现场的核心依托舞台是清华大学PPP研究中心，在其举办的一年一度的"中国PPP论坛"中接触到来自社会各界的PPP相关人士达2000人次，访谈对象为40位（其中大部分为后文提到的关键行动者代表）。笔者对访谈对象进行多次连续访谈，这有助于判断其观点的稳定，也能尽量使得收集的资料达到饱和，最终形成基础资料约30万字。

**第二阶段，分别收集混合实证研究各自所需的数据和案例资料。**

**（1）定量资料。** 定量数据资料有两个层面和多个来源。地区层面的数据来源分别为中国知网的中国经济社会大数据研究平台、Wind资讯库和清华大学公共管理学院官方网站，获得288个地区样本。

项目层面的数据来源分别为国家财政部PPP项目管理库[①]和依托明树数据公司的数据库爬取的除该管理库以外的其他采购信息，获得3800个项目样本，需要说明三点。

① 本书选择国家财政部PPP综合信息平台的项目管理库数据。理由在于，该数据库于2015年末向社会公布，已稳定运行多年且信息采集范围广，来自全国各地财政部门逐级上报的资料，具有全国性、综合性、连续性等特征，收集了全国绝大部分PPP项目数据，是具有全国代表性的PPP项目样本。相比已有研究最常采用的世界银行PPI项目数据库（如：Hammami et al.，2006；Wang et al.，2018b），国家财政部PPP项目管理数据库具有数据权威、信息全面、颗粒度更细（相比PPI的省级信息，该数据库能体现地市级信息）等多个方面的优势，是截至目前我国官方最为全面的PPP项目数据库之一。而且管理库的数据质量也在逐渐提升，每一个项目须根据实际进度更新信息。因此，该数据库能为本书研究提供丰富的实证信息。

---

① 国家财政部PPP项目管理库的网络链接为http://www.ccgp.gov.cn/zcfg/mof/201711/t20171117_9177285.htm。该数据库正式运行的政策依据为《财政部关于规范政府和社会资本合作（PPP）综合信息平台运行的通知》（财金[2015]166号）。

② 本书第三章的统计分析数据与定量分析的数据样本量有较大差异。前者为依托明树数据公司的数据库爬取的 2002—2019 年已选定 PPP 伙伴的项目,数量达 11 092 个;后者为从国家财政部爬取的已进入"执行阶段"的项目,数量为 3800 个。两者存在差异的理由是复杂的:虽然现实中有 11 092 个已选定伙伴的 PPP 项目,然而,因未达到信息公开的时限而尚未在项目库中披露,因此这类样本因信息时滞无法获得;也有部分项目属于已成事实却又因过程操作问题被"退库"或"要求限期整改",这类样本因信息被暂时列入"储备清单"①或剔除出项目管理库而无法获取;还有小部分项目并未上报国家财政部 PPP 项目库也无法获得。不过,由于项目申报和公布是随机的,因此按时限未公开的选择也是随机的,因此本书获取的 3800 个样本仍具有内部效度。

③ 虽然国家发展改革委的全国 PPP 项目信息监测服务平台②数据质量也能满足本书研究需要,但由于其发布时间较晚,于 2020 年年初发布,晚于本书研究工作开始时间,因此无法满足本书研究工作所需的时限要求,笔者最终放弃选用这一数据库,不过仍在部分统计工作中通过该平台信息进行多方求证。

综上,笔者选择国家财政部 PPP 项目管理库作为项目样本主要来源,再辅以爬取的企业所有制、经营类型等信息,形成本书定量实证研究工作的半原创数据库。

**(2)案例资料。**采用开放式访谈和参与式观察的方法获取相关资料。第一个案例资料主要来自访谈对象及其发表的文献(专著、期刊论文等)、其他对象的开放式访谈、相关公开报道(文字、视频等)。第二个案例资料主要来自笔者过往工作经历中的田野观察,以及为本研究需要开展的与相关人员的开放式访谈、案例相关的文献(专著、期刊论文等)查询和案例对象的官方网站资料、公开报道等信息收集。第三个案例资料的获得源自外部专家身份的参与式观察,以及为本研究所需开展的开放式访谈等。

## 四、分析工具

本书分两个阶段进行数据资料的收集,采用录音笔、八爪鱼软件等工具进行数据采

---

① 国家财政部 PPP 综合信息平台实际包含两类项目信息,详见国家财政部 PPP 综合信息平台. http://www. cpppc. org: 8086/pppcentral/map/toPPPChooseList. do. 储备清单项目虽然还不是国家认可为具备实施条件的 PPP 项目,但它也能够反映一个地方 PPP 实施的意愿,其中大部分项目经过方案改进或实践推进之后,也会被纳入项目管理库,但也有少部分项目经过评估后可能退出储备清单,也即实践中所称的"退库";而且,即使是纳入"项目管理库"的项目,如果在过程评估中发现不符合 PPP 标准,也将会被调到"储备清单"甚至直接"退库"。本书的定量实证的样本都来自国家财政部 PPP 项目管理库,需要澄清一点的是,过去业界经常将纳入"储备清单"与纳入"项目管理库"混为一谈,造成 PPP 项目"入库"概念混淆,不过自国家财政部明确将"储备项目"称为"清单"之后,入库渐渐明确为是纳入"项目管理库"含义,而"储备清单"项目尚未入库,这一差异与项目是否获得贷款等实质性利益密切相关。

② 国家发展和改革委的全国 PPP 项目信息监测服务平台. 网络链接为 https://www. ndrc. gov. cn/xwdt/ztzl/pppzl/gzdt/202004/t20200414_1225647. html.

集和获取,也借助互联网平台收集权威数据库的资料。然后,本书采用两个阶段分别适用的分析工具展开数据资料的整理和分析工作,并借助 Excel、SPSS、Stata 等分析工具保证研究的信度和效度。

**第一阶段**,探索研究借助扎根理论进行理论框架的建构,方法介绍如下。

**扎根理论**:笔者对访谈对象进行访谈前,首先出具访谈提纲并告知信息采集方式和可能用途。在获得访谈对象同意后,笔者开始访谈并对全程录音。然后对访谈资料进行手动整理和编码。同时,笔者通过互联网收集相关会议、论坛和访谈的公开报道,并通过八爪鱼软件等工具爬取相关政策文本标题。此外,笔者还结合过往工作经历,将通过参与式观察获得的项目资料进行汇总整理。然后,按照扎根理论的操作步骤,对数据进行手动编码和文本分析,通过三阶段编码与范畴提炼,最终提出核心范畴及相应的理论故事(包含行为过程、关键行动者及其行为主线)。

**第二阶段**,实证研究借助定量和定性混合的方法进行检验,方法介绍如下。

**(1)定量检验**:笔者采用网络爬取和手动编码两种方式收集数据,将获得的数据进行清洗、编码和整理后形成 Excel 数据表格。然后,利用 SPSS 软件对数据进行多元统计分析,包括聚类分析(详见第三章)、因子分析和判别分析等。再用 Stata 软件对数据进行回归分析,通过 Logit、Tobit 模型检验研究假设。

**(2)案例分析**:笔者在访谈工作开展前,首先与访谈对象沟通研究问题和目标,并告知信息采集方式和可能用途,在获得访谈对象同意后,采用录音笔对访谈过程进行全程录音。同时,笔者通过检索相关文献,查阅相关专著,整理项目实施资料,进一步丰富案例研究所需素材,同时交叉检验笔者对案例关键事件的判断力,以保证研究的信度。


# 第二节　扎根研究设计


## 一、扎根研究的作用

扎根理论(grounded theory)是一项质性研究方法,具体指从经验资料(empirical data)中生成(generate)新理论的研究方式(Glaser and Strauss,1967),最早由巴尼·格拉泽(Barney Glaser)和安塞尔姆·施特劳斯(Anselm Strauss)提出。施特劳斯来自具有悠久质性研究传统的芝加哥大学,他将芝加哥学派的实用主义与符号互动论思想注入扎根理论的研究过程之中。而格拉泽深受哥伦比亚大学量化研究传统的影响,他将量化方法融入到扎根理论的研究中。经过这两位学者的共同努力,扎根理论在一定程度上克服了传统质性研究与量化研究之间的分歧,树立了二者相结合的典范,成为一套具有可操作性的完整方法论体系。施特劳斯的一生都在致力于精进和推广扎根理论,他的学生科宾(Corbin)认为"他(施特劳斯)触动了那些曾与他接触的人们的心灵,并影响了他们的生活"(朱丽叶·M.科宾等,2015)[①],而且也将改进和推广扎根理论作为毕生的学术研究工作核心。科宾成为扎根理论的传承者。

陈向明是我国学者中致力于推广质性研究,尤其是扎根理论的代表人物。她的博士论文也是应用扎根理论的典型代表。她采用三阶段编码方法(陈向明,1999),从"在美中国留学生的跨文化人际交往活动"中提炼了扎根理论(陈向明,2000)[335],指出"文化对个体的自我认知和人际交往行为具有定向作用""跨文化的人际交往将重塑自我文化身份的认知"(陈向明,1998)[①]。陈向明(2000)[335]指出,扎根理论的特点是基于经验资料,但其精华却在于从中发现的概念和理论。

然而,扎根理论恐怕也是被误解和被误用最多的社会科学研究方法(如:杨立华等,2019;贾哲敏,2015;费小冬,2008;陈向明,2000),或误认为它只是描述现象,或误以为它的操作不需要文献支撑,还存在大量不同版本的混用等。费小冬(2008)列举了扎根理论不同版本之间被混用的情况,指出阅读和使用文献(reading and using literature)是其中最具差异性和争议性的研究步骤。许多研究误以为使用扎根理论就可以不阅读文献,虽然并不绝对排除可以完全脱离文献的扎根理论,但较为实用的操作是:首先通过文献梳理作理论推演,提出初步的研究假设,作为扎根理论的原始资料之一,然后将其与现实观察所得资料做比较,最终形成的理论将超出前期文献研究的范畴和深度(Glaser,1998)。

近年来,随着社会科学领域量化研究被滥用的争议之声高涨(刘润泽等,2019;于文轩等,2020;李志军等,2020),以扎根理论为代表的质性研究逐渐复兴并日趋流行,扎根理论也重新受到了学者们的关注(杨立华等,2019)[36]。扎根理论方法基于后实证主义的范式,强调对已有理论的证伪和批判。贾哲敏(2015)认为有四类公共管理问题适合采用扎根理论的方法,分别是因素识别类、解读过程类、黑箱复杂类和新生探索类。本书探索的"PPP伙伴选择"行为实践符合上述特征,因此,应用扎根理论对其开展探索,对于建构我国新时代下的公共产品和服务协作治理中层理论无疑具有重要价值。

## 二、本书的操作步骤

扎根理论的操作步骤有多个版本(费小冬,2008),本书仍按照经典的三阶段编码进

---

① 转引自:陈向明《质的研究方法与社会科学研究》第二十章的"扎根理论的操作程序"一节第335页(引文信息详见参考文献表)。

行操作,依次为开放性编码、主轴编码和选择性编码(Glaser,1998),具体操作程序如图 4.3 所示。

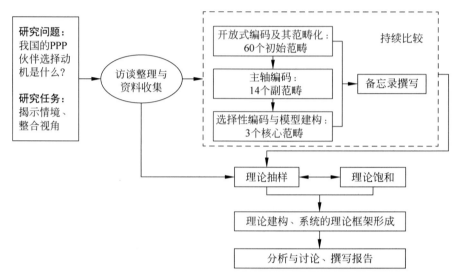

图 4.3　扎根理论研究阶段的操作步骤及流程

注：参照贾哲敏(2015)的研究,根据笔者本人的研究操作顺序绘制。

### （一）进行资料采集

笔者采取个人深度访谈与查阅会议记录,总结汇报材料、新闻报道等相关资料的方式获得原始数据。访谈分三个层面展开：①对历届中国 PPP 论坛的重要嘉宾对象(涉及国家官员、地方官员、企业代表和思想库代表)进行个人深度访谈,部分专家形成多年跟踪访谈(总计 16 人、24 人次,每次 0.5~1 小时。需要说明的是,其中有 3 位专家的职业在跟踪过程中发生了变化,笔者访谈记录中分别将其编码为两位不同身份的访谈对象),内容是了解近年 PPP 实践中国家制度供给、地方实践及市场主体特征及变化。②回到过往参与式观察的现场(笔者过去工作单位和参与过的项目所在单位),与企业高管、PPP 项目负责人和主要参与人员进行访谈(总计 9 人,每次约 1 小时),主要了解笔者参与过的项目的最新进展,以及新项目的 PPP 伙伴关系达成过程。③在多家咨询机构的协助下,笔者得以允许召集负责上述机构的 PPP 项目咨询项目总监、项目经理等成员进行焦点小组访谈(总计 2 组,每组 6 人,每次约 2 小时)。由于咨询机构的业务通常分布全国各地,因此笔者有机会通过上述咨询机构了解全国层面的 PPP 实践情况以及各地 PPP 实践差异,在访谈过程中重点了解 PPP 项目伙伴选择的过程,包括市场调研、资格预审、招标评标等环节。

## （二）形成原始数据

笔者将访谈录音及文字资料整理形成约16万字访谈笔记、208份政策文件和20份项目资料的原始数据，并随机选取其中三分之二的内容进行分析，另外三分之一的内容留作理论饱和度检验。笔者起初尝试借助质性分析软件作三阶段编码工作，但初步分析中发现PPP政策文件、项目资料的同质化程度非常高。而且，笔者根据自身经验判断发现，分析软件对原始数据的分析结果并不符合实际情况。因此最终放弃了依靠软件提炼理论的行动计划，选择手动编码原始数据，这能充分发挥笔者的经验性判断作用。笔者在提炼范畴、凝练故事线的过程中，也同时参考科宾最新出版的扎根专著（朱丽叶·M.科宾等，2015）进行备忘录撰写[①]。

## （三）形成扎根理论

笔者根据格拉泽和施特劳斯的三阶段编码方法，依次操作形成范畴体系（categories）、核心范畴（core categories）及故事线（storyline），将在第五章详细介绍，最终通过将实践资料与理论概念作持续比较（constant comparison），不断提炼和修正理论直至饱和，提出扎根理论并完成这一阶段的研究工作。

# 三、资料来源与收集

本书立足我国的经验材料，探索自2014年起我国PPP实践过程，侧重分析这一过程中国家PPP制度的供给与变化，以及地方政府在这一制度背景下的行为特征，从中揭示PPP伙伴选择动机。基于"三角互证"的原则，本书采用多种资料采集技术，收集来自多个来源的资料。为尽可能全面地挖掘PPP实践过程，本书的访谈对象涉及与PPP制度有关的国家官员、地方官员、学者和企业家等各方面专家，所收集的文件包括国务院会议精神、政策文件、法律法规以及项目一手实施资料，试图从多个视角更加客观地呈现制度建构的每个要素。

本书数据资料包括一手和二手两个来源。一手资料的获得依托清华大学PPP研究中心，以滚雪球式的方式目的性抽样获得。2016年，笔者分别在4月的中心成立大会和6月的第一届"PPP论坛"上，以半结构化访谈的方式访谈了政府官员、高校/智库学者、企业高管等，整理形成了详细的访谈记录。2017—2019年，笔者又分别在第二、三、

---

[①] 陈向明认为这本专著较以往施特劳斯等人的最大特征是，教导读者撰写备忘录并展示科宾本人撰写备忘录的过程和细节。

四届"PPP论坛"上,继续访谈相关专家。基于上述资料,笔者对PPP制度建构过程中的参与者形成了连续跟踪并获得了全面的资料。同时,笔者根据自身在PPP项目中的工作经验,有目的性地收集二手资料,包含论坛发言速记稿、媒体访谈报道、政策文件汇编[①]等,具体采用网络爬虫技术获取国家相关部委发布的PPP相关政策200余份,并以参与式观察的方式获得项目实施文本,包括招标文件、实施方案、物有所值评价、财政承受能力论证报告等。综上,本书经过整理形成了可供开放式编码的原始资料库,原始资料的来源、获取方式、容量及对应编码序号如表4.1所示。

表4.1　扎根理论所需的原始资料分类及编码

| 资料分类 | 资料获取方式 | 资料容量 | 编码 |
|---|---|---|---|
| 国务院常务会议 | 官方报道 | 1万字 | A1-A3 |
| 中央/地方政府官员 | 一手访谈资料[c]、二手网络报道 | 5万字 | B1-B16 |
| 思想库/高校/代表 | 一手访谈资料、二手网络报道 | 5万字 | C1-C12 |
| 企业/银行代表 | 一手访谈资料、二手网络报道 | 5万字 | D1-D12 |
| 法律、政策文件[a] | 官方网站发布 | 208份 | E1-E208 |
| 项目实施资料[b] | 一手实施资料、二手获取资料 | 20份 | F1-F20 |

注: a 法律、政策文件名称详见附录A;

　　b 项目实施资料因涉及商业机密不予公布;

　　c 来自焦点访谈的资料标注为"访谈记录"来自会议记录的资料标注为"发言笔录"(经当事人同意后授权采用)。需要特别说明的是,为全文对于扎根理论中的资料编码规则为"访谈记录:年月日(如20150505)-编码(如C1)-GT(指用于扎根理论)",与案例分析中访谈资料的编码规则有区别,案例访谈的编码规则为"访谈记录:年月日(如20190909)-(如思想库)-案例编码(如LBB)",案例编码详见表4.2。

## 第三节　定量研究设计

本书采用定量方法做混合截面的实证检验,目的在于验证本书提出的PPP伙伴选择动机解释框架是否具有外部效度。由于国家财政部自2014年以来构建了PPP项目管理数据库,为本书基于大样本的实证研究提供了数据支撑,因此定量实证研究具有可行性。

然而,由于2014年以前我国PPP项目实践数据并没有进行系统统计,即便世界银行PPI数据库记录了我国PPP实践情况,但分析单元仅到省级单位层面。因此,2014年以前的PPP实践不具备在市级层面的定量实证条件,即无法构建长周期的面板数据。而且,由于PPP项目通常签订10年以上的合同期限,因此自2014年以来的PPP实践数据仍为一个短面板数据,且无法体现PPP伙伴选择动机的长效战略作用。综

---

① 笔者以"PPP""债务"等在中国政府网、国家发展改革委、国家财政部等网站检索获得。

上，本书在项目层面实证政府的 PPP 伙伴选择动机，并且采用混合截面的数据形态进行操作。

## 一、因子分析

本书核心自变量之一"效率型能力需求"的测量方法通过因子分析获得。一个地区对效率型能力的需求可以用指标"公共设施（现状）水平"来反映，水平越低，反映需求越高，能力互补动机越高。然而，一个地区的公共设施涉及许多方面，从数据库中采集获得的指标有 16 个领域，若将上述变量都纳入模型进行回归，一方面将导致模型变量庞杂，另一方面更为关键的是，仍无法确定核心自变量的作用效应。因此，笔者首先对指标进行筛选，经过初步判别和共线性分析后剔除部分指标（例如，集中供热数并没有涵盖城市、大专以上教师数无法全面反映地方教育水平、供水管道和供水指标高度相关等），最终确认 8 个领域的指标纳入因子分析；然后对上述变量进行方差最大化的正交旋转、主成分法提取公因子及相关检验，最终获得两个能将上述变量清晰分为两个类型（即因子载荷）的变量。

## 二、判别分析

本书通过判别分析获取 PPP 项目层面核心特征变量。判别分析是一项判断研究对象类别的统计分析方法（张玲，2000），其前提条件是已知训练样本的分类及相应特征的变量值。判别分析的研究目的是要从中筛选出能提供较多信息的变量并建立判别函数，使推导出的判别函数对样本分类时的错判率最小，进而可以作为一项观察研究对象既定分类的分析工具（苏为华，2000）。笔者以 PPP 项目的伙伴所有制类型为依据（国企＝1，民企＝0），对 PPP 项目层面的 11 个变量（笔者已初步剔除另外 26 个）进行判别分析，得到 6 个显著的特征变量，作为定量实证回归分析项目层面的控制变量，详见第六章。

## 三、Logistic 回归和 Tobit 回归

由于本研究所涉及的变量包含地区层面和个体层面两个层次，因此选择多层次模型（multilevel model）进行分析。具体而言，本书针对两个因变量分别选择了多层次 Logistic 模型（multilevel logistic model）和多层次 Tobit 模型（multilevel tobit model）进

行回归分析,作为验证本书第五章提出研究假设的定量实证结论依据,详见第六章。

## 四、样本选择与数据来源

本书定量实证研究所需的样本信息包括地区和项目两个层面的数据,前文已述数据采集平台及工具,经过六个月时间采集、清理并匹配而成一个半原创的 PPP 项目数据库。本书对样本分析单元的确定依据为样本的代表性和数据的可获得性。地方政府 PPP 伙伴选择的分析单元包含地市级行政机构和县处级行政机构两个层级,由于县处级 PPP 项目也通过地市级行政机构逐级上报,而且归口所属地市级行政机构管理,因此,选择地市级行政机构作为分析单元,既能包含地市级项目,也包含县处级项目,能更全面地反映全国情况。因此,本书将分析单元锁定在地市级行政机构,采用地市级行政机构全市口径数据,以包含下属县级行政机构信息。选择这一分析单元能充分反映各地 PPP 项目实践情况。

以下介绍样本的筛选和匹配过程。

### (一)项目层面数据

本书数据来源已在本章第一节的数据资料中介绍,采集数据的截止时间为 2019 年 12 月 31 日。在数据编码过程中,多数项目特征指标能实现标准化数据采集并编码,但另有几个指标需要通过手工编码获得,具体编码规则及信息详见第六章。而且,为使样本更符合本书的研究需要,笔者根据部分关键变量编码中遇到的情况及采取的策略,对初始样本进行了筛选,分别是:

(1)剔除 2014 年以前样本。因为 2014 年以前的项目数量非常少(37 个,<1%),而且当时的宏观制度背景与本书研究的情境有很大不同,因此予以剔除。

(2)剔除无法准确识别回报率指标的样本。这是因为回报率是本书定量研究中用于核心自变量的测度指标。

(3)剔除中标单位为民办非企业单位、基金会的样本。这是因为本书主要将 PPP 伙伴分为国企和民企两个类型,目前只将企业作为研究样本,而上述单位并不是企业类型,因此予以剔除。

(4)剔除无法准确识别国企参股比例的样本。这是因为参股比例是测量因变量(participation)的测度指标。

(5)剔除被国家财政部退库的样本。因为退库之后的样本相关信息缺失值较多,而且被认为不是规范的 PPP 项目,这一原则前文已经详述。

为避免样本选择性偏差(survival bias),本书最大限度保持既有样本,并剔除有缺失值的样本,最终进入回归分析的样本量为 3530 个项目,经过指标计算与判别后确定纳入回归模型的 9 个项目变量。

### (二)地区层面数据

本书数据的获取平台已在本章的数据资料中介绍,通过中国知网的中国经济社会大数据研究平台(economy prediction system,EPS)[①]获取的数据资料分别为《中国城市统计年鉴》《中国城乡建设年鉴》,通过 Wind 资讯库获取地区债务数据,通过清华大学公共管理学院官方网站获取《中国市级政府财政透明度研究报告》[②],获取全国 288 个地级市的多方信息,包含经济、人口、财政、固定资产投资额、20 类设施、债务(即城投债年末本金余额)、财政透明度等数据。对地区数据进行清理和剔除有较多缺失值的地区后,得到 243 个有效样本,资料完整度为 82%,且有效样本信息分布于全国各个省市,仍能全面反映全国情况,还能保证研究信度和内部效度。最终,经过因子分析与指标计算之后确定纳入回归模型的 10 个地区变量。

最后,笔者对两个原始数据库进行匹配[③],匹配规则为"年份(year)""城市(city)",最终得到包含 1638 个有效样本的混合截面数据库,用于定量实证研究。

## 第四节　案例研究设计

### 一、案例方法及在本书中的作用

案例研究同样能用于检验一个已有的理论框架,揭示其中的因果作用机制来验证研究假设(cause of effects)(蒙克等,2019)。不仅如此,案例研究还是对当代现象进行例据(example-based evidence)调查的过程,且有过程追溯(process tracing)的优势,尊重案例内信息的具体情景,这有助于对复杂社会现象的了解和把握。这源自案例研究

---

[①]　根据该平台统计:全国共有 34 个省级行政区,其中 4 个直辖市/23 个省/5 个自治区/2 个特别行政区;333 个(不含港澳台)地级行政区划单位,其中 288 个地级市/12 个地区/30 个自治州/3 个盟。本书地区层面数据划分依据参照此分类依据,包括省级控制变量、地级市核心变量等。本书获取地区数据的网络链接为 http://data.cnki.net/YearData/Analysis。

[②]　信息获取的网络链接为清华大学公共管理学院官方网站:首页＞＞学院出版物＞＞研究报告.http://www.sppm.tsinghua.edu.cn/xycbw/yjbg/。

[③]　数据匹配分三步。第一步:按项目名称(project)匹配多方采集的项目数据;第二步:按城市(city)匹配地区数据,并将分年的宽数据转换为长数据;第三步:按城市(city)和年份(year)匹配项目数据和地区数据。

按时间序列追溯相互关联的各种事件的研究特性，致力于找出它们的联系，而不是关注影响因素出现的频率和边际影响（罗伯特·K.殷，2004）[8]。这也是案例研究能对定量检验起到弥补作用的原因，它能弥补定量检验中测量变量的单一性，通过案例衡量理论概念，会比量化研究中的变量更加丰富生动。西莱特等（Seawright et al.，2008）基于不同的研究目的总结了九种类型的案例研究。既有关键个案法中的最不可能案例（least-likely case）与最有可能案例（most-likely case），也有多案例法中的最相似案例体系（most-similar cases）和最不相似案例体系（most-different cases）。尽管各种案例方法在筛选、操作、叙述和推理上存在一些差异，但案例研究的目的无外乎两点：因果推断或因果检验（Brady et al，2010）。相比之下，因果机制的检验和解释是案例研究的特点，也是其精华所在。学者们通过对案例过程描述的价值，不仅仅在于呈现各个变量之间的作用过程，更为精彩的是展示出完整的因果故事链条（Lijphart，1975）。其中，关键事件分析又是单个案例追踪过程中，呈现其中因果关系的重要方式（Eckstein，1975）。

案例研究在本书中的预期作用为：在混合截面数据定量实证二元性选择动机的基础上，通过案例研究揭示伙伴选择动机的长效作用及作用机制（causal mechanism）。具体而言，笔者遵照最不相似体系设计原则，选择跨越不同时段（短期、中期和长期）、不同行业（污水、城市轨道交通、电力）、不同地区（我国中部、北京、广西）等不同情境的三个案例进行比较，论证每个案例中的 PPP 伙伴选择动机，并从三段不同时期的伙伴关系（分别代表"青年""中年""老年"）比较中揭示出伙伴选择动机的长效作用。而且，笔者通过追踪案例的发生过程，重点分析并论述了对结果具有决定性影响的关键事件，由此指出案例发展过程中的关键节点（critical junction），这是找寻因果作用机制的关键所在（Pierson，2004）。

本书对每个案例采取关键事件中的最有可能案例和最不可能案例的原则论证预期因果关系的存在。理由在于，本书要揭示的因果机制隐藏在常识性因果关系之下，在常规的案例中难以发现，黑格尔认为正反合辩证法是证明存在的好方法，有无结合即存在。而"最有可能案例将案例置于一个传统理论逻辑下的有利境地，若发现结果不符合理论预期，则证伪了理论，发现了新的因果关系"；相反，"最不可能案例将案例置于一个传统理论逻辑下的最不利境地，如果此时因变量仍符合理论预期的变化，则证实了理论，原假设仍成立"（蒙克等，2019）。最后，如果多个案例都分别证明了本书理论框架中的研究假设，则意味着"差别复制"，提高了研究结果的外在效度（罗伯特·K.殷，2004）。

## 二、案例的筛选标准

本书选择多案例比较研究，按照最不相似案例体系和单案例过程追踪设计原则进行。为符合案例研究工作要求,本书对案例的筛选选择主要考虑以下三个方面。

**(1) 案例信息的可获得性**。笔者基于过去工作经历,以参与式观察的方式亲身经历了数家政府的PPP伙伴选择过程。而且,为了完成本书的研究工作,笔者再一次对案例相关人员进行了深度回访,获得了大量的访谈记录、会议纪要、项目实施等一手资料。得益于我国PPP信息化工作的推进,相关项目的公开信息程度高,资料的可获得性强。围绕案例,笔者通过互联网获取了网络报道、学术论文、视频影像等二手资料。上述素材可为本书案例研究工作提供客观、翔实和丰富的数据资料。

**(2) 案例选择的典型性**。本书选择了三个案例。其中,广西自治区政府和北京市政府的PPP实践在我国开始时间较早、实践范围广泛,有大量的实践经验可供观察。失败案例所在政府是自2014年以来积极实践PPP的众多地方政府之一,具有典型性。当地围绕PPP工作先后成立了PPP工作领导小组、PPP中心,对国家层面的PPP文件进行了有组织的学习,也在当地出台了专门性、规范性的PPP系列制度文件。这可作为审视当地政府的内部运作逻辑、相关体制与机制设计考虑以及各利益主体间关系分析的权威资料依据。

**(3) 案例结果的多样性**。三个案例在实践过程中分别展示了丰富的行为过程,过程中的关键事件恰恰是检验本书理论框架的重要信息。而且,通过对案例过程的追踪和展示,让读者切身感受到案例发生的情境和缘由,从而对本书的理论观点有更多的共鸣和认识。此外,三个案例所在的行业领域分别是能源、交通和市政,均为PPP实践和应用最早或最广的行业领域。尤其是城市轨道交通行业,是PPP合作中难度系数最高、复杂程度最高、技术集成最多的行业之一(同样能称为复杂项目的还有园区综合开发或城镇化综合开发项目等),通过对这一行业的经典案例进行过程追踪,能够反映出地方政府的行为变化及其动因。

综上,通过选择三个分别处于"初期""中期""长期"的PPP伙伴选择案例进行比较分析,更能突出选择动机的战略考虑,弥补定量研究无法揭示的二元性动机长效作用。三个案例所处阶段如图4.4所示。

## 三、三个案例的资料来源

### 案例1:S项目(某污水处理厂)

笔者对污水处理项目有着个人的兴趣爱好且有过深入思考(王盈盈等,2015;王盈盈等,2017)。2017年,笔者以外部专家身份进入该案例现场,有幸获得了近距离的参与式观察机会。在之后的两年时间里,笔者多次回到案例现场,也真实地体验了一个污水

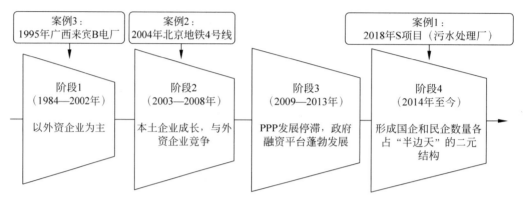

图 4.4　本书三个案例所处阶段示意图

处理项目的 PPP 伙伴选择始终。该案例的典型性在于,其所处时间阶段正处于我国 PPP 政策从前期(自 2014 年起)扩张式、鼓励式的窗口期开放状态,向着规范、调整、清理的窗口期逐渐缩小至常态的转变阶段。因此,该案例经历的三次伙伴选择中,前两次因受到外部政策进一步约束的作用,催化了伙伴之间关于本书提出的关键因素的影响作用,也恰好验证了关键因素的重要性。

此外,本书选择污水行业的理由在于,污水等市政行业是目前国家财政部 PPP 项目库中实施数量最多的行业。而且,市政工程项目也是我国最早尝试 PPP 模式的行业。2004 年,原国家建设部(现国家住建部)牵头推动市政行业民营化改革,形成了系列制度文件、合同范本和典型案例,也为 2014 年以来 PPP 的复兴打下了经验基础。因此,选择污水处理行业的案例具有典型性。

**案例 2：北京地铁 4 号线**

选择北京地铁 4 号线作为典型案例有两个理由。

第一,笔者曾亲身参与到北京市轨道交通的管理工作,形成了参与式观察的一手资料,也有幸对这一公认的"教科书"式案例有了近距离的观察。期间,曾针对这一案例的成功经验进行过分析并形成学术成果(王盈盈等,2015；郝伟亚等,2012)。相比于其他学者对该案例的分析,本书的分析将更接近真实的情况,也更接近于地方政府和 PPP 伙伴等关键行动者的真实动机。而且,在本书的框架下作为验证式和过程性的案例,读者也将看到更多丰富和生动的互动细节。

第二,轨道交通领域是运营专业性高、集成综合性高的公共服务领域,对这一行业的伙伴选择和互动研究,通过将本书理论框架置于最不利的行业情境来证实其解释力。而且,北京地铁 4 号线 PPP 项目作为全国第一个也是迄今为止最成功的轨道交通 PPP 项目(靳鹏越,2017)。其前期反复比选和调整的伙伴选择方案,构成了其后期巧妙机制设计的重要原因。恰恰在这一反复的过程中,展现了本书理论框架的客观存在性和现实重要性。

**案例 3：广西来宾 B 电厂**

一个巧合的机会，笔者在 2015 年一次外出途中遇见了广西来宾 B 电厂 PPP 项目的政府方出资人代表负责人。在那次差旅途中，笔者与这位企业负责人进行了深度访谈和交流，为期 3 个小时。同时，笔者有幸对一位曾经深入研究该案例的学者进行了深度访谈。这位学者是我国最早将该案例的 BOT 协议进行逐字翻译并做深度跟踪的 PPP 专家之一，而且在项目管理学科领域形成了丰富的学术成果。这位学者这样谈起他对广西来宾 B 电厂 PPP 项目的感受：

"我围绕这个项目发表了 10 多篇英文论文，可见这个项目的关注度、复杂度和专业度。来宾 B 电厂项目也成为我国一个样板 PPP 项目，项目的详细资料在我的第一本中文专著中做了阐释。"（访谈记录：20190220-思想库代表-LBB）

笔者与这位学者多次的深度访谈和交流，为本书案例撰写提供了很大帮助。不仅如此，笔者还通过这位学者获得了其他深度参与过广西来宾 B 电厂若干关键阶段的专家们，进行了滚雪球式的资料获取，进一步丰富了本书的研究素材。

综上，三个案例资料相关信息汇总如表 4.2 所示。

表 4.2　案例分析所需的原始资料分类及编码

| 案例分类 | 资料获取方式 | 资料来源 | 编码 |
|---|---|---|---|
| 案例 1：S 项目（某污水处理厂） | 以外部专家身份多次进入研究现场，开展参与式观察与开放式访谈 | 政府代表、企业代表、思想库代表[a] | Sewage |
| 案例 2：北京地铁 4 号线 | 回到过往工作场所，对相关人员进行开放式访谈 | | MTR4 |
| 案例 3：广西来宾 B 电厂 | 通过滚雪球方式与第一位学者及其推荐的其他案例亲历者展开开放式访谈。另因偶遇案例深度参与者，对其进行访谈 | | LBB |

注：a 来自访谈的资料标注为"访谈记录"，来自公开网络报道的资料标注为"网络报道"；
案例访谈的编码规则为"访谈记录：年月日（如 20190909)-（如思想库)-案例编码（如 LBB）"。

# 第五节　本章小结

本章对论文研究工作相关的研究设计、方法和资料进行了系统介绍，对后文各个章节的研究任务做了一一介绍，以呈现每项研究的方法选择依据及其作用。此外，本章还详细介绍了每个方法所需的数据与资料，着重阐述了保证研究效度的工作。

# 第五章

# 中国情境下的PPP模式重构：基于扎根理论

现代组织合作是专业化、职业化和日益增强的相互依赖需求，也是应对一人统治或者全知全能者难以胜任的需求，但现代组织也会凭借着一种独特的本体感/身份幻想，紧紧地抱在一起并用怀疑和不信任的目光看待其他组织。

——本尼斯（Bennis，1967）

本章介绍理论框架的建构和提出过程，包含三个部分：扎根过程展示、扎根结果阐释、理论提出及推演。需要说明的是，本章的扎根方法应用建立在已有理论体系的基础之上，是一个半开放的现实归纳过程。第一节介绍了基于扎根理论的三阶段编码过程及提炼出的相应范畴，析出了行动者和行为主线，并在理论饱和度通过检验的情况下结束整个扎根过程。第二～第四节分别阐释了扎根结果的三条故事线，揭示了治理二元性作用于PPP制度、内化于PPP实践的过程，也揭开了地方政府的PPP行为逻辑，进而提出基于"价值协同和能力互补"的PPP伙伴选择理论框架。第五节对理论框架进行了推演，第六节则提出了有待检验的研究假设。

## 第一节　研究过程：三阶段编码与范畴提炼

### 一、第一阶段编码：提炼初始范畴

第一阶段编码是开放式编码，这是一个资料概念化（conceptualization）和范畴化

（categorization）的过程，要求研究者带着好奇心和敏感性，进入参与者的世界，发现任何与主题相关的概念（朱丽叶·M.科宾等，2015）。本书的开放式编码遵循三个步骤：①原始资料摘录，摘录资料中能够反映PPP行动者及其行为逻辑的词句，并按照资料类型分别进行标号；②初始概念化，从摘录的词句中简化和提炼出一些初步的理论概念；③开放式范畴化，进一步对初始概念进行提炼抽象，形成第一阶段的开放式范畴。经过这一过程，本书最终获得60个范畴，部分原始资料和初始概念化等的素材及形成的开放式范畴如表5.1所示。

表 5.1　扎根理论第一阶段编码：开放式编码表

| 编号 | 编码 | 原始资料摘录/初始概念化 | 开放式范畴 |
|---|---|---|---|
| 1 | B | "财政分权之后，地方政府有了自主投资和举债的权力。" | 财政分权 |
| 2 | D | "国家将融资平台等纳入了总量控制监管名单，国家强制禁止地方政府新增债务，尤其是融资平台模式。" | 融资平台 |
| 3 | B | "地方债数据触目惊心，国家不得不想办法处理。" | 隐形债务 |
| 4 | E | "新预算法修订后，要求所有纳入政府预算的项目都要通过人大审批，要建立财政管理规则，PPP也包含在其中。" | 预算法修订 |
| 5 | C | "中国未来的城镇化需求仍然巨大，所需的基础设施投资庞大，涉及面也极广。" | 城镇化 |
| 6 | C | "基础设施投资历来受到重视，但基础设施是典型的公共产品，一旦出现问题则容易引发社会问题。" | 基础设施建设 |
| 7 | C | "政府需要为社会提供最基本的、在不同阶段有不同标准的、均等化的公共产品和服务。""公共服务均等化有助于实现社会的公平分配，实现公平和效率的统一。这也是公共财政的基本目标之一，但是我国近况并不乐观。" | 公共服务<br>均等化 |
| 8 | A | "投资依然是2020年保增长的重要举措。""发挥政府投资'四两拨千斤'的引导带动作用，吸引更多社会资本特别是民间资本进入，不断提升公共服务水平。（2015年，李克强讲话）" | 投资拉动 |
| 9 | A | "我们的公共产品和公共服务仍然有很大缺口，需要加大投资。但加大投资不能仅靠政府'包打天下'。（2015年，李克强讲话）" | 公共投资缺口 |
| 10 | B | "英国、澳大利亚、法国等都设置了PPP中心，并且在当地推动PPP的过程中发挥了重要作用。" | 国际经验 |
| 11 | E | "财政部委托清洁基金负责PPP相关工作，成立财政部PPP中心。""发展改革委联合银保监会和清华大学成立PPP中心。" | PPP中心 |
| 12 | B | "地方相继成立PPP中心，一般在财政局的预算处或者公共处，也可以申请到编制。" | 层级体系 |
| 13 | B/C | "一时间只能PPP，PPP是什么？最初我们一头雾水。""做PPP是找死，不做PPP是等死。" | 垄断供给 |
| 14 | B/D | "政策禁止融资平台、自主举债，也不允许通过购买服务采购工程。" | 禁止其他模式 |

| 编号 | 编码 | 原始资料摘录/初始概念化 | 开放式范畴 |
|---|---|---|---|
| 15 | B/E | "PPP政策变化很快，但政策出台相当于就是游戏规则。" | 密集发布政策 |
| 16 | C/F | "发展改革委、财政部配合当时的法制办（现在该项任务已划归司法部）起草PPP条例，然而迟迟没有落地，牵扯太多利益。" | 多部委联合推动 |
| 17 | B | "今年开始，我们全省下达实施PPP的任务和指标。"<br>"我们这里刚开始推行PPP制度的时候，上头让我们定期开展政策学习、流程培训。" | 下达任务 |
| 18 | B | "像这样运动式推动PPP，中国历史上还是头一次。" | 运动式PPP |
| 19 | E | "PPP项目库文件要求所有项目都纳入库中统一管理，还要求信息根据实际实时更新。" | 项目库 |
| 20 | B/C | "PPP项目入库是打擂台，县里要到市里竞争，再去省里，最后报到财政部。"<br>"财政部PPP中心只有10来个人，不可能对每个项目都进行实质审查，在入库阶段主要是形式审查。部里定期抽查和监督，2017年清库就是大整顿。" | 申请审批制 |
| 21 | C/D | "最高院还是给出了PPP为行政协议的司法解释。"<br>"PPP协议虽然执行时还是能协商，但国家在行政协议性质总体方向上没松口，对我们企业来说还是更不公平。" | 公共行政属性 |
| 22 | B/C/D | "中国的PPP模式是我见过最复杂的模式，既可以是BOT，也可以是特许经营，还可以是购买服务。"<br>"由于选择PPP伙伴时，两部法律都适用，只能称'招选'，在法律法规划定的范围内酌情选择。" | 制度高度包容和模糊 |
| 23 | B/C | "起初政策鼓动PPP，后来因实践过火，又收紧政策。国家允许国企参与PPP的政策也不是一蹴而就的。" | 制度权变匹配实践 |
| 24 | C/E | "PPP立法文件迟迟未出台，公众参与制度不完备，信息公开工作也不完善。" | 制度科层结构不完备 |
| 25 | B | "如果还不上债务，我们会被问责。而融资平台模式又被明令禁止，国家相当于是倒逼我们推行PPP模式。" | 不举债 |
| 26 | B/C | "大部分地方的PPP中心是借力的，有些PPP中心挂牌在既有的政府机构，有的则外挂在地方协会等事业单位，还有的仍旧通过借调国企人员得以办公。" | 少养人 |
| 27 | E | "维持公共产品和服务供给的'只增不减'是当前各地政府工作的刚性指标。" | 多做事 |
| 28 | B/F | "通过PPP实践，地方政府能从'运动员'角色向'裁判员'角色不断转化，从依赖自身财政预算来举债投资的传统模式，转向以吸纳市场主体投资为主的PPP模式。" | 角色转换 |
| 29 | B/C/D | "PPP机制特征赋予了伙伴'花自己的钱做自己的事'的投资权力。" | 扩大财权 |

| 编号 | 编码 | 原始资料摘录/初始概念化 | 开放式范畴 |
|------|------|------------------------|-----------|
| 30 | C/F | "一个项目的咨询团队会涉及20人左右,其中有2~5人驻场办公,其他人则根据不同专业需要现场或场外提供咨询服务,实施PPP项目的政府部门则不需要增加人员。" | 扩充人事 |
| 31 | B | "PPP模式让我的工作职能扩大了很多,成了一位综合人才,我要和企业谈投资合作,组织招标代理公司招选企业,还要协助企业和银行谈融资条款,筛选银行的融资条件;我还要制定一个项目的多层级审批标准。" | 扩张事权 |
| 32 | B | "通过PPP,我们县老百姓在不远的将来,不需要到省城就能够享受三甲医院的医疗。" | 正向效能激励 |
| 33 | C/D | "伙伴方形成一个庞大的编外'做事'团队,也存在政府与伙伴做大PPP投资额的'合谋'行为。" | 曲线寻租激励 |
| 34 | B | "我们是不想马上、快速、消耗式地发展,但其他地方都在发展,我们不发展就相当于落后。落后就要挨打,还要挨骂。我们前几年的税收存入银行,都被银行拿去放贷,借给一线城市发展。" | 不稳定预期 |
| 35 | C/D | "个别县级政府推PPP的计划达到财政的100倍。" | 超限申报 |
| 36 | B/D | "地方融资平台已经无力融资,所以我们必须要完成国企脱钩,然后进入PPP市场,银行才能放贷款。" | 投资包装 |
| 37 | B/F | "我们政府内部就采用什么依据采购社会资本,吵翻了天,政府采购法和招标投标法都有道理。" | 脱耦行为 |
| 38 | B/D | "2015年国务院文件中提到了允许地方国企脱钩后进入PPP市场,否则,地方政府不答应本地资源都让给他人。"<br>"融资平台转型方向有很多,但都需要围绕公共产品和服务供给,我们想为老百姓做事。" | 融资平台 |
| 39 | C/D | "的确发生了变化,过去我们的融资客户是地方融资平台,而现在是中国中铁等工程公司。然而,这些工程公司起初不完全具备融资的知识和经验,他们短期内从银行等机构大量挖人。"<br>"让央企走出国门前做足功课。" | 央企 |
| 40 | C/F | "地方国企分为本地国企和外地国企,也分上市和非上市,还有按照国资委管理分类为经营型和公益型。" | 地方国企 |
| 41 | C/F | "本地国企是地方政府的'亲儿子',与本地国企进行PPP项目包装,符合银行放贷要求,获得融资,这些资源都是本地政府自己的。" | 本地国企 |
| 42 | C/D | "民企比国企更有探索创新领域的动力。民企更愿意组织专业力量,钻研并获得一些专业的专利技术,为民生类公共服务提供专业运营。" | 民营企业 |
| 43 | C/D | "民企需要先获得利润,才能谈使命和社会价值。" | 利润驱动 |
| 44 | B/C | "国企虽然也已建立了严格的利润考核制度,但毕竟由于承担政策负担性任务,仍存在软约束。" | 任务驱动 |

续表

| 编号 | 编码 | 原始资料摘录/初始概念化 | 开放式范畴 |
|---|---|---|---|
| 45 | B | "政府的事情不能约定得太死，很多事情只能意会，无法明示，这是民营企业很难体会的治理之道。" | 身份认同 |
| 46 | C/D | "国企虽然出于完成签约额、施工利润率和投资回报率等指标，或降低资产负债率等目标而实施PPP，但在具体实施的团队层面，和地方政府的实施团队之间有着相同的激励偏差机制。" | 目标一致 |
| 47 | C/D | "合作精神就是权力与资本的握手言'合'、彼此信任、相敬如宾。契约精神和妥协精神至关重要。" | 机会主义行为可控 |
| 48 | B | "我们就怕最后民企挣了钱，还不好好合作，而且城市的重要设施都在他们手上，我们也会被动。" | 剩余收益可共享 |
| 49 | B | "我们最重要的不是效率，而是公平，国企懂，民企不懂。" | 公共价值 |
| 50 | C/E | "国企AAA主体占38％，而民企仅有27％。国企AA及以下占比仅有2％，而民企高达20％。" | 融资 |
| 51 | F | "自改革开放以来央企贡献了一个又一个超级工程。" | 建设 |
| 52 | C | "银行能向我们发放最低成本的贷款，只要资金用途是用于地方基础设施建设，比如下浮20％的资金成本。很多民营企业只能拿到上浮25％的资金。" | 资源优势 |
| 53 | C/D | "公共设施建成后需要提供运营服务，养老等运营服务的特点是边生产边消费，运营质量非常重要。" | 运营 |
| 54 | C | "PPP投资者是自己出钱又借钱，借钱肯定比政府借钱贵，如果不能实现集成优化，也就很难提高效率。" | 集成 |
| 55 | C/E/F | "更多及时回应公众需求和主动联络与发现资源的集成能力却相对较弱，相比之下民企这方面表现更优。" | 效率优势 |
| 56 | B/E | "随着城镇化进程深化，已有的建设资源日益稀缺，企业竞相通过低价恶性竞争获取日渐稀缺的资源。" | 基础设施相对发达 |
| 57 | A/E | "社会结构变迁带来了人口的老龄化，电子服务需求的增加，以及文化需求的增加。" | 公共服务相对匮乏 |
| 58 | D | "基于我国以往基础设施过度建设积累的技术、劳动和资本优势，基础设施更容易测量、标准化和规模化。" | 可测量性 |
| 59 | C/D | "基础设施是资金专用性高，公共服务是技术专用性高。" | 资产专用性 |
| 60 | E/F | "由于过去历史的原因，我国公共服务供给一直不足，这类项目往往停留在口号中。" | 竞争程度 |

## 二、第二阶段编码：形成范畴体系

第二阶段编码为轴心式编码。经过第一阶段的编码工作，原始的数据资料已被分解为不同等级的概念类属（categories）。第二阶段的编码任务则是发现和建立概念类属之间的各种联系(贾哲敏,2015)。具体而言,这一阶段要将分裂的资料数据再次整合成连贯的整体并探究其内在联系,进而将第一阶段的开放式范畴聚焦形成副范畴,再将副范畴提炼成主范畴。

在轴心式编码过程中,寻找的关联可以是因果关系、时间先后关系、情境关系、类型关系、结构关系和过程关系等(陈向明,2000)[333]。施特劳斯和科宾提出的轴心式编码的模型参考工具有三个部分：①条件,形成被研究现象的环境或情境；②行动/互动,研究对象对主体、事件或问题的常规性或策略性反应；③行动或互动的结果/后果(凯西·卡麦兹,2009)。这一工具是按照情境进行的分类。杨永恒等(Yang et al.,2013)则是按照类属专门针对 PPP 提出的三角解释框架进行分类,分别包含政府、市场和运作环境三个维度,也为本书从实践中提炼并建构范畴体系提供了启发。

综上,本书借助两个模型工具,将开放式范畴放置在研究的学术语境及我国公共产品和服务供给的历史背景下分析,析出行动者和行为过程及范畴体系,从而消除理论与实践间的鸿沟(陈向明,2000),以提高理论对政府 PPP 行为逻辑的解释力。在这一过程中,本书从 60 个开放式范畴中提炼出"政府-市场"行动者关系和"起始-过程-结果"行为过程,如图 5.1 所示。

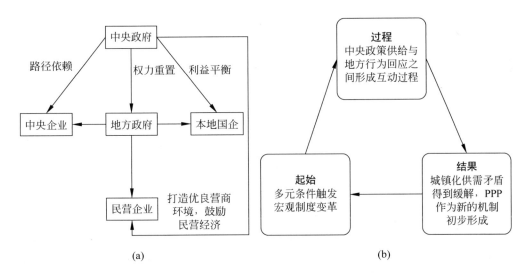

图 5.1　基于扎根理论提炼的行动者关系(a)和行为过程(b)

本书围绕轴心式编码形成 14 个副范畴,并聚合成"起始条件-互动过程-运用结果"3个主范畴,然后将政府分为中央和地方两个行动者,作为主范畴的两个下位概念(subconcepts)(朱丽叶·M.科宾等,2015),最终得到范畴体系,完成本阶段范畴体系建构工作,如表 5.2 所示。

表 5.2　扎根理论第二阶段编码：范畴体系表

| 主范畴 | | 副范畴 | 开放式范畴 |
|---|---|---|---|
| 行为线 | 行动者 | | |
| 起始条件 | 中央政府 | 消解地方债 | 财政分权、融资平台、隐形债务、预算法修订 |
| | | 持续城镇化 | 城镇化、基础设施建设、公共服务均等化 |
| | | 投资保增长 | 投资拉动、公共投资缺口 |
| 互动过程 | 中央政府 | 组织形式 | 国际经验、PPP 中心、层级体系 |
| | | 供给方式 | 垄断供给、禁止其他模式、密集发布政策、多部委联合推动 |
| | | 推行方式 | 下达任务、运动式 PPP |
| | | 运作程序 | 项目库、申请审批制 |
| | | 制度特征 | 公共行政属性、制度高度包容和模糊、制度权变匹配实践、制度科层结构不完备 |
| | 地方政府 | 被动接受 | 不举债、少养人、多做事、角色转换 |
| | | 主动实践 | 扩大财权、扩充人事、扩张事权、正向效能激励、曲线寻租激励 |
| | | 过度攫取 | 不稳定预期、超限申报、投资包装、脱耦行为 |
| 运用结果 | 地方政府 | 伙伴类型 | 融资平台、央企、地方国企、本地国企、民营企业 |
| | | 选择动机 | 利润驱动、任务驱动、身份认同、目标一致、机会主义行为可控、剩余收益可共享、公共价值、融资、建设、资源优势、运营、集成、效率优势 |
| | | 行业类型 | 基础设施相对发达、公共服务相对匮乏、可测量性、资产专用性、竞争程度 |

## 三、第三阶段编码：提出核心范畴

本阶段是三阶段扎根理论编码工作的最后一个阶段，其核心任务是从范畴体系中进行理论抽样，提出核心范畴及其与其他范畴共同形成的故事线（朱丽叶·M.科宾等，2015）。本阶段主要采取选择性编码，即在第二阶段编码得到的范畴体系基础上，围绕研究问题有选择地提炼核心范畴并梳理故事线。

围绕研究问题，本书基于扎根理论提出的核心范畴为"**价值协同与能力互补是 PPP 伙伴选择的重要影响因素**"。这一核心范畴的行动主体为政府，而政府又具体分为中央政府和地方政府两个层次。其中，中央政府构成地方政府 PPP 伙伴选择的制度化供给背景，而地方政府则是作出 PPP 伙伴选择的行为主体。按照"起始-过程-结果"三个行为过程的主范畴，政府行为形成两条主线并交织作用，共同塑造了我国 PPP"超大规模"与"二元结构"这一实践现象。正如前文所描述的，这一复杂现象背后最核心的行为机制是地方政府在每一个 PPP 项目层面的伙伴选择逻辑。无论是宏观制度背景，还是市场主体竞争，其核心都是围绕"PPP 伙伴关系达成"这一关键机制的互动和反馈作用，而在我国这一机制的实现是政府选择的结果，而非双方互选结果。每一个微观项目做出选择行为，汇聚形成了宏观层面的制度调整、规制以及潜在隐患的防范等问题。围绕核心范畴，本书范畴体系之间形成的故事线如表5.3所示。

表5.3　扎根理论第三阶段编码：围绕核心范畴的故事线

| 故事线 | 故事内涵 |
| --- | --- |
| 国家制度 | 多元条件触发PPP制度变革→国家自上而下主导制度变革→制度呈现二元性，既允许国企进入，也为民企改善营商环境 |
| 地方职责 | 被动接受制度变革，启动PPP→内在动机激励主动实践PPP→因恐慌预期过度攫取PPP制度规则划定的新公共池塘资源 |
| 项目机制 | 公公伙伴关系和公私伙伴关系各自特征→价值协同与能力互补共同作用于PPP伙伴选择→行业类型之间存在效应异质性 |

## 四、理论饱和度检验

扎根理论要求在理论构建完成后检验理论是否饱和，如果未饱和，则要继续扩充资料寻找新的概念与范畴来修正理论，直至不再有新的概念析出。此时，扎根理论达到饱和，完成了理论饱和度的检验过程。

本书理论饱和度的检验过程简述如下。笔者从研究资料库中随机抽取一份样本，并依次重新进行前述的"三阶段编码"。经过重复比较分析，均未再从资料库中发现新的概念或初始范畴，也没有再提炼出新的概念联系。接着，笔者将本书基于扎根理论所形成的研究结果，发送给两位PPP领域的高被引学者评阅。这两位学者的看法与本章的发现基本一致。至此，笔者认为本研究形成的"基于价值协同和能力互补的政府PPP伙伴选择动机"的理论饱和度较好，可以结束采样。

## 五、扎根结果呈现：PPP 行为全景

本书将中国PPP实践过程的扎根理论全景展示出来，这一优势在于呈现研究问题的情境，能有效弥补中层理论"只见树木，不见森林"的不足。赵鼎新（2018）认为这一不足是受美国实用主义社会科学研究范式影响产生的研究弊端（当然这一范式的优势不言自明，其主宰社会科学历史之久足以证明）。由此，本书呈现出PPP实践的"森林"，才使得核心机制"PPP伙伴关系何以达成"这棵"树木"找到归属和价值（赵鼎新，2018）。上述故事线形成的扎根理论全景如图5.2所示。

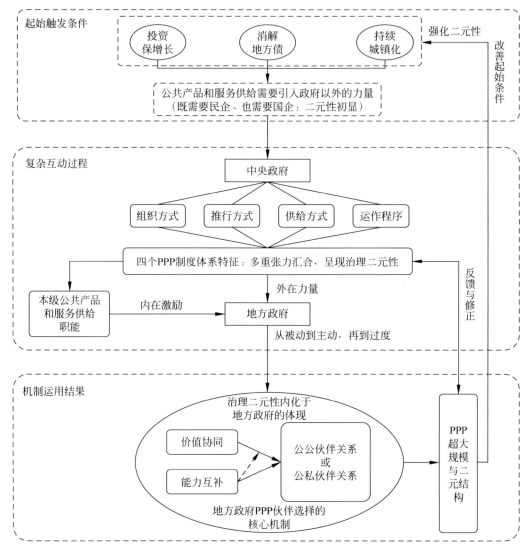

图 5.2　基于扎根理论形成的中国 PPP 实践过程全景

## 第二节　结果分析一：国家治理二元性如何体现在 PPP 制度中?

　　我国重大政策的"泥泞前行"（muddling through）（Lindblom, 1959; Zhou et al., 2013; 薛澜, 2014）体现出国家治理二元性, 薛澜（2014）将其归纳为学者们对我国"既需要国企半统制, 也需要民企市场化"的争鸣。这也体现在 PPP 制度的三个方面, 分别是变革起因、供给特征和体系特征。PPP 制度是地方政府 PPP 实践的"游戏规则", 然而, 中央政府内部并非"铁板"一块。根据韦伯（Weber）的官僚制理论, 如果中央政府有绝对的权威(authority)来下达指令，那么，它按照自己的意志下达指令后，进行验收和检查便是可能的行动(Moore，1995)。然而，笔者看到的则是，中央政府发布的PPP政策之间本身便存在冲突(conflict)和模糊(ambiguity)，甚至呈现"朝令夕改"的权变(contingency)特征。PPP制度本身的复杂性有待充分揭示，以期廓清地方政府PPP伙伴关系达成的制度情境。

## 一、PPP制度变革起因：多元条件触发

党的十九大报告提出："进入中国特色社会主义新时代，我国社会主要矛盾已经转化为'人民日益增长的美好生活需要和不平衡不充分的发展之间的矛盾'。"具体到公共产品和服务供给领域，始自计划经济体制下的政府总体支配式一元化供给模式与当前市场经济下的公众多元化需求之间一直存在矛盾(李慧龙等，2019)。而且，地方公共产品和服务的供给历来存在"基础设施投资过度、公共服务供给不足"的状况(严荣，2007)。需要说明的是，基础设施和公共服务并不能截然分开，前者通常指公共产品/设施占比更大的领域，例如高速公路等，后者则通常指边生产、边消费的服务过程，例如养老服务等。我国人民当前对美好生活的向往既表现为数量和种类上的需求增加，也体现为结构上从基础设施向公共服务的转型，还呈现出对公共产品和服务质量标准要求的提高。这些需求"增量"客观上表现为对公共产品和服务供给侧改革的需求，即公众期待政府整体提高公共物品供给效能。

近年来，上述矛盾具体表现为三个条件：持续城镇化、投资保增长和消解地方债。这三个条件之间的张力作用于地方公共产品和服务治理，表现为对这一领域市场化机制创新的呼唤。其中，"持续城镇化"是我国长期战略目标，其具体体现便是地方基础设施的持续建设以及配套公共服务的有效供给，但公共财政日渐乏力；"投资保增长"是拉动中国经济的"三驾马车"之一(马树才等，2001)，过去政府在公共投资领域一直发挥着核心作用(洪源等，2018)，通常在基础设施如交通运输和市政工程等重点投资项目中"亲力亲为"，虽作用显著但隐形债务问题也愈演愈烈；"消解地方债"便是中央政府不得不作出的制度回应，其实现方式是全面审计摸排情况(洪源等，2018)，然而2010年曾尝试的信贷总量控制方式的效果并不理想，因此也表现为对新措施的渴求。

三个条件中尤属"消解地方债"的任务最为紧迫。这一问题的根源便是传统供给模式存在较大弊端。传统制度框架下的供给模式主要是政府自主举债投资，通过合同外包完成公共设施建设，再申请财政资金另行安排公共设施运营(刘凯，2018)。前文已述的融资平台便是这一制度下自发性探索的典型产物，其依靠政府信用的市场化融资行

为，推动了我国地方十多年的高速发展（吕健，2014）。

2010 年，地方债问题已较为严重。当时银监会已要求各商业银行限期全面完成对融资平台贷款的清理（李蔚，2013）。当时银监会频繁地召集各商业银行相关负责人进行监管会谈，不停地提示金融风险[①]。然而，效果并不理想。

笔者访谈的一位国家官员透露当时地方的策略是："地方政府通过不断注册新公司进行变相融资，因为新注册的公司并不在银监会的融资平台监管名单中。公司一旦融资成功后，再将资金以多种方式（如委托贷款、股权投资等）回笼到地方政府所辖融资平台。待银监会事后监管发现这家公司实为融资平台变相融资时，地方政府就再注册一家新的公司继续重复这一操作。"（访谈记录：20160621-B1-GT）

一位地方银监局人士表示："一些地方政府信用扩张冲动太强了，完全超出了财政可以支付的能力，地方财政压力很大。而且，筹措资金的用途不明确，资金就这么'悬空'着，也有少数被挪用的情况。此外，主要为中长期项目贷款，金额大、时间长、风险很大。"[②]

2013 年，全国人大一致通过《预算法》修订案，上收地方财政分权后的部分权力（杜娟娟，2013）。同时，在融资平台"腾笼换鸟"、地方政府"猫鼠游戏"行为屡禁不止的情况下，地方债问题已经"触目惊心，不忍直视，也不敢想"。（访谈记录：20160621-B1-GT）传统制度已经呈现出制度租金耗散的态势，制度的均衡状态已经到了边界，有必要被打破，消解地方债刻不容缓。

2014 年 9 月，国务院印发《关于加强地方政府性债务管理的意见》（国发 2014〔43〕号，以下简称"43 号文"），拉开了全国整治地方政府债务的序幕（衣亚男，2019），也成为 PPP 制度变革的前奏，这一次的消解地方债措施为债务"限额管理"方式（袁海霞，2015）。彼时，笔者尚在一家地方政府融资平台工作，43 号文带来的影响记忆犹新，43 号文之后公司工作重点转变为如何找到新的融资渠道。2014 年年底，全国地方政府债务共计 24 万亿元，债务限额管理后的次年全国新增债务总额仅为 0.6 万亿元（仲凡，2018），根本无法满足地方政府的"借新还旧"需求[③]（张绍瑞等，2002）。债务限额管理虽然一时缓解了地方债的"消"，却并没有"解"。笔者访谈的国家官员认为："修明渠，堵暗道；关了一扇门，得开一扇窗。"（访谈记录：20160621-B1-GT）消解地方债的相关举措，再加之持续城镇化、投资保增长任务不减，多元条件促使地方政府对新的投融资渠道、发展手段的需求激增，这恰好成为 PPP 制度变革的起因，如图 5.3 所示。

---

① 银监会：6月底前完成地方融资平台贷款清理［2010-05-07］. 新浪财经。

② 警惕地方融资平台风险（新浪财经视点 NO. 66）. http://finance.sina.com.cn/focus/dfrz/。

③ 2014 年年底，全国人大常委会批准的"国务 院关于提请审议批准 2015 年地方政府债务限额的议案"，中国政府网。

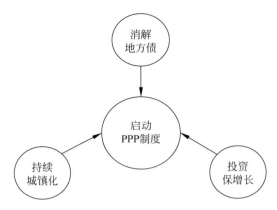

图5.3　中国PPP制度变革起因示意图

笔者访谈的一位高校学者评价PPP制度变革的最直接导火索仍是债务置换，这也佐证了本书观点：

"2014年推行PPP制度的导火索是置换政府债务，一是停止新增政府债务，二是将原有债务进行清点和寻求还款来源，三是为增量投资注入市场活力。"（访谈记录：20190909-C1-GT）

不过，多元条件组合透露出PPP制度管辖权的高重叠性和复杂性，下文将揭示中央政府内部不同部门的利益交织重叠、管辖逻辑重叠和"将复杂性制度化"（Smets et al.，2015）的整个过程。

## 二、PPP制度供给特征：自上而下主导

2014年年初，中央政府组织专家团队赴欧美学习发展经验，这一次习得的一项宝贵经验，也能同时化解上述三个条件问题的发展工具正是：自上而下地主导推动PPP实践（韩志锋等，2016）。以国务院发布《关于创新重点领域投融资机制鼓励社会投资的指导意见》（国发［2014］60号，下文简称"60号文件"）为启动标志（郑凤麟，2016），此后，中央政府一直推广通过PPP来提供必要的基础设施（Wang et al.，2018b）。笔者通过扎根分析得出中央政府PPP制度供给表现为四个方面，如表5.4所示。后文将详述每个供给特征的具体表现。

表5.4　中央政府PPP制度供给四个方面特征汇总

| 供给特征 | 具体举措 |
|---|---|
| 组织形式 | 设立专门组织体系，而非第三方组织管理 |
| 供给方式 | 暂停其他制度垄断供给，而非与其他制度并存的竞争供给 |

| 供 给 特 征 | 具 体 举 措 |
|---|---|
| 推行方式 | 自上而下推行,而非自下而上尝试 |
| 运作程序 | 建立逐级"申请-审批"的实施程序,而非放任地方政府实施 |

### （一）组织形式

为提高制度供给效率,2014 年我国设立"国家财政部 PPP 中心"[①]。PPP 中心是 PPP 制度供给的专门组织形式,也是全球较为普遍的 PPP 管理方式。目前,全球已有超过 66 个国家和地区成立了 PPP 中心,但其功能定位、机构设置及管辖权限都大不相同(裴俊魏等,2017)。国家层面的 PPP 中心主要有两种方式[②]:①设立于国家财政部,如英国、澳大利亚的维多利亚州、南非等采取这一方式;②独立于政府部门之外,如德国、韩国等采取的是独立设置方式。在经济合作与发展组织（Organization for Economic Co-operation and Development,OECD)中,有 17 个成员国设立了 PPP 中心,其中有 10 个国家设立于国家财政部门。

我国采取了第一种方式,将 PPP 中心设置在国家财政部,具体由金融司金融五处负责 PPP 工作,授权中国清洁发展机制基金管理中心[③]（事业单位编制)挂牌"国家财政部 PPP 中心",主要承担"政府和社会资本合作（PPP)相关的政策研究、咨询培训、能力建设、融资支持、信息统计和国际交流等"工作[④]。按照我国财政系统的纵向要求,地方各级财政部门也视条件陆续地成立了 PPP 中心。此外,与 PPP 制度供给相关的其他中央政府相关机构还包括:负责法制建设[⑤]的国家司法部立法二局（原国务院法制办公室),负责项目管理的发展改革委投资司,负责行业 PPP 模式推动和落地的 20 多个行业相关部委（如国家水利部、国家住建部等)和负责货币管理的"一行两会"[⑥]等。我国 PPP 制度供给的跨部门的层级条块体系已形成,如图 5.4 所示。

实际上,PPP 制度供给的责任主体存在争议。国家发展改革委是主管基建投资项目审批的部门,根据投资业务职能切分,其有权决定政府投资和市场投资的比例。在近

---

[①]　财政部成立政府和社会资本合作(PPP)中心［2014-12-04].中国政府采购网。

[②]　国外 PPP 中心概览_中国政府采购网.中国政府采购网。

[③]　2010 年 9 月 14 日,经国务院批准,国家财政部、国家发展改革委等 7 部委联合颁布《中国清洁发展机制基金管理办法》(财政部令第 59 号).中国政府网。

[④]　财政部 PPP 中心简介 http://www.cpppc.org/zxjj.jhtml。

[⑤]　具体指《基础设施和公共服务领域政府和社会资本合作条例》起草工作,参见:PPP 条例公开征求意见_滚动新闻_中国政府网［2017-07-22].中国政府网。

[⑥]　2018 年 3 月,全国人大第十三届一次会议通过《国务院机构改革方案》,将中国银行业监督管理委员会、中国保险监督管理委员会合并为中国银行保险监督管理委员会,至此"一行三会"调整为"一行两会",参见:(两会受权发布)关于国务院机构改革方案的说明［2018-03-14].新华网。

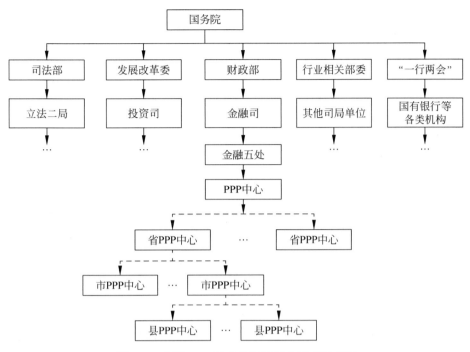

图 5.4　中国 PPP 制度供给的组织形式示意图

几年 PPP 制度供给的过程中,国家发展改革委投资司公共投资一处也先后推动了条例、项目库、流程等工作,以明确 PPP 项目的投资审批流程。与此同时,其他 20 多个部委也建立了各自的项目库来管理本行业的 PPP 项目。

### （二）供给方式

中央政府采取的几乎是垄断供给 PPP 制度的方式,即暂停了其他方式,例如,先后禁止了建设-运营(BT)模式、垫资承包、违规购买服务、融资平台违规融资等。这一举措也许是出于以往地方的违规投融资行为屡禁不止的顾虑。因此中央政府在这一次的制度供给中采取了较为激进的做法,这也暗示了 PPP 制度所受到的关注程度不同于以往任何其他模式,理由在于 PPP 制度与以往其他供给方式最大的不同在于,PPP 实践不仅仅牵涉一个部门条线业务内的工作,而是如前文所述,也有横跨多个部门业务的块状特征。可以说,PPP 制度在短时间内迅速密集体系化,伴随大量政策文件频繁发布,一定程度上也是中央政府相关部委之间制度供给竞争的产物。

2007 年以前,我国国家层面与 PPP 相关的法律法规只有四部(李婷婷,2019),分别是《中华人民共和国预算法实施条例》(1995 年)、《中华人民共和国招标投标法》(1999年)、《关于加快市政公用行业市场化进程的意见》(2002 年)和《市政公用事业特许经营管理办法》(2004 年)(高盟斯,2017)。2014 年以后,垄断供给方式改变了这种 PPP 制度供给不足的境况，转而以涌现之姿呈现。然而，PPP制度供给方式依然主要以政策出台的形式呈现，法律层面的制度供给仍困难重重。例如，《基础设施和公共服务领域政府和社会资本合作条例》（PPP条例）虽已于2017年8月完成意见征求（李开孟，2017），但时至今日仍未正式出台，国家每年都将这一项列为重点工作，但仍无法完成条例出台督导，这也验证了PPP实践涉及跨部门利益的特征。

此外，根据李婷婷（2019）的统计，截至2019年4月地方PPP相关法规规章有375份。笔者随机抽样地方政府的PPP"电子政务"建设情况，发现绝大部分地方政府建立了"PPP专栏"电子政务网站。相较以往自身和其他国家的情况，我国PPP供给属于垄断方式。需要说明的是，2015—2017年由国家财政部联合三家政策性银行推出的低息资本金贷款项目，间接提升了PPP制度启动伊始的执行效果。然而2017年，中央政府认为PPP实践过于"火热"，于是暂停配套性支持政策，包括低息资本金贷款、奖补政策等，同时开放一定额度的政府专项债券额度，相当于又开放提供了一部分PPP模式以外的其他制度供给方式。可见，国家PPP制度供给方式会随着PPP实践的客观情况进行调整，这也是后文将描述的制度存在权变匹配实践的特征。笔者统计中央政府层面的PPP政策文件，作为国家治理二元性的分析素材，与业界相关组织的政策汇编复核后，形成的中央政府PPP制度供给相关的208份政策文件（详见附录A），能较全面反映目前PPP制度供给情况，如表5.5所示。

表 5.5　中央政府 PPP 制度垄断供给方式下发布的规章文件数量汇总

| 规章文件发布机构 | 年　份 | | | | | | | 总计 |
| --- | --- | --- | --- | --- | --- | --- | --- | --- |
| | 2014 | 2015 | 2016 | 2017 | 2018 | 2019 | 2020 | |
| 原保监会、财政部 | | | | | 1 | | | 1 |
| 财政部 | 9 | 21 | 16 | 16 | 9 | 2 | 1 | 74 |
| 财政部、水利部 | | | | | | 1 | | 1 |
| 财政部、住建部 | | | | | | 1 | | 1 |
| 财政部办公厅 | | | | | | 1 | | 1 |
| 发展改革委 | 1 | 7 | 9 | 8 | 3 | 2 | | 30 |
| 发展改革委等[a] | | 1 | | | | | | 1 |
| 发展改革委、国家开发银行 | | 2 | | | | | | 2 |
| 发展改革委、国家能源局 | | | 1 | | | | | 1 |
| 发展改革委、交通运输部 | | | 1 | | | | | 1 |
| 发展改革委、林业局 | | | 1 | | | | | 1 |
| 发展改革委、农业部 | | | 1 | | | | | 1 |
| 发展改革委、水利部 | | | | 1 | | | | 1 |
| 发展改革委、香港特别行政区政府 | | | | 1 | | | | 1 |
| 发展改革委、中国证监会 | | | 1 | | | | | 1 |
| 发展改革委等[b] | | | | | | 1 | | 1 |
| 发展改革委、住房城乡建设部 | | | 1 | 1 | | | | 2 |
| 发展改革委办公厅 | | | 1 | 2 | | | | 3 |

续表

| 规章文件发布机构 | 年份 | | | | | | | 总计 |
|---|---|---|---|---|---|---|---|---|
| | 2014 | 2015 | 2016 | 2017 | 2018 | 2019 | 2020 | |
| 发展改革委办公厅、交通运输部办公厅 | | | 1 | | | | | 1 |
| 发展改革委办公厅、林业局办公室 | | | | 1 | | | | 1 |
| 发展改革委办公厅、农业部办公厅 | | | | 1 | | | | 1 |
| 发展改革委办公厅、体育总局办公厅 | | | | 1 | | | | 1 |
| 国防科工局、发展改革委 | | | 1 | | | | | 1 |
| 国家能源局 | | | 1 | | | | | 1 |
| 国务院 | 4 | 4 | 7 | 7 | 3 | 3 | | 28 |
| 国务院办公厅 | 1 | 8 | 10 | 6 | 6 | 3 | | 34 |
| 农村农业部 | | | | | | 1 | | 1 |
| 全国人大 | 1 | | | | | | | 1 |
| 全国人民代表大会常务委员会 | 1 | | | | | | | 1 |
| 文化和旅游部、财政部 | | | | | 2 | | | 2 |
| 银保监会 | | | | | 1 | | | 1 |
| 原中国银监会、发展改革委 | | 1 | | | | | | 1 |
| 中共中央、国务院 | | 1 | 1 | 1 | | | | 4 |
| 中共中央办公厅、国务院办公厅 | | | | | 1 | 1 | | 2 |
| 中国基金业协会 | | | | | | 1 | | 1 |
| 中国人民银行等[c] | | | 1 | | | | | 1 |
| 中央农办等[d] | | | | | | 1 | | 1 |
| 总计 | 17 | 45 | 54 | 46 | 27 | 17 | 2 | 208 |

注：a 为发展改革委、财政部、住房城乡建设部、交通运输部、水利部、中国人民银行；

b 为发展改革委、中央宣传部、教育部、工业和信息化部、民政部、财政部、人力资源社会保障部、自然资源部、住房和城乡建设部、农业农村部、商务部、文化和旅游部、卫生健康委、广电总局、体育总局、文物局、中医药局、中国残联；

c 为中国人民银行、发展改革委、工业和信息化部、财政部、商务部、银监会、证监会、原保监会；

d 为中央农办、农业农村部、生态环境部、住房城乡建设部、水利部、科技部、国家发展改革委、财政部、银保监会。

## （三）推行方式

PPP 制度的推行方式为中央政府自上而下主导推动。2014 年，一系列 PPP 政策文件已为 PPP 实施搭建了初步框架和流程。至 2016 年，随着相关政策的更新和重要环节的制度化，PPP 实施规则体系已基本形成[①]。此外，中央政府也在同步加强配套的法律法规建设。例如，早在 2015 年国家发展改革委重启了"特许经营立法"工作，国家财政部也在推动"PPP 立法"工作，后经国务院协调统一由原法制办公室合并两家部委的立法文本，并牵头推动"PPP 条例"出台工作。此外，也在推动项目投资条例等相关配套工

---

① 包括操作指南、采购办法、"两评一案"、财政绩效管理、合同指南、信息平台、示范项目等。

作,先后出台了《企业投资项目核准和备案管理条例》[①]和《政府投资条例》[②]等法律文件。

在中央政府密集下发 PPP 原则性和规定性文件的同时,省级政府则负责传达和组织下级单位学习并下达 PPP 实践任务,市级和县级政府则负责落实 PPP 项目实施相关的政策学习和项目筛选,企业则适应新模式,如图 5.5 所示。

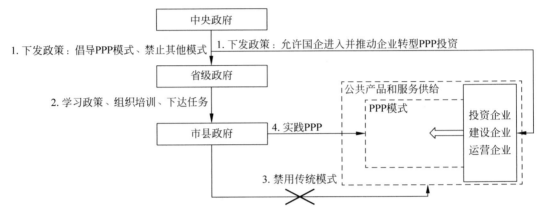

图 5.5　中国 PPP 制度供给的推行方式示意图

这样的 PPP 制度推行方式强化了制度效力,在短时间内取得了显著效果,全国各地执行机构迅速掌握了 PPP 实践的基本知识及相关规则,PPP 实践井喷式拉开序幕,业界称之为"运动式"PPP 推行。

**(四)运作程序**

为了应对 PPP 制度垄断供给之后带来的全国 PPP 项目数量激增和管理事务庞杂的局面,国家财政部于 2016 年建立了 PPP 综合信息平台并对其不断更新优化[③],配套建立 PPP 信息公开制度[④],以及全国 PPP 项目的"申请-审批"制度[⑤],即业界所称的 PPP 项目"入库"[⑥]。国家财政部 PPP 项目库的入库流程如图 5.6 所示。

如图 5.6 所示的 PPP 入库流程一般历时 0.5~1 年。笔者作数据统计时发现,历时

---

① 《企业投资项目核准和备案管理条例》是为规范政府对企业投资项目的核准和备案行为,加快转变政府的投资管理职能,落实企业投资自主权制定。由国务院于 2016 年 12 月 14 日发布,自 2017 年 2 月 1 日起施行。

② 《政府投资条例》是为了充分发挥政府投资作用,提高政府投资效益,规范政府投资行为,激发社会投资活力制定。《政府投资条例》经 2018 年 12 月 5 日国务院第 33 次常务会议通过,于 2019 年 4 月 14 日成文,2019 年 5 月 5 日发布,自 2019 年 7 月 1 日起施行。

③ 全国 PPP 综合信息平台全新升级上线. 新华网。

④ 关于印发《政府和社会资本合作(PPP)综合信息平台信息公开管理暂行办法》(财金[2017]1 号)的通知. 中国政府采购网。

⑤ 关于规范政府和社会资本合作(PPP)综合信息平台运行的通知(财金[2015]166 号). 中国政府采购网。

⑥ 入库是指国家财政部对 PPP 项目的行政审批结果,通过审批的 PPP 项目称为"已入库"。

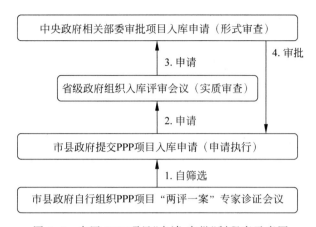

图 5.6　中国 PPP 项目"申请-审批"制程序示意图

注：本图以国家财政部 PPP 项目库的流程为例，国家发展改革委也建立了 PPP 项目管理库，两者的管理功能和侧重各有不同。

最长的达 7 年[①]。国家财政部对入库项目的审查方式主要是依据地方上报的书面申请材料，判断项目是否符合入库标准。这属于形式审查结合地方巡视员的事后抽查。

省级政府也不会组织专门力量对项目进行实地调研和考察，但会组织召开评审会议，对所辖区域内所有的申请项目进行定期评审，经过自筛选之后，再上报国家财政部申请 PPP 项目入库（张希博等，2018）。市县政府则各自筛选和评估后按情况上报项目。

## 三、PPP 制度体系特征：多重张力汇合

我国多元条件触发的 PPP 制度变革起因以及自上而下主导的 PPP 制度供给特征，均暗示了 PPP 实践机制的复杂性以及我国试图将这一复杂性制度化（complexity institutionalized）（Giddens，1984）的努力。而复杂性制度化的结果，必然是形成多重张力汇合的 PPP 制度体系特征。这意味着 PPP 所涉及的跨部门张力长期存在并作用于 PPP 机制（Smets et al.，2015）。具言之，PPP 制度表现出的公共行政属性、制度模糊特性、权变且体系并不完备等特征，共同构成了地方政府 PPP 实践的宏观制度背景，也将作用于 PPP 伙伴选择过程。

### （一）公共行政属性

伙伴关系达成所依赖的 PPP 协议性质一直备受关注，主要有三种观点。

---

[①]　根据笔者爬取的数据统计分析得出。

一是主张 PPP 协议具有行政属性。这一主张认为伙伴双方的争议应通过行政复议、行政诉讼等途径解决(贾康,2020)。PPP 伙伴关系中的政府部门签约系以实现行政管理职能为目的,PPP 协议由双方在平等协商的基础上签订,但政府部门享有行政优益权等。

二是主张 PPP 协议具有民事属性。这一主张认为伙伴双方的争议可通过调解、仲裁或民事诉讼等途径解决(贾康,2020),应更多地考虑如何调动 PPP 伙伴参与的积极性以及如何保障其合法权益,这实际上是将 PPP 看作商业行为,希冀赋予 PPP 伙伴民事平等权。

三是主张 PPP 协议为复合属性。这一主张认为 PPP 协议兼具民事和行政性质,是一种复合型法律关系,应结合具体争议采取相适应的解决机制(谭敬慧,2016)。理由在于 PPP 协议中既有政府和伙伴平等协商达成的民事权利义务内容,也有政府单方解除权、单方定价权等行政权力,还有部分涉及特许经营等行政许可的内容。

业界的争议根源于 2014 年《行政诉讼法》修订中对于"特许经营隶属行政诉讼"的规定,现实中也尽量绕开"特许经营"等措辞进行 PPP 协议设计。但我国法律部门一直未针对 PPP 协议的性质作正面回应。直到 2019 年 12 月 10 日,最高人民法院在《关于审理行政协议案件若干问题的规定》司法解释中明确了"PPP 协议仍为行政协议"。实际上,这一举措反而加剧了伙伴双方主动绕开"民告官"程序的意愿,也加大了民企的投资顾虑(贾康,2020)。**笔者认为,PPP 协议的公共行政属性虽然理论上有利于伙伴关系,但实际上在我国法制不健全的情境下,反而使得地方政府拥有更多自由裁量权且隐藏更大寻租空间,因此企业伙伴要求有更严密的协议体系来保障投资收益。这也初步显示出治理二元性的作用。**

## (二)制度模糊特性

2014 年以来,PPP 相关的政策文件虽然密集出台,但由于中央政府部门之间的碎片化经验和信息不畅导致出台的诸多政策之间未能耦合(coupling),导致 PPP 制度呈现高度的模糊性(ambiguity)。本书主要论述操作模糊和程序模糊这两个与地方政府 PPP 实践紧密相关的制度特征。

### 1. 操作模糊

我国的 PPP 操作模式可谓包罗万象。操作模式一般分为两个维度:一是根据合作内容的不同,PPP 可以分为设计-建设-运营-移交(design-build-operate-transfer,DBOT)、建设-拥有-运营(build-own-operate,BOO)、BOT、建设-移交-运营(build-transfer-operate,BTO)和 TOT 等。二是根据投资回报来源的不同(周姝含,2018),

PPP操作模式又可以分为政府付费、政府补贴结合使用者付费和使用者付费（胡振，2010）。按照上述两个维度的划分，PPP能形成许多现实的操作模式，如图5.7所示。

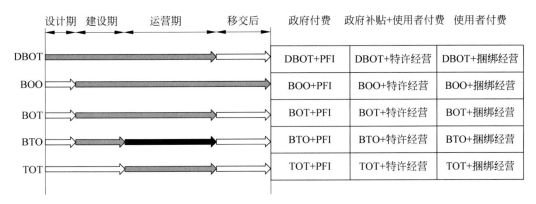

图 5.7　中国 PPP 制度体系允许的操作模式示意图

现阶段，上述所有 PPP 模式均被我国制度承认，这也导致 PPP 与特许经营、购买服务等的关系争议不断。而许多其他国家的 PPP 模式仅为其中一种或几种，例如，日本主要采用 BTO 模式，英国主要采用政府付费模式等。而且我国 PPP 实践操作所侧重的"BOT＋PFI""BOT＋特许经营""TOT＋特许经营"等模式，主要是依赖政府财政支付来维系的 PPP 伙伴关系，甚至可以理解为巨额"政府购买"。因此，我国 PPP 并没有减轻政府负担，反而加大了远期负担。操作模糊带来制度与实践的脱耦（decoupling），现实中许多项目的模式名称与实际操作并不一致。例如，第三章已呈现的主要模式——BOT，同为"BOT"，有些实际上是 BOOT，包含产权转移，而另有些则夹带 TOT，含已建设实施的同步授权运营等，不一而足。

**2. 程序模糊**

政府 PPP 伙伴选择的程序尚无统一标准。目前有三类政策可供参考：《政府采购法》及配套条例、《招投标法》与实施条例、自 2012 年以来纷繁的行政指导意见（李婷婷，2019）。前两者的规制主体和内容高度重叠，却分别由国家财政部和国家发展改革委牵头制定，在执行与监管机关、适用范围划定等方面存在一定冲突和扯皮现象（杨占武，2006）。例如，国家财政部发布的《关于推广运用政府和社会资本合作模式的有关通知》（财金［2014］76 号，下文简称"76 号文"）（陈必轩，2017）和国家发展改革委发布的《传统基础设施领域实施政府和社会资本合作项目工作导则》（发改投资［2016］2231 号，下文简称"2231 号文"）（庄鹏，2017）及《国家发展改革委关于开展政府和社会资本合作的指导意见》（发改投资［2014］2724 号，下文简称"2724 号文"）（韦炯超，2016）等文件中都有关于 PPP 与政府购买服务关系的表述。然而，76 号文称 PPP 本质上是政府采购，且国家财政部在 76 号文之后紧接着发布了细化 PPP 政府采购流程的文件；而 2231 号文和

2724号文则称PPP包含政府购买服务，但未明确PPP是政府采购，言下之意是也可以履行政府招投标。这一表述矛盾的根源在于政府采购与招投标的冲突。

除此以外，部门文件虽更具操作性，但也存在张力。根据与多位访谈对象的沟通互动，本书梳理出PPP伙伴选择的一般性流程，这一过程通常历时3～6个月，重大项目则需要更长的时间。在这一过程中，政府一般需要经历市场测试、资格预审、正式评审和合同谈判及签订等程序（楼婷婷，2011），经过多轮比对选定PPP伙伴，如图5.8所示。

图5.8　中国PPP项目伙伴选择的常见步骤

**综上，制度模糊特性体现了PPP治理二元性特征，即国家一方面通过强压迫使地方接受，同时又赋予地方较大自主权，以提高制度有效性，两者张力毕现。**

国家希冀通过立法来解决此类问题。然而2015年国家发展改革委重启"特许经营法"工作，国家财政部也推动PPP立法，两方相持不下。前文已述，2017年国家通过统一立法机构，授权原国务院法制办联合国家发展改革委、国家财政部起草《基础设施和公共服务领域政府和社会资本合作条例》（孙学致等，2018），然而该条例自2017年7月21日公开征求意见之后直至今日仍未正式出台，想必还将继续经历一个比较漫长的过程，**足见PPP制度背后涉及的利益分配、权力配置等问题之复杂，也暗示治理二元性将长期存在。**

### （三）权变匹配特征

我国PPP制度的权变（contingency）特征主要表现为对PPP实践的态度、PPP合格伙伴条件和PPP项目贷款条件的规定。国家最初的PPP政策信号是鼓励的、运动式的，而随着地方政府PPP实践从被动到主动，进而过度的状况，PPP政策也随之转为收紧态势。笔者访谈的一位学者点评PPP实践最火热的情景："到2017年，项目库建立仅两年时间，项目已高达10000个、20万亿元。如果短时间内全部落地，财政肯定是吃不消，果然后来国家又开始收紧。"（访谈记录：20190220-C1-GT）2017年年底，PPP制度运行了四年时间，结合地方的运行回应，国家财政部通过项目库整顿又重建了PPP管理要求，并给出负面清单。

#### 1. PPP合格伙伴条件权变的焦点为国企准入政策的演变

2014年，国家财政部发布的《关于印发政府和社会资本合作模式操作指南（试行）的通知》（财金[2014]113号文，下文简称"113号文"）中，明确禁止融资平台和其他政府控股国企参与PPP项目投资，但默许了央企的PPP伙伴准入身份，这是路径依赖和自我利益保护作用。但是，同年国家发展改革委的《合同指南》中却指出，"符合条件的国有企业、民营企业、外商投资企业、混合所有制企业，或其他投资、经营主体"都可作为社会资本主体。

2015年，国务院办公厅发布国办发[2015]42号文①（已在本书第二章文献综述的脚注中出现，下文简称"42号文"），允许"脱钩"的地方国企尤其是融资平台进入PPP市场。这是中央政府平衡地方利益的结果。

2017年，经过各方意见征求后，国务院国资委正式印发了《关于加强中央企业PPP业务风险管控的通知》（国资发财管[2017]192号，下文简称"192号文"），该文件又对央企PPP业务实行总量管控，从严设定PPP业务规模上限，防止过度推高杠杆水平，展现权变，具体如下：

"一是纳入央企债务风险管控范围的企业集团，累计对PPP项目的净投资原则上不得超过上一年度集团合并净资产的50%，不得因开展PPP业务推高资产负债率；二是集团要做好内部风险隔离，明确相关子企业PPP业务规模上限；资产负债率高于85%或近2年连续亏损的子企业不得单独投资PPP项目；三是集团应加强对非投资金融类子企业的管控，严格执行国家有关监管政策，不得参与仅为项目提供融资、不参与建设或运营的项目。"

2018年，国家财政部印发《关于规范金融企业对地方政府和国有企业投融资行为有关问题的通知》（财金[2018]23号，下文简称"23号文"），全文看似是对国有金融企业的投融资行为的进一步规范，包括资本金审查、还款能力评估、PPP和融资担保等17条。但23号文的目的仍在于规范地方政府和地方国企的投融资行为，尤其是PPP投资，强调防范和化解地方政府债务风险。随后的解读文件也明确了PPP投融资规范的三点要求：要对PPP项目实行"穿透式"资本金审查，即资本金必须为自有资金；禁止国有金融企业为"明股实债"等违规操作变相融资（与第一条呼应，禁止变相融通资本金）；其他PPP项目规范运作要求。

近年关于国企参与PPP项目的准入政策演变如表5.6所示。

---

① 原文规定为"大力推动融资平台公司与政府脱钩，进行市场化改制，健全完善公司治理结构，对已经建立现代企业制度、实现市场化运营的，在其承担的地方政府债务已纳入政府财政预算、得到妥善处置并明确公告今后不再承担地方政府举债融资职能的前提下，可作为社会资本参与当地政府和社会资本合作项目，通过与政府签订合同方式，明确责权利关系"，文件来源为国办发[2015]42号文。

表5.6　国企参与PPP项目的准入政策演变汇总

| 国企类型 | 2014年 | 2015年 | 2017年 | 2018年 | 2019年 |
|---|---|---|---|---|---|
| 央企 | 默许 | 默许 | 192号文禁止过度PPP | 明确做大主业 | 进一步规范 |
| 地方国企 | 113号文禁止 | 42号文带条件允许 | 同上年 | 23号文禁止变相PPP | 同上年 |

虽然关于"国企是否为PPP合格伙伴"的争议不断，但国家对于"我国地方公共物品供给离不开国企"仍有共识。那么，按照前述的PPP制度一时成为垄断制度，国企进入PPP市场也不言自明。如果只有民企参与，将无法满足地方发展的需求，也无法达到PPP制度启动的多元条件化解初衷。从中便能得出，**中央政府对PPP制度供给的动机是多元的，呈现出国家治理二元性**。换言之，PPP制度透射出中央政府在政策决策过程中，除了有着路径依赖、利益平衡以及提高效率等工具理性动机以外，还隐含着实用主义、可持续发展等稳健发展、社会和谐、更加公平的价值理性动机。林毅夫等（2004；2005）曾研究过与本书相似的问题："为什么在国企的改革历程中，我国政府对国企的补贴方式历经从财政补贴，到银行贷款，再到股市融资的一个有着顺序规律的过程？"从国企改革视角再看PPP制度，便发现国家允许国企进入PPP还有改革国企的动机，希冀国企更市场化。

有学者称："这几年让央企到我国各个地方投资PPP，其实是国家对央企的'训练'，训练它们如何与政府洽谈投融资业务。中国的地方政府可以说是全世界最'聪明'的地方政府，如果连中国的地方政府都能谈好，那么央企走出国门就没有什么好怕的。"（20190220-C1-GT）

这一论断佐证了笔者的判断。然而，笔者认为，国家"倒逼"国企市场化改革，将其推向市场与民企同台竞争并提高国企实力的举措有良好初衷，却也可能导致其他配套改革不到位的"适得其反"。林毅夫等（2004）认为"财政对政府的财务约束最硬，银行贷款次之，股市融资则最软"（齐亚莉，2006），因为财政是政府拿着自己的钱补贴国企，自然会对国企有更多约束性要求，而银行贷款则是拿别人的钱去补贴，股市融资亦然，且股权融资的约束比债权融资更软。按照这一逻辑，国企的PPP准入政策其实也有软化国企预算约束的"合谋"①。

**2. PPP项目贷款条件的权变焦点为贷款所在地区条件**

随着申请融资的PPP项目越来越多，全国银行系统的信贷审批条件调高了融资审

---

① 笔者认为PPP不仅是为国企，更是为地方政府消解地方债的软化预算"合谋"。

批的门槛。2019 年 12 月，在第四届中国 PPP 论坛①上，某县县长的发言提供了目前银行对县级政府的财政要求，具体如下：

"银行内部对地方政府的财政收入规模有明确要求，原则上预算收入在 20 亿元之内的不做。和有的银行行长沟通的时候，我说我们的财政收入如果超过 20 亿元谁还会做 PPP？以某县而言，虽然一般公共预算收入 12 亿元，但是我县一般公共预算支出有 39 亿元。地方政府其实有四本账，第一是一般公共预算，第二是基金预算，完全可以和一般公共预算打通。去年我县虽然一般公共预算收入仅 12 亿元，但是基金预算收入有 32 亿元，有什么还不起的？"

"还有一点，当一个地方的财政收入处于 10 亿～50 亿元的阶段时，通常正处在一个快速工业化、快速城镇化的阶段，也处于财政收入快速增长的阶段。如果不看这些实际情况，偏偏只是通过卡在一般公共预算 20 亿元之内的就不做，这让我非常无语，但是也没办法，社会资本方（PPP 伙伴）也是非常难受的。"（发言笔录：20191201-B16-GT）②

2017 年，国家财政部清理整顿 PPP 项目库之后，融资审批的门槛进一步提高。笔者统计数据发现，地市级成交 PPP 项目的财政支出最低为 80 亿元，位列其中的有鄂州、达州等，而这些城市的 PPP 成交规模通常比当地财政规模大③。

县级贷款条件更苛刻，一位银行信贷审批部门的人员接受笔者访谈时表示"县一级以下我们一般不做"（访谈记录：20191014-C10-GT）。而在笔者追问到关于地方财政和债务的具体数字时，他的回应是"财政收入 100 亿元以下的地方我们（银）行不批 PPP 贷款"（访谈记录：20191014-C10-GT）。

根据前述第四届中国 PPP 论坛上的某县县长的发言，银行对 PPP 的审批越加严格："国家在 2017 年底对 PPP 项目进行整顿，没想到整顿完之后银行的心更冷了。银行对 PPP 项目更加谨慎，把 PPP 的审批权上升至总行。银行怕我们政府付费没保障，要求人大出决议，我们出了。又怕项目不规范，要求所有四证办理齐全，我们办了。但也还是不行，一定要社会资本方总公司出具担保，这就使得我们的 PPP 伙伴非常难做，特别是民营企业"。

"我们有一个交通 PPP 项目，都建设完工了，社会资本方的贷款还没有到位，只好拿着自己的钱往里砸，最后实在砸不起了，怎么办呢？马上要进入运营期，他们只好找到另外一家实力更强的企业，通过股权转让的方式把项目的收费权转让出去。这需要

---

① 由"国家发展改革委、中国银保监会、联合国欧洲经济委员会指导，清华大学主办，清华大学 PPP 研究中心承办".新华网。

② 发言笔录已交由发言者本人确认。

③ 笔者通过爬取数据后统计分析得到。

我们配合，我们也不能看到我们的合作方难受。"（发言笔录：20191201-B16-GT）[①]

### （四）科层结构不完备

PPP制度的科层结构并不完备。笔者参考王亚华（2005）的"产权科层结构分析"方法[②]，对我国PPP制度的科层结构进行分析。根据半结构化访谈记录的文字（本章提及的访谈记录：20181201-C8-GT、20171225-B12-GT等），笔者认为PPP制度所圈定的公共产品和服务供给所需资源呈现公共池塘资源（common-pool resources）的特征（埃莉诺·奥斯特罗姆，2012），因此适用于科层产权模型。而且，PPP制度圈定的是一个新的公共池塘，制度实践之初，地方政府尚未完全掌握该公共池塘的资源"攫取"技术，但通过后文的分析将发现，地方政府一旦掌握了攫取技术，将过度攫取。这也验证了当前PPP制度科层结构不完备的事实，如图5.9所示。

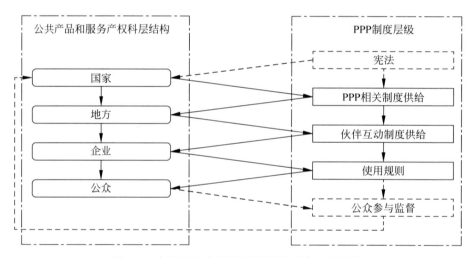

图5.9　中国PPP制度的科层结构不完备示意图

注：右侧图中虚线框表示我国尚不具备的PPP制度层级。

公共产品和服务的产权持有者是多层级的，从国家到个人，不同层级主体都拥有控制公共产品和服务的力量，具体而言：①中央政府持有国家层面的城市产权；②地方政府持有地方层面的城市产权；③企业等多元主体持有法团层面的城市产权；④公众则持有用户层面的城市产权（相对私有的产权）。

针对上述公共产品和服务的产权科层结构，各层会形成相应的PPP制度。遗憾的是，笔者发现我国PPP制度的科层结构并不完备，表现为"既不顶天、也不立地"，即既

---

[①]　发言笔录已交由发言者本人确认。

[②]　由于王亚华是国内最早将这一方法应用于自然资源研究的学者，且他已在博士论文中注明参考和借鉴的西方学者，因此本书不再详述。

缺少顶层法治层面的制度，也缺少底层公众参与的机制。

我国著名PPP学者王守清教授曾强调："其实我一直说的是PPPPP，其中，第4个P是指公众，要以人为本，第5个P是指政治，要考虑特定国家特定的政治。"[①]

相比PPP缘起的西方城市更新等情境，在当前我国应用于城镇化进程中的公共产品和服务供给情境下（李宝礼，2016），PPP机会分配的稀缺程度远高于西方，更需要完整的制度科层结构。然而，当前制度科层结构不完备的隐患可能是回应性不充足、供需脱节等致使公共价值失灵的问题。

还需要特别说明的是，现实中，PPP的制度体系特征远比本书的理论阐述要复杂得多。而且，笔者重点分析了国家财政部的相关PPP制度，而早年以及其他部委的举措也为PPP制度做出了重要贡献。例如，2004年原国家建设部（现国家住建部）曾推动市政工程（如水、电、热、气等）特许经营模式的PPP制度，这也侧面反映出PPP模式对我国公共事务治理与地方发展历来重要。

## 第三节　结果分析二：地方政府如何内化PPP治理二元性特征？

在我国，中央政府始终拥有相当的政治权威且具有在某些经济领域进行垂直干预的权力（王守坤，2010）。这有利于实现中央政府对地方政府的政治和经济约束，也有利于驱使地方政府按照中央政府的目标函数来行动（He，2006）。中央政府的PPP制度供给也对地方政府形成了强大的上级压力，而地方政府作为本级公共事务代理人，既承受本地供需矛盾的倒逼压力，也有PPP实践的内在动力。两个方向的三种作用力如图5.10所示[②]。

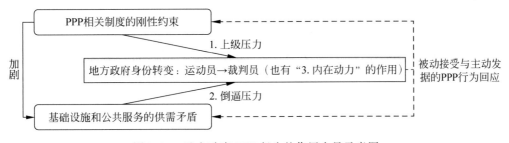

图5.10　地方政府PPP行为的作用力量示意图

---

①　王守清. PPP城镇化与可持续发展. 清华PPP研究中心微信公众号［2017-06-08］。

②　本书对地方政府PPP行为三种作用力的分析方法，受到了李慧龙等（2019）对政府向社会组织购买服务作用力的分析方法启发。

PPP制度背景下，地方政府在自主投融资权力被弱化、本级公共产品和服务供需矛盾加剧之下，受到了债务"只减不增"和服务"只增不减"的两方面刚性作用，做出了"不得不"PPP的回应行为。通过PPP实践，地方政府不断地从"运动员"向"裁判员"身份转化，从依赖自身预算举债投资的传统模式转向以吸纳市场主体投资为主的PPP模式，也生发出了内在动力。其角色转换如表5.7所示。

**表5.7 地方政府PPP实践过程中的角色变换**

| 公共产品和服务供给 | 政府角色 | | |
|---|---|---|---|
| | 运动员 | → | 裁判员 |
| 供给模式 | 政府供给为主 | → | 市场供给为主 |
| 供给手段 | 举债投资 | → | 市场主体投资 |
| 改进方式 | 预算规模扩大 | → | 吸纳市场资金 |
| 政府职能 | 直接举债 | → | 间接监管 |

注：笔者参考李慧龙等（2019）对政府向社会组织购买服务的角色转换分析修改而得。

下文将阐释地方政府PPP行为的三个层次特征，即被动接受外部压力、主动发掘内在动力和不稳定预期下的过度攫取，并揭示其中呈现出的地方政府内化治理二元性后，得出PPP伙伴选择的结果特征。

## 一、地方政府PPP行为动因：被动接受外部压力

2014年8月31日，《中华人民共和国预算法》（以下简称《预算法》）的修改决定在十二届全国人大常委会第十次会议上经表决通过。《预算法》要求"各地发行债券的举债规模必须由国务院报请全国人大或全国人大常委会批准""只有经国务院批准之后，且是省、自治区、直辖市预算中必需的建设投资所需资金，地方政府才可以在限额内通过发行地方政府债券的方式举债筹措"[①]。

简言之，地方政府不能自由举债，举债行为必须先获得批准。值得注意的是，对"债务刚性约束"的要求是在我国财政收入日渐告别高增长时代的背景下提出的（李慧龙等，2019）。实际上，为保持财政收支平衡，中央政府在2013年开始压减对地方政府的转移支付预算（系2003年以来首次），随即又在2014年出台43号文，严格控制隐形债务，约束地方政府的财政扩张行为。综上，此为政府债务"只减不增"约束。

而维持公共产品和服务供给"只增不减"的任务也是各地政府工作的刚性约束指标（颜昌武，2019）。国家发展改革委下达的以保经济增速为目标的基础设施投资建设任

---

① 中华人民共和国预算法实施条例（国令第729号）．中国政府网。

务依旧繁重,要求各地必须"保指标"。此外,社会需求日益多元化还带来了近年中央财政用于民生支出的增长幅度远高于中央财政预算的增长幅度的状况。

这"一缩一增"组合举措构成了对地方"不举债、多做事"的约束。与此同时,这一刚性约束也激化了公共产品和服务供给中本就存在的政府责任与行政资源匮乏、严格考核与有限能力之间的矛盾(王浦劬,2016)。而在具体选择路径上,"融资"权力的收缩也基本否定了合同外包的路径依赖,使得PPP模式不再只是可能的或者可协商的选项,而成为"不得不"且紧迫的可行路径。因此,外部政策的刚性作用迫使地方政府从举债融资的"运动员"身份,转向选择和评价伙伴的"裁判员"身份,PPP实践序幕就此拉开。[①]

笔者访谈的一位地方官员的观点可以应证:"如果还不上债务,我们会被问责。而融资平台模式又被明令禁止,国家相当于是倒逼我们推行PPP模式。"(访谈记录:20160617-B2-GT)

也有地方政府官员甚至抱怨:"我们并没有主动想学PPP,但今年省里把PPP作为一项任务下达,我们不得不执行。"(访谈记录:20181014-B14-GT)

还有地方政府官员如此描述当时的情景:"我们这里这段时间天天举办培训,而且是省财政厅亲自组织学习PPP模式,明确要求各市县财政局局长都来学习,还要查培训签到情况。"(访谈记录:20151025-B3-GT)

可见,PPP成为地方政府走出公共产品和服务供给困境的一个现实可行的选项,既不逾越"消解地方债"政策的刚性约束,又能借助市场力量填补地方政府"多做事"能力的缺口,也是当时几乎"唯一"的选项。

前文强调的是"不举债、多做事",其实还存在"少养人、多做事"的刚性约束。我国对于政府人事编制的控制也进一步迫使地方政府向市场寻求PPP伙伴。2013年3月,党中央、国务院颁发了《中共中央国务院关于地方政府职能转变和机构改革的意见》(中发〔2013〕9号文)(蒋林华,2015),要求"减编控编"。这也是新一届中央政府主动寻求解决机关冗员和人浮于事问题的切实举措,也是推进"放管服"改革以及改善民生等"以民之所望为施政所向"的重要抓手[②]。公共产品和服务供给领域基本否定"力图通过增加编制"来解决政府能力不足、公共产品和服务供给不充分问题的思路。换言之,党的十八大之后我国政府改革中普遍存在着一系列政策,这些政策推动了公共产品和服务供给模式的变革,客观地确立了"少养人、多做事"的改革方向和基本原则,这构成了PPP模式从局部探索走向全面推进的制度供给的驱动因素。因此,"减编控编"改革也进一

---

① 南方日报:人民过好日子,政府过紧日子.人民网〔2013-03-19〕。

② 南方日报.人民过好日子,政府过紧日子.人民网〔2013-03-19〕。

步限制了地方政府"自己做事"的能力（叶林等，2018），地方政府在"没钱做事"的同时又陷入"没人做事"的两难境地。即使是 PPP 实践积极的地方，其成立的 PPP 中心也均是地方政府"借力"的结果，有些 PPP 中心在既有的政府机构挂牌，有的则外挂在地方协会等事业单位，还有的仍旧通过借调国企人员充实团队。

综上所述，地方政府面临的外部压力既是"融资"权力的收缩，也是"人事"权力的限制，"不举债、少养人、多做事"的多重外部压力迫使地方政府被动接受 PPP。

笔者 2015 年与某一线城市财政官员交谈，他认为："我们不需要国家 PPP 制度，因为我们依靠本地财政和培养起来的国企团队，就足够满足我们本地的服务供给需求。"（访谈记录：20151220-B2-GT）

但即便如此，该城市到了 2016 年仍旧发布了 PPP 政策，开始启动当地 PPP 实践。可见，上级压力和倒逼压力的作用在全国各地政府都普遍存在，我国 PPP 实践也因此在短时间内"卓有成效"。

那么，为什么我国 2014 年推动 PPP 制度在短期内能见效呢？经过笔者的访谈和观察，原因在于前文所阐释的，我国政府自 20 世纪 80 年代便已开始尝试 PPP 模式，过程中已储备大量实践经验，为这一次市场化创新改革做好了知识和经验储备。此外，公共产品和服务供给的市场化改革符合社会公众的期望，解决了政府的低效率、"人浮于事"等负面影响，也符合社会公众对政府放权让利、政企分开、协作治理等改革的正面预期，因此具有广泛的群众基础和顺应市场需求的改革方向等多方顺势。这进一步验证了政府通过 PPP 实现角色转换是一个好的选择，也展现出第二层作用力。

## 二、地方政府 PPP 行为动因：主动发掘内在动力

在廓清地方政府 PPP 被动接受外部压力的基础上，值得进一步思考的问题是：如果是单纯的上级制度高压和本级供给压力，没有地方官员积极投入的话，想必 PPP 只能又是一项自上而下的运动式治理手段，将很难像今天这样在各地和各级快速扩散和稳步深入地进展。那么，为什么 PPP 没有像一些同样制度和社会条件的改革那样，被地方官员以姿态性而非实质性的支持所阻滞（李慧龙等，2019）？

事实上，无论是中央政府自上而下的政策约束，还是本地公众自下而上的需求倒逼，都只在外部的"推力"层面构成了一个迫使政府采纳 PPP 的触发性压力机制，而呈现出来"PPP 超大规模"这一极端情境却暗示着或许还有内部"拉力"因素在维持改革的持续运行甚至发酵。有待探索的方向如图 5.11 所示。

地方政府的代理人角色原型表现为两种类型，分别是传达和执行上级政府政策的

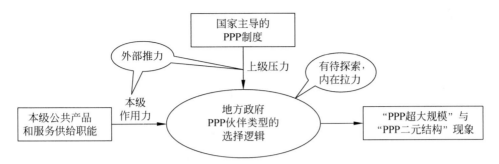

图 5.11　地方政府 PPP 行为的作用力的内在拉力探索示意图

代理人，以及主动解决本地社会经济发展矛盾的公共事务代理人（赵静等，2013）。后者不仅表现为科层职责带来的被动执行，也有自利动机下的主动为之。同理，地方政府在被迫接受 PPP 制度的同时，也存在对 PPP 制度主动实施的客观需求。本书通过分析发现，地方政府主动发掘 PPP 的内在动力来自"花别人的钱做自己的事"[①]的"财政扩权"激励和基于"授权企业投资挣钱又为自己做事"[②]的"行政外包"激励两个方面。

### （一）财政扩权激励

财政扩权是一项财政事权，指政府部门为获取与支配更多财政资源而实现行政权力扩张现象的内在动机（李慧龙等，2019）。相比财政分权，财政扩权是地方政府经上级批准/授权后，向社会和市场扩大的财政权力。PPP 等政府购买行为需要履行相应的程序，尤其是《预算法》修订以后，依靠政府未来财政支出责任作为依据的 PPP 项目必须通过财政部门报请当地人大审批，具体程序可简述为"PPP 实施机构申报项目（通常需要先完成向发改部门的项目审批程序）→通过财政部门履行 PPP 项目入库程序→获批的项目可以将 PPP 未来财政支出责任纳入政府预算→PPP 实施机构选择伙伴"，如图 5.12 所示。

PPP 机制特征赋予了 PPP 伙伴"花自己的钱做自己的事"[③]的投资权力，将原来依靠地方政府自主举债融资、申报财政预算资金、分阶段合同外包的方式，转变为 PPP 伙伴纵向承揽所有事务的方式。一定程度上，PPP 相比其他市场化供给机制起到了政府财政扩权的激励作用。这一作用分别体现为扩大财权、扩充人事和扩张事权空间的正向激励。

---

① 王守清. PPP 城镇化与可持续发展，清华 PPP 研究中心微信公众号［2017-06-08］。
② 王守清. PPP 城镇化与可持续发展，清华 PPP 研究中心微信公众号［2017-06-08］。
③ 王守清. PPP 城镇化与可持续发展，清华 PPP 研究中心微信公众号［2017-06-08］。

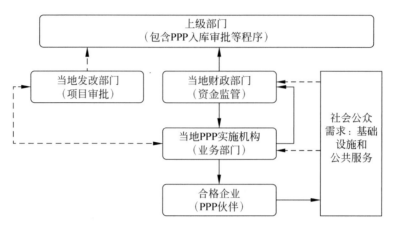

图 5.12　地方政府 PPP 实施的本地程序示意图

### 1. 扩大财权

第一个表现是指可支配财政资金规模扩大的动机,表现为地方政府通过获得"做事"资金,而有了新的财政资源及合法使用渠道,这构成了实现地方发展管理目标,以及提高权力和地位的基础。前述第四届中国 PPP 论坛上的某县县长的发言可以作为佐证:

"我县目前在全市的经济总量应该是最小的,但是 PPP 项目的入库数、落地率、开工数、完成数,在济南市均为第一位,因此我们也受到了济南市政府的表扬。自 2016 年以来,我们全力推进 PPP 项目落地。截至目前,我们纳入国家财政部的 PPP 项目共计 15 个,涉及教育、卫生、湖水和垃圾处理、市政、环保、智慧城市、社区和园区建设、水环境治理等领域"。

"入库的 15 个项目中,政府投资 1.72 亿元,社会资本(PPP 伙伴)投资 61.61 亿元。这个数字大家看可能并不大,但是相比我县的财政收入(2018 年为 12.25 亿元)还是比较高的。有了这块资金之后,我们整个城乡的基础设施都得到了非常大的改善。"(发言笔录:20191201-B16-GT)[①]

除上述直接获得的规模扩张之外,为了鼓励地方实施 PPP,国家和地方还都建立了给予 PPP 奖励资金的激励政策。2015 年,国家财政部下发《关于实施政府和社会资本合作项目以奖代补政策的通知》(财金[2015]158 号)(史丁莎,2017),对于国家财政部评定 PPP 示范项目的新项目,根据项目投资规模给予相应的奖励;对改制为 PPP 项目

---

① 发言笔录已交由发言者本人确认。

的地方融资平台公司股权项目，按解决的项目债务规模的 2% 予以奖励[①]。2015 年，为了"保投资"，国家发展改革委联合政策性银行和国家财政部，专门拨出低息贷款，且资金用途可以是项目资本金，即这笔贷款可用于资本金注入项目，作为获得商业贷款的基础。在具体行业领域，例如，国家对海绵城市建设试点给予专项资金补助，对采用 PPP 模式达到一定比例的城市按补助基数奖励 10%[②]（曹曦东等，2018），而且，国家交通部的燃油税返还等资金也可专项用于 PPP 项目。上述举措在当时都显著促进了地方政府申请实施 PPP 项目的意愿。除了能够获得项目本身所需资金以外，国家的奖励性资金还能解决 PPP 实施相关部门的运作费用（通常是当地 PPP 中心和实施机构），即使没有编制，部分地方政府也愿意为此建立专门的临时机构，佐证了额外的"财源"的激励作用。

不仅如此，地方债和地方融资平台转型进一步激发了地方政府通过 PPP 向市场和社会获取资金的意愿。尤其是，如果 PPP 项目能由当地融资平台合规实施，即便被业界称作是融资平台"包装"的 PPP 项目，也能直接化解当地政府的债务偿还压力和融资平台转型压力，极大地促进当地政府的 PPP 实践意愿。因此，"一举两得"更促使政府通过 PPP"扩大财源"又"释放额度"。

### 2. 扩充人事

第二个表现是实施机构因授权经营而优化人力资源结构和增加规模的动机，这能化解政府自身专业力量与知识有限的困境。在团队结构上，地方政府通过 PPP，既能调配更多领域的市场主体（包括商业银行、央企、上市公司等），也能与更多政府部门和官员建立多向度的组织间协作关系。项目化运作的 PPP 实践过程在不同环节涉及多元主体（王盈盈等，2017），从项目发起到伙伴选定，一个 PPP 项目要涉及的成员是包含多专业、多背景、多学历的结构化团队，这构成了实施机构对高质量人力资源的实质性使用。

而人力资源团队规模的增长，则是财权扩张和团队结构扩充的自然结果。一家 PPP 咨询机构负责人这样描述：

"我们一个项目的咨询团队会涉及 20 人左右，其中会有 2～5 人驻场办公，其他人则根据不同专业需要到现场或在场外提供咨询服务，实施 PPP 项目的政府部门则不需要增加人员。而且，通过 PPP 项目落地，地方政府 PPP 负责人还是一人，但通过专门设立的

---

[①]　关于奖励资金的来源，财政部有关负责人表示，将按年确定 PPP 项目以奖代补工作计划，在普惠金融发展专项资金中安排以奖代补资金，列入下一年度中央财政预算。不过，这一激励政策已在 2019 年停止。参见政府和社会资本合作项目以奖代补政策发布.中国政府采购网。

[②]　财政部关于开展中央财政支持海绵城市建设试点工作的通知.中国政府网。

PPP项目公司招募市场人员,最高可达到上百人的规模。"(访谈记录：20171201-D3-GT)

笔者在2015年实际参与的一个PPP项目中,也作为政府实施代表,切身感受到了"人事扩充"的正向激励。在当时的项目中,通过聘请咨询团队、法律团队、融资顾问等,为项目的落地增加人事力量。需要说明的是,通常PPP项目的咨询费用作为PPP项目总费用纳入总投资,体现为PPP伙伴的投资支出[①],而PPP伙伴的投资支出作为投资回报的基数,最终通过测算形成了地方政府未来财政支出的责任。因此,在PPP机制的资金保障之下,人事与PPP项目投资规模成正比的合规规定在一定程度上为实施机构合法扩充人事进行了制度赋权。总体上,人事扩充赋予了PPP实施机构实际调配团队的权力增量,而且通过调配团队也增加了实施机构管理权力的加成。

### 3. 扩张事权空间

第三个表现是实现实施机构通过"授权投资"而实现"多做事"管辖权限空间的"纵向延伸"和"横向拓展"动机(李慧龙等,2019)。具言之,纵向延伸指政府在新的管理环节承担新的管理"职责",横向拓展则是指政府管理事项的幅度增加了(李慧龙等,2019)。首先,相比于以往亲力亲为之余还要接受上级政府监管的情境,PPP方式使实施机构以"终极"业主身份获得了相对于PPP伙伴的监管者地位;其次,PPP相比以往地方政府"亲力亲为"之余还要接受上级政府监督的情境,能让实施机构获得"终极"业主身份,从而拥有监管PPP伙伴权力且相应增加了作为监管者的权力空间(所以业界也称政府为PPP项目的"大甲方",称伙伴为"二甲方")。

事权的纵向延伸表现为获得新的审批权和增加评估权两个方面(李慧龙等,2019)。前者表现为项目启动时的PPP招标立项权、伙伴选择权、标准制定权等;后者则表现为项目实施评价中的PPP伙伴的日常评价权、阶段性的绩效评价权、调整方案评价权等。一位地方官员提到他的PPP实施经历时说：

"我是我们市管百姓吃水的负责人,主要工作是和两家水务公司每年核算水量,和财政部门核算水费,同时也要负责监管水质和规划长期用水量。但是,PPP模式让我的工作职能扩大了很多,我感觉自己成了一位综合人才,我要和企业谈投资合作,组织招标代理公司招选企业;我还要协助企业和银行谈融资条款,筛选银行的融资条件;我还要制定一个项目的多层级审批标准,比如,超过1000万元就上报,还是超过5000万元上报,这都需要经过充分论证。我也由此充实了工作,一个PPP项目中大到几亿元资金的融资审批,小到水表这样的设备选型,都需要经我手,超出我决策范围的就逐级上报。"(访谈记录：20170813-B10-GT)

---

① 其实并没有明确的政策依据,随着这一操作的普及,成为了行业惯例。

事权的纵向延伸赋予了实施机构对PPP伙伴新的实质性影响力，它在"入口"和"出口"环节决定着哪些市场主体能够有资格进入公共产品和服务这一巨大的市场并分得红利（李慧龙等，2019）。一位经历了PPP项目的地方官员这么描述他对PPP带来工作变化的体会和感受：

"对我来说，以前我从来没有接触过金融机构，而且金融机构总是被人们认为是高收入行业，是金领职业。我们部门以前的资金都是靠财政预算，主要和财政部门斗智斗勇。没想到，现在因为要实施PPP项目，多家银行行长主动上门与我洽谈业务，有机会能接触这些专业人士，我自然是非常愿意的。而且，我还感受到了被尊重和地位被认可。"（访谈记录：20181201-B12-GT）

事权的横向拓展也体现为两个维度：以前没做、做不了或者不做的公共产品和服务供给通过PPP得以成功落实；以前能做的公共服务通过PPP能更加多样化、精细化和高效化。这两个维度一同拓展了PPP实施机构"有所作为"和希望发挥行政影响力的更广阔空间，这在深度和广度两个方面上均提升了PPP实施机构行政权力的"含金量"（李慧龙等，2019）。地方政府在这一激励之下，不仅有更大的事权实施动力，也有更强烈的事权配套技能学习的动力。这均暗示着PPP对具体执行的实施机构及所在地方政府而言，是一项执行方面的"好政策"（此处不讨论不规范PPP带来的发展隐患，因为这不是可感知和可操作的激励）。例如，2016年6月，在清华大学PPP研究中心承办的第一届中国PPP论坛上，镇江市主管PPP工作的副市长介绍了当地PPP实施经验：

"我市今年的PPP实践取得了一定的成绩，主要有几个方面的心得。首先，我们注重组织机构健全，成立了由市长担任组长的PPP工作小组，同时建立健全各项运行机制，由市财政局全面统筹管理工作，还有主管部门加强相应行业的PPP实践监管。而且，我们还强调工作规范，制定出台的工作意见和管理细则，提供了PPP实践工作的制度规范和保证。在项目的精心筛选方面，我们也对符合政策导向、投资规模较大、需求长期稳定、价格调整机制灵活和稳定现金流市场化程度较高的城市建设基础设施的公共服务类项目进行系统评估和多方论证，对符合条件的项目优先选择PPP模式运作。"（发言笔录：20160622-B6-GT）[①]

可见，无论是2016年第一届中国PPP论坛上分享经验的镇江市领导，还是2019年第四届中国PPP论坛上发表精彩演讲的某县县长，抑或来自其他地区的分享过经验的代表，他们表达的共同观点是：这些地区通过PPP机制实践，有力地推动了当地城镇化进程及公共产品和服务供给，而且在PPP项目实施内容上具有更多的精心设计与周密考虑。可见，PPP让地方政府的工作能力得到了有效发挥和拓展。

---

① 发言笔录已交由发言者本人确认。

### （二）行政外包激励

PPP伙伴关系达成带来的财政扩权激励本身并非绝对的消极或积极的存在。更为关键的是，地方政府的主观意图及使用方式会作用于行为，体现出财政扩权激励带来的消极或积极的作用。相比购买服务等其他模式，通常采用PPP模式实现的政企合作投资规模都很大，因为PPP项目通常包含大型基础设施的建设，而且还要考虑长周期的运营成本。因此，PPP项目成为一个地方政府的"好项目"，普遍受到当地政府的欢迎。

从"自己花钱做事"到"找人花钱做事"转向的逻辑链条来分析，PPP一方面对政府官员获得正向效能产生内在动力激励（杨永恒等，2018a），但另一方面，也在"曲线寻租"这一层面产生相对扭曲的逆向激励（李慧龙等，2019）。因此，PPP还构成了"行政外包"甚至"扩包"的激励，实现地方主动PPP的"拉力"作用，具体为两个方面。

#### 1．正向效能激励

在我国当前"碎片化"的治理形势下（Mertha，2009），地方政府事实上是由多个部门机构组成的多重目标权衡、不同利益交错的复杂行政系统。行政权力的实施受到不同层级部门的制度逻辑制约（谭海波等，2010）。具体到地方政府的PPP实践，这一纵横之间的综合激励表现为：对于作为承担实施PPP的政府部门（简称为"实施机构"）与作为监督方或政策支持方的整体政府而言，PPP均发挥出正向的但各有不同的效能激励作用。

第一，对于PPP实施机构来说，财政扩张是一项积极的激励措施。这有助于地方政府摆脱公共产品和服务供给"权力、责任和能力"不相称的困境，并提高承担部门（PPP实施机构）的行政绩效。这是因为PPP伙伴提供了提高行政效能的可靠保障，带来了更多的"资金"和"人力"以及"多做事"的可能性。这意味着地方官员将拥有更多有为的"发挥空间"，从而实现个人职业成就感，包括政绩、作为和抱负等，也能切实地改善当地民生条件，创造公共价值。例如，曾参与北京地铁4号线PPP项目落地的核心成员，现均已提任重要行政职位，包括北京市朝阳区区委书记、顺义区区委书记、大型国企高管等。总而言之，PPP有助于解决公共产品和服务供给匮乏的困境，既可为地方官员谋取晋升机会，为所在部门增加利益（竞争绩效的政治偏好），还能造福社会。这是正确发挥PPP效用能带来的政治、经济和社会多元价值和利益的"一举多得"激励。从这种政府行为的意义上来说，PPP实现了对地方官员实施"企业家型政府"的内部激励目标，也暗含对PPP伙伴选择的多元动机。

第二，对于整个地方政府而言，正向效能激励来自对行政系统内部自上而下的调动能力，以及嵌入社会/市场的能力，这有助于提升地方政府"有为"的声誉。一方面，地方官员PPP的内在动力在一定程度上化解了公共产品和服务供给激励难题，为在外在约束下避免地方官员不作为、少作为等提供了新路径。另一方面，PPP有助于扩大地方政府权力渗透市场，从而实现已有研究揭示的"权力嵌入与再生产"观点（许秋起，2004），这同样是整体政府所乐见的。而在绩效方面，PPP所实现的多种正向影响是支持地方政府PPP行为的正当理由，即具有PPP实践的"合法性"，而这不仅有助于提高公众满意度并改善政府形象，也能形成对政府整体的正向效能激励。

前述第四届中国PPP论坛上的某县县长的发言能作为佐证：

"通过PPP，我们的西城区学校投资4亿元，已经建设成了。

通过PPP，我们还把省城的三甲医院引到我县，用PPP把它建起来，50年免费使用。这家医院（PPP伙伴）引入之后，第一我县不需要再购买医疗设备，节省了4亿元；最关键的是，第二我县人民医院仅有700张床位，没有高端的医生和专家，每年如果自己培训的话，需要花8400万元，引进这家医院（PPP伙伴）后就有专家了。通过PPP，我县老百姓在不远的将来，不需要到省城就能够享受三甲医院的医疗。"（发言笔录：20191201-B16-GT）[①]

**2. 曲线寻租激励**

内在动力其实还包含实施机构通过PPP的"曲线寻租"动机。这是一项对于实施机构而言的"变相"激励，也是有必要防范的政府PPP行为"偏差"。具体而言，一方面，这种变相激励表现为政府机构编制不缩减，通过PPP伙伴方形成一个庞大的编外"做事"团队；另一方面，这一激励更隐含着政府与伙伴之间做大PPP投资额的"合谋"行为。例如，在缺乏必要性、正当性、公共性等论证基础上，PPP合作协议中可能夹带着"私货"，包括可有可无的第三方检测、外部顾问等"市场化"企业配置，抑或有一定程度关联的供货商"供货"。如此一来，决策、实施、监督等本应由地方政府履职的行政事项，以及"可做可不做"或政府供给的效益明显高于市场的公共产品和服务供给事项也一并被纳入PPP，通过委托给PPP伙伴方"解决"了。

曲线寻租激励之所以存在，是因为在PPP伙伴关系达成之后，地方政府不仅可以"扩权"，还可以扮演"甩手掌柜"，甚至享受"裁判员"身份转变后的权力获得感。可见，已有研究揭示的准等级制、行政化等问题皆成为政府PPP曲线寻租的合理解释。在"好项目"面前，地方政府的行为存在很高的曲线寻租激励。而且，由于存在较高的行业技术壁垒，地方政府在竞标程序形式化、评估机制不规范等方面的问题很难被察觉，而这均隐含着PPP机制难以达到提高效率、提升品质等预期目标的潜在风险。与此同

---

① 发言笔录已交由发言者本人确认。

时，因地方政府相比上级政府具有更多的信息优势，因此往往存在委托代理失灵（Olson，2009；常亮等，2017），以及其相对于 PPP 伙伴具有资源分配的雇主优势等，这一曲线激励很可能使得 PPP 异化为政府寻租、利益输送、政企合谋等逆向激励行为的工具。

总体而言，曲线激励构成了 PPP 模式下政府部门权力维持甚至扩张的隐性手段，也可能构成财政预算外"大金库"的负面工具，进而存在公共价值失灵的副作用（蓝志勇等，2019；叶托，2014）。这一激励基于价值判断有必要予以关注和规避，但基于事实判断，进一步佐证了本书的研究观点，进而引发了下文将阐释的地方政府"过度攫取"行为这一意外结果。

## 三、地方政府 PPP 行为动因：不稳定预期下的过度攫取

地方政府 PPP 行为的前两个层次动机，基本符合各界预期。然而，超出预期的意外情况（unintended consequence）是：PPP 超大规模暗示地方政府过度攫取的 PPP 实践意愿。前文已述，启动了 PPP 实践的地方政府，仿佛习得了 PPP 实践的奥秘并获得"丰厚收益"，开始纷纷转而主动寻求 PPP 项目实施。于是，一个地方政府呈现 PPP 行为的规模效应，表现为**地方政府过度攫取 PPP 机制所带来发展资源的行为特征**。这是一项超出国家自上而下主导 PPP 的制度供给预期的行为结果。不仅如此，其他地方政府往往感到好奇，也着手模仿并学习 PPP 实践技能，经过一段时间的摸索和尝试，一般也能获得实践 PPP 的奥秘。上述的地方政府 PPP 行为逻辑证明了笔者前文已论证的"PPP 制度供给所圈定的资源池是一个公共池塘（common-pool resources）（埃莉诺·奥斯特罗姆，2012）"的观点。

笔者访谈的一位地级市国企董事长的描述非常形象，也进一步能证明这一行为逻辑：

"国家天女散花撒钱的时候，就好比老天下雨，对地方来说犹如久旱逢甘霖，我们得赶紧拿出碗接着，能接到多少看自己的本事，得看自己的碗有多大。现在 PPP 就是这个碗。"（访谈记录：20181201-C8-GT）

那么，地方政府为什么会从最初的被迫回应，到向其他地方看齐式地积极学习，转而呈现 PPP 过度攫取行为？通过扎根理论分析，本书判定原因是**地方政府对未来资源分配的高度不确定性恐慌，进而形成不稳定预期**。垄断供给制度使得地方只剩 PPP 这一种发展工具，这大幅提高了 PPP 制度运行的资源稀缺程度，而且 PPP 制度具有权变特征，许多窗口期"转瞬即逝"，使得 PPP 的"利好"政策高度不确定。尤其是，当地方政府实践 PPP 后，发现了这一领域仍是一片新的资源蓝海奥秘之后，加之不稳定预期，便

转而主动甚至过度攫取PPP。

一位地方官员的回应能够证明：

"我们是不想马上、快速、消耗式地发展，但其他地方都在发展，我们不发展就相当于落后。落后就要挨打，还要挨骂。"

"我们前几年的税收存入银行，都被银行拿去放贷，借给一线城市发展。我们再不去抢夺发展资源，那么就是'坐以待毙'，主动拉大贫富差距。"

"我们国家的交易成本很高，GDP数值里有很多成分都是消耗在中间环节。我算了一下大致是1∶7的关系，也就是说，只要我的财政收入和负债还没有达到1∶6的关系，我们就还有举债空间。用PPP也好，用其他方式也罢，我们就要继续扩张资源。"（访谈记录：20171225-B12-GT）

第二个问题自然而然浮现，在中央政府自上而下主导供给PPP制度的情境下，为何地方政府会有过度实践PPP的可能性？前文已述，这在于我国PPP制度的高度包容和模糊特征，赋予了地方政府PPP行为脱耦的"广阔"空间。新制度主义认为，组织在争取环境认可与组织效率之间（宋冯艳，2012），即"合法性"与"有效性"之间存在张力，导致组织的形式结构、正式规则与实质行为之间存在脱耦/选择性变通可能（Meyer et al.，1977；Dimaggio et al.，1983）。具体在PPP行为中体现为：对于同样的正式规则，组织内部操作者与外部行动者（包括资源提供者、监督者、产品接受者等）对其的理解可能大相径庭。前文已经描述的PPP制度权变特征，也符合学者们对我国作为转型期间政策情境变动不居的判断。

一位融资平台代表的描述可以印证脱耦行为的大量存在：

"国家要求推PPP之后，我们市长认为得抓住这个窗口期啊。当时的市政府会议火速批复了与PPP相关的各项文件，也迅速授权我们着手完成融资平台的'脱钩'和转型工作。我们（PPP伙伴）一下子成为PPP市场中有竞争力的投资人。不过，我们主要是服务于本地的发展。"

"市长把几个已经建成的公共设施项目打包成PPP，通过单一来源采购的方式委托给我们。我们就能拿着PPP协议向银行融资。银行信贷人员一看我们满足要求，马上也就给我们批复了贷款。那你说，这是国家想要的PPP吗？我们都符合程序和要求，但我们还是本地国企，人员也没变，唯一变的是，我们通过PPP包装为本市新增了41亿元贷款而已。"（访谈记录：20180708-B7-GT）

前述的某县县长在第四届中国PPP论坛上也描述了对于脱耦行为的无奈：

"一个施工许可证上两个名字，一本土地证两次来回。"

"在PPP包装阶段，因为大多数是公共产品、基础设施，我们就把项目土地划拨给了实施主体。公司成立后，一旦办理施工许可证就会遇到建设用地规划许可证、土地使用证不衔接的问题。银行是不管的，没有施工许可证的项目就不规范，我们也没有办法。像我们西城区学校的PPP项目，就是为了配合社会资本融资，想办法把施工许可证办到这个公司名下。我们找不出相关政策依据，只能借鉴参照外地经验，采取了特事特办的方法，在施工许可证上面加上施工主体和SPV公司的名字，等于施工许可证是两家共享的，这是我们的一项创新，其实也是无奈之举。"

"为此我们专门出了会议纪要，有些部门就有意见，会说上面规定施工许可证不是一家单位，你非要搞两家。我说你上面就写：县政府要求你必须这么做，出了问题我来负责。"（发言笔录：20191201-B16-GT）①

与此相类似，另一种脱耦行为则发生在地方政府与专家之间：

"来讲课的专家，第一位说这样做可以，第二位说这样做不可以。我听过一次PPP培训课程之后，决定再也不听课了，专家们分享的也都是基于各自经验的观点。加上PPP相关的金融政策瞬息万变，所以，我现在遇到问题，宁愿去问兄弟单位，或者自己解读政策去摸索。而且，很多问题的解决方法无法得到现有制度或政策的支持，只能创新做法。比如，我们遇到'土地证是否可以办理给企业'这一问题，内部存在争议，尤其是法制办明确要求必须谨慎。我们为了获得融资，又为了合法合规，只能邀请专家进行专项论证。最终的实施依据居然是专家意见书。"（访谈记录：20191229-B15-GT）

综上，**地方政府即便是知晓PPP脱耦行为的存在还依然实施PPP**。这也证明了本书做出的判断：**地方政府对于公共产品和服务供给资源获得的高度不确定性，促使地方政府过度攫取PPP带来的资源，进而呈现PPP超大规模这一宏观结果**。

笔者在与一位国有企业代表访谈时，他透露的一个县级市的申报情况非常典型，可以作为地方政府PPP过度攫取的有力证据：

"我们去到西部某省，他们在做PPP项目推介会。在会议期间，一位县长把我们拉过去，跟我们透露了他上报的PPP项目金额合计达到2000亿元，邀请我们到当地投资。然而，我们在事后的尽职调查中发现，当地的财政支出虽然达到了50亿元，但财政收入才20亿元。这是什么概念？如果2000亿元项目都投资落地，按照财政承受能力来计算的话，当地未来支付PPP项目的支出责任预计将达到1000年的时间！这简直就是不可能的事情。我们不敢投资。"（访谈记录：20160724-C3-GT）

而熟谙条块运作的地方政府，也深知PPP资源争抢的预期收益要大于预期惩罚。即使是超限申报，中央还是会出于希望地方发展的目的而"轻罚"（例如，仅仅是退库），所以可置信的惩罚威胁也非常微弱（不过国家也出现过对地方政府违规出具财政

---

① 发言笔录已交由发言者本人确认。

承诺函行为的"撤职"惩罚，但这一范畴超出了本书研究范围，暂不展开论述）。尤其是，有些城市如果有明文的配套发展规划批复的话，会进一步促使其超限申报。一位咨询机构代表对笔者透露：

> "有些城市在获得城市群规划之后，根据城市规划的故事排布基础设施投资PPP盘子，规模远大于当地财政支出。但他们敢于尝试，他们预期，增量速度足以覆盖当前财政缺口，发展是王道。"（访谈记录：20170820-D5-GT）

可见，不稳定预期是地方过度攫取PPP的起源，综合表现为低置信威胁与超限申报互相促进。而通过后文分析，笔者将揭示：**PPP制度供给圈定的资源之所以会成为公共池塘和资源蓝海，正是国企被允许成为PPP伙伴，对PPP机制赋能的结果**。综上，国家对PPP的治理二元性通过三种作用力内化于地方政府，进而体现在PPP伙伴关系达成的动机与结果中，这构成本书扎根结果三的核心任务。

## 第四节 结果分析三：地方政府的PPP伙伴选择动机是什么？

通过前文分析发现，地方政府主动乃至过度攫取PPP，最终导致PPP超大规模是PPP实践的极端情境，也是中央政府PPP制度供给的意外结果（unintended consequence）。国家希望通过PPP工具既消解地方债，又给予地方政府供给增量公共产品和服务的新渠道。PPP一定程度上成为了接力"融资平台"的新激励工具，虽然一开始的PPP知识学习成本相比以往要更高，但一旦掌握了这一工具之后，地方政府就表现出主动地、积极地、甚至过度实施PPP，造成了政策执行的"脱耦""创新"等意外结果，也许其中部分表现正是中央政府制度模糊、鼓励创新的"合意"结果。PPP数年的实践过程是我国国家治理困境的缩影，表现出中央的统一要求越强、激励措施越强，地方的变通就越大、目标的偏离度就越大的状况（周飞舟，2019）。

笔者进一步探索发现，两类伙伴都需要的PPP二元结构正是PPP超大规模的核心原因。这一核心原因源自治理二元性的内化，成为中观组织和微观个体的选择动机。具言之，在宏观PPP制度背景给予地方创新实践的窗口期，国家又将市场主体资格范围放大至最大限度，为地方政府PPP伙伴选择提供最多的可能性来发挥PPP最大功能效用。反事实地设想，如果国家在PPP启动之初不允许国企参与PPP，并界定简明的PPP操作程序规则，那么，PPP超大规模也许不会形成。如果国家没有允许国企参与PPP，也许不会呈现前文已述的全国性的PPP制度设计与供给。可见，宏观PPP制度背景是当前实践结果的必要条件。

综上,地方政府在财政扩权和行政外包激励之下,在伙伴选择上既有很大的自主权,又内化了国家治理二元性的选择动机。于是,本书研究的核心问题"我国的 PPP 伙伴关系何以达成?"的答案逐渐清晰:**地方政府受到伙伴选择多样性的激发,既需要国企也需要民企共同为 PPP 实践的内在动力赋能,形成能力互补选择动机;而地方政府的不稳定预期促使其选择"自己人"作为伙伴共同攫取 PPP 资源,形成价值协同选择动机。**下文将详细阐释这一核心问题答案揭示的过程。

## 一、伙伴类型概念化: 从公私伙伴关系到公公伙伴关系

基于与各类专家的深度访谈以及与 PPP 咨询公司的焦点小组访谈,笔者从获得的六类资料中,归纳出两个伙伴类型在 PPP 各个阶段的行为特征,并以普通的合同外包、公私伙伴关系(民企 PPP)、公公伙伴关系(国企 PPP)三种协作机制为纵轴,以竞标期、融资期、建设期、运营期和移交期五个阶段为横轴,形成 PPP 伙伴关系的行为对比,如图 5.13 所示。

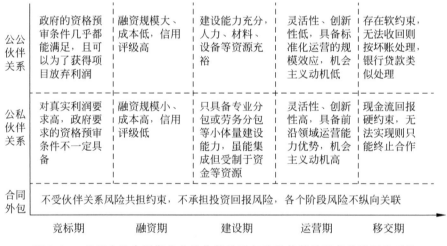

图 5.13　基于全生命周期的公公伙伴关系与公私伙伴关系各阶段行为对比

在图 5.13 所示的 PPP 全生命周期各个阶段中,两个伙伴类型在竞标期后的各阶段行为差异是地方政府在竞标期作出伙伴选择时的先验知识。竞标期则是决定选择国企还是民企,即 PPP 伙伴关系达成的关键时期,这一阶段又分为资格预审、评选、候选人合同谈判与签约三个步骤。

**(1) 资格预审阶段。**我国现阶段政策通常要求先进行资格预审,也是 PPP 伙伴选择的预选阶段。这一环节的伙伴条件,例如总资产、融资能力、建设能力、运营经验等,已经初步显现政府的选择动机。例如,当资格预审条件中要求参与竞争的 PPP 伙伴净

资产达 1 亿元以上时,符合条件的通常是国企,大部分民企无法达到这一条件。而且,政府对融资能力要求的变化,民企通常会更敏感。

**(2) 评选阶段。**曾参与伙伴评选过程的专家告诉笔者,评选的焦点是仔细判断企业事后是否会"一拍不合"就谈退出。尤其是地方政府对于民企事后机会主义行为风险的防范动机会降低对民企的选择概率,转而选择国企。确实,改革开放几十年中,个别民企的暴利、提前退出、争议追索等负面消息,使得地方政府在同等条件下,更倾向于选择国企。一位地方官员这么表达:

"我知道选国企确实将来可能效率低下,但至少眼前踏实啊,而且我也想选民企啊,可民企的表现让我没有理由选择它。"(访谈记录:20180708-B7-GT)

其实,国企也并不是无退出风险,只是在面对未来的长期战略协作关系中,地方政府仍旧认为国企的行为更加可控,而且认为国企对于争议问题的处理方式预期也会和地方政府更为接近。

**(3) 谈判签约阶段。**地方政府与民企的谈判要比与国企时间长很多,而且最终形成的成文合同的文字量也会多很多,甚至还有谈判破裂最终无法签约的情况。相比民企,即使陷入谈判僵局,国企也可以等,但民企因生存压力无法长时间拖延。

### (一) 基于现实归纳的公公伙伴关系特征

公公伙伴关系在现实中有多种表现形式,根据所有制身份和地缘及层级关系等,分为两类四种:央企 PPP 和地方国企 PPP,前者又分成央企总部 PPP 和央企所属子公司(注册在不同地方)PPP,后者又分成本地国企 PPP 和外地国企 PPP。

央企一直是我国基础设施各个行业领域中建筑工程施工承包市场的重要组成部分,具有建设施工的竞争优势,往往建成的基础设施也具有高资产专用性。而且,历史上地方政府因无力支付建设工程款,曾与央企为代表的工程公司形成"垫资承包"模式(即业界所称"BT"模式)且愈演愈烈,直到 2012 年中央政府发文禁止"垫资承包"模式才作罢。由此可见,以央企为代表的工程公司,不仅在基础设施建设的历史上发挥过不可忽视的作用,而且也与地方政府形成了深深的互嵌关系。因此,央企 PPP 其实是历史路径依赖的体现,短期内地方城镇化持续建设仍旧依赖央企,而央企短期内无法快速转型,更无法立即遣散业已形成的庞大人力团队。央企转型成为 PPP 投资人,不仅能为地方政府赋能,还能继续做大做强自身,"让央企走出国门前做足功课"(访谈记录:20190220-C1-GT)。上述历史积累优势也成为央企中选 PPP 伙伴的核心竞争力。而且,央企相比地方国企有更多的独立性,其在 PPP 项目中的运作规则也更接近市场规则。不过,央企在金融市场上的融资能力与地方国企不分伯仲。一位地方国企 PPP 投资负责人说:

"央企能拿到下浮20%的资金成本，我们同样也能。而且，我们背靠的政府信用相比央企更加实在，有些商业银行甚至更愿意与我们合作。"（访谈记录：20181201-D3-GT）

地方国企，尤其是本地国企PPP最具争议。2014年国家财政部发布的财金[2014]113号文明令禁止本地国企参与本级PPP项目，2020年4月山东省发布政策再一次禁止了省内各地国企参与本级的PPP项目（山东省是我国PPP项目实践最多的省份之一）。焦点的根源在于参与PPP的本地国企往往脱胎于融资平台，被批评者认为这样的PPP与融资平台简直就是"换汤不换药。"（访谈记录：20190220-C1-GT）本地国企PPP既是路径依赖也有使央地利益平衡的作用。事实上，本地国企PPP更像科层机制，听从于地方政府的指令，因此也仍是历史"父爱主义"的延续。本地国企希冀常态划拨业务的方式。不过，即便如此，本地国企将依旧长存，原因在于其所承担的业务均为城市的核心竞争力，地方政府交给本地国企"更放心"。

总之，即便央企和地方国企PPP存在些许程度或表现上的差异，但本质上，它们都隶属于各级国资委，国资委掌控着国企们的核心战略，如组织目标、重大投资决策和关键人事安排等，而且国企高管和政府官员职位之间还存在相互调用的嵌入关系（杨淑琴，2018）。因此，**公公伙伴关系属于政府与国企两类公共组织之间的契约协作**，既有公私伙伴关系的科层与市场混合生产特征，又有传统垄断因素。因此，公公伙伴关系既不是传统国企的政策性负担，也不是非营利性组织的志愿驱动，更不是民企的利润硬约束，它是三种特征的综合体，最显著的差别在于它是大型利益集团之间的竞争。公公伙伴关系与国企的若干传统协作对比辨析如下。

**首先，与国企参与纯公共物品领域不同，公公伙伴关系更具竞争性。**在纯公共物品领域，政府需要依靠纯粹的"行政之手"，强制性要求国企承担使命性任务，例如，央企驻扎三沙群岛的建设、国企在边境国防的设施维护等。在这些项目中，国企是"使命驱动"，不求政策性负担产生利润回报，也会获得国家给予的相应补贴。相比之下，公公伙伴关系中的国企表现出一定的"利润驱动"约束。国企只有通过了集团总部投资决策评审且指标达到集团战略要求的条件下，才能报名竞标PPP项目。因此，公公伙伴关系内部及外部与公私伙伴关系之间均形成竞争。例如，在北京市新机场线轨道交通、兴延高速公路等PPP项目中（何佳艳，2017），笔者在现场观察到了央企之间的激烈竞争程度。换言之，公公伙伴关系是依托竞争达成的市场机制。

**其次，与本地国企的被保护主义不同，公公伙伴关系更强调契约关系。**地方政府与本地国企的关系虽然被要求改革，但不得不承认地方保护之下的"父爱关系"依然存在。国企PPP以长期战略契约做连接，而且如果是地方国企，则需要发布公告明确与本地政府债务脱钩的关系和已经建立现代化企业制度的承诺，这一系列举措都要求国企

PPP更加市场化,实现"政企分离"。不仅如此,许多央企PPP项目的中标主体实则央企下属子公司,而且这家公司的PPP项目大部分落地在其注册地。例如,中建三局注册地为湖北省武汉市,其PPP项目主要集中在湖北省境内。通过笔者爬取的项目库数据统计,央企下属子公司中标的PPP项目数量最多。如此一来,本地国企PPP因相互监督和竞争而更加市场化,这也有助于破除地方保护主义的垄断并打破利益链条。但需要指出的是,国企PPP,尤其是本地国企PPP的市场化契约机制有退回科层机制的潜在隐患。

**最后,与国企被招商引资不同,公公伙伴关系也呈现出准等级制。**随着城镇化进程的日渐深入,城镇化所衍生的公共产品和服务市场化供给机会日益稀缺。以往,贫穷地区需要通过"招商引资"引进大型企业,希冀引进具有"要素市场垄断优势"的国企带来资源的净流入(刘瑞明,2011)。然而PPP市场并不是这样,一方面是前文已述的城镇化资源日益稀缺,另一方面更为重要的是PPP机制带来的一次性大规模资源授权机会,这是一项珍贵的资源,导致国企为了获得它而"挤破了脑袋",很多企业需要通过低价才能获得市场,例如,中铁建零单价中标东营PPP项目。因此,地方政府在PPP中处于买方地位,但也要提及国企通过低价竞争共同挤出民企,又形成卡特尔推高基础设施和公共服务价格的潜在隐患(廖艳嫔,2015)。

### (二) 我国情境中的公私伙伴关系特征

公私伙伴关系在我国呈现**准等级**特征(李晨行等,2019)。已有研究对我国民营经济有大量探讨,基本形成待遇不公、平均寿命短、灵活性有余、规范性不足等结论共识(如:朱恒鹏,2004)。在西方情境下,政府存在与民企合作的内在动机,通过民企发挥作为非政府部门的灵活优势,并积极吸纳民间闲散资金且提高供给效能。然而,公私伙伴关系在我国环境下的实施存在难处,其关系达成的交易成本比公公伙伴关系要高,主要有两个方面的原因。

**第一,中国情境下的民企综合能力整体不强。**尤其在公共产品和服务供给领域,许多民企的综合实力普遍不如国企。因此我国民企能力有限,PPP需要公公伙伴关系的赋能,否则无法满足地方政府的能力互补需求。而且市场条件的不成熟,也暗示民企的获胜方式无法完全依靠实力,分散了过多精力,这又反过来使得民企陷入综合实力不强的恶性循环,形成"柠檬市场"。

**第二,中国情境下的民企获取信任的交易成本更高。**笔者通过"滚雪球"的方式有幸获得对湖北鄂州PPP项目的调研机会,当地民企PPP项目数量虽然与国企持平,但金额悬殊。笔者访谈的其中一位民企高管的观点可以佐证:"实力确实重要,但更重要的是,民企要获得政府的信任,通常要付出比国企更多的努力才行。"(访谈记录:20181003-D9-GT)双方需要经过更为漫长的过程、有更大的决心和更为明确的契约条款来建立可置信承诺(credible commitment)。而且在这一过程中,双方顾虑相似,民企通常担心政府不兑现承诺,政府则担心民企套利又卸责的机会主义行为。即便双方建立了初步信任,也仍需要书面形式"白纸黑字"地记录下来,民企通常希望将利益分配等有关承诺"明示"以提高确定性,可地方政府既不那么关心远期尤其是任期之外的事务,也出于宏观制度对民企合作监管高惩罚的顾虑,通常不愿意在书面协议中"明示",而倾向于"一事一议"的再谈判方式。上述民企高管诉苦道:"政府的很多做法我们无法适应,我们希望在合同中明确退出方式,但政府并不愿意将这些条款写入合同。而且政府不出具财政承诺函,我们很怕政府毁约,政府毁约几乎零成本。"(访谈记录:20181003-D9-GT)

因此,民企在我国情境下通常行为更激进。因为民企认为已经建立起的市场口碑是临时性的,其产权有随时消散的可能。出于这一恐慌,民企往往比国企更快速地扩张市场,具体表现为第三章已描述的公私伙伴关系呈"哑铃形"竞争格局,项目往往集中在少数几家企业中,例如太平洋建设、东方园林、龙元建设、华夏幸福等①。前文已述,其中最为极端的案例便是东方园林,虽然在前期获取PPP项目的业绩上表现优异,也对其二级市场股价的表现有积极影响,然而,由于扩张速度太快,同时PPP项目现金回流速度没有达到预期,致使民企的资金链断裂,无法持续经营,这成为其他民企参与PPP的"前车之鉴"。

## 二、选择动机概念化：价值协同与能力互补

### (一)发现超越效率导向的选择动机

PPP作为长期契约式投资的伙伴关系,其机制设计特征使得伙伴关系达成的动机有别于一般协作机制。以往的外包合同期限主要在3～5年时间,而PPP则要求双方构建至少10年以上的合同关系(第三章已描述最常见合作期限为10年、15年、30年)。这使得PPP伙伴关系自达成到期满的过程势必要跨越多个官员的执政周期。

"一个人能有几个30年?一个PPP项目合约一签就签30年,相当于我签的合同要交给我的儿子、孙子去执行,以后的事情谁都无法预测。"(访谈记录:20170710-B8-GT)

PPP跨越单人行政周期的代际式合同特征,不仅对中国行政管理体系带来挑战,需

---

① 笔者通过爬取数据后统计分析得到。

要调整相应的绩效、问责、程序、政策等制度，也对地方政府 PPP 伙伴选择动机产生影响。

有学者称"PPP 是一场婚姻，而不是婚礼"[①]，且被 PPP 各界人士广泛引用。但笔者认为，理论概念上更对称的比喻是"PPP 是婚姻，不是恋爱"。相比短期伴侣，长期伴侣的选择动机有着很大的不同（田芊，2012）。短期伴侣可能因为外形等表面因素吸引，而长期伴侣则更需要匹配性格等长期因素（张国平，2012）。相似地，在短期的合同外包中地方政府也许主要是基于短期利益、提高效率等工具理性动机选择伙伴。然而在 PPP 伙伴选择中，地方政府需要选择长期伙伴，因此选择动机会体现出长效作用。

以往 PPP 通常被视作地方公共物品供给的补充机制，因此通常会将一个地区的 PPP 项目树立为效率的"标杆"。然而，在我国自上而下主导推动 PPP 的情境中，国家治理二元性动机通过制度高压作用于地方，也激发出了地方政府 PPP 实践的极大热情，并出现了当前 PPP 超大规模的"极端情境"。那么，当 PPP 日渐成为地方公共物品供给的主要机制时，即便地方政府选择伙伴仍旧有出于短期利益和效率导向的工具理性动机，此时价值理性层面的选择动机也必然会逐渐凸显。因此，本书在我国近年 PPP 实践的情境中，得以观察到了超越工具理性选择动机的另一项选择动机——价值理性。基于对现实的扎根理论，它表现为四个方面，即身份认同、目标一致、机会主义行为可控和剩余收益可共享。

**1. 身份证同**

即双方身份的相互认同（identity）。显然，国企的所有制"身份"有助于构建一层与地方政府之间的天然"信任"关系。笔者曾访谈的一位央企中层领导的观点可佐证："同为党国的机构，地方政府是国家的衙门，我们央企也同样是国家的衙门。"（访谈记录：20191220-C5-GT）这层天然信任至关重要。对陌生人来讲，交易往往是"一手交钱、一手交货"的即时性和一次性（刘益，2008），而对有关系存量的交易者来讲，交换或互惠常常是长期的、关联的（李晨行等，2019）。交换之间往往互为条件，对外封闭，交易链条随之延长，这被称为人格化交易（personalized transaction），或者关联契约（Braverman et al.，1982）。比如，国企参与的 PPP 项目合同往往更加单薄，部分条款虽意指某一合作，但实际上指向合同之外的另一项合作事项，具有隐蔽性。笔者就这一现象对国有企业代表进行访谈，其中一位的表述很有代表性：

"政府的事情不能约定得太死，因为有太多突发状况需要应对。很多事情只能意会，无法明示，这是民企很难体会的治理之道。因为未来变化太快，我们得给后来人留

---

[①] 王守清. 为什么 PPP 是一场婚姻，不是一场婚礼？（更新版）[2017-09-02]. http://www.pmreview.com.cn/public/index.php/Home/zlzz/zlzz2/id/5996/cate_id/9.html.

下充分商讨的空间,很多事情眼前无法估量。"(访谈记录:20191220-C5-GT)

可见,若只看合同条款就事论事,以为是政府对 PPP 伙伴的考核和检查验收严重"软化",但事实并非如此,其实是双方的交易链条延长了,换言之,是合同的弹性更大了。相比之下,地方政府对民企的所有制"身份"本身便存在"顾虑":一方面是主动的顾虑,尤其是顾虑其"利润驱动"生存压力下的 PPP 协作卸责行为;另一方面还有被动的顾虑,受到国有资产流失质疑、营商环境"清""亲"要求等外部惩罚机制的约束,形成"不敢"与民企合作的顾虑。因此,身份的不认同降低了民企的选择动机。

**2. 目标一致**

即双方的战略目标一致(goal alignment)。国企与政府的战略目标始终是高度一致的,至少是接近的,这有助于彼此信任。例如,各级国资委给所辖国企下达的任务指标通常与国家宏观目标相一致,而各级政府的发展目标也通常与宏观目标相吻合,因为双方都来自同一个行政系统。实际上,目标一致是共享知识的体现,目标越一致,双方对于同样信息的解读,即赋予的意义也会愈加趋同。双方由于掌握足够的"默会知识"(郁振华,2001),更容易掌握相互的"弦外之音"。例如,国企虽然出于签约额、资产负债率、施工利润率和投资回报率等目标实施 PPP,但在具体实施的团队层面,其实和地方政府的实施团队之间有着相同的激励偏差机制,即"目标是应付上级检查"的,而 PPP 伙伴关系达成的实实在在收益均是晋升、交差或"实现"个体利益。笔者访谈的一位学者观点可佐证:

"国企代理人更多是根据项目的书面信息在做'账面利润',而不是'实际利润',这里存在国企组织目标的委托代理失灵。而这却与政府代理人在价值上更'协同',双方委托代理都存在一定的失灵。双方代理人的激励函数都是在任期内完成目标,向上级发出'政绩/业绩'信号,获得职位的存续或晋升回报。"(访谈记录:20181201-D1-GT)

因此,政府与国企的合作,虽然二者也都有项目投资回报风险的约束(例如,硬化国企利润考核约束是近年改革重点),但代理人更多是以任务驱动、结果约束及个体或部门收益为导向。利润考核和财务收益只不过是一个事前的形式目标约束。一位多年参与 PPP 咨询的专家认为:

"国企虽然也已建立了严格的利润考核制度,但毕竟由于其承担的政策负担性任务,使得政府仍旧持续对其进行软约束。比如,地方政府可以为本地国企申请债券发放,用于置换国企债务,而且银行也能为亏损的国企建立坏账制度。因此,国企的利润约束有软性预期,因为存在国家的隐性补贴机制。"(访谈记录:20170710-D4-GT)

相比之下,民企的激励机制是利润导向,民企的社会责任也是建立在利润为正和拥有净现金流的前提之下。比如,政府和国企就 PPP 协议中不影响当期直接利益的收益共享、风险共担等约定，会特意让协议条款"敞口"更多，留待未来"一事一议"，可以规避当期责任或作为未来寻租的手段。相比之下，由于民企身份在中国情境下历来的弱势，为了获得合作关系，民企更有可能通过包装事前的共同目标来争取获得的项目合作机会。而通常情况下，地方政府知晓与民企这一潜在的目标冲突，在其他因素保持不变的情况下，会因此降低选择动机。

**3. 机会主义行为可控**

即双方事前知晓机会主义行为是可控的（opportunistic behavior controllable）。这一方面会减少双方对投机行为的顾虑，另一方面也不再需要投入过多成本去设置防线，进而提高选择动机。

一位光大国际高管认为："契约精神和妥协精神是 PPP 伙伴关系中的重要因素，PPP 中的合作精神就是权力与资本的握手言'合'、彼此信任、相敬如宾。"他提出的"建立 PPP 模式＝伙伴选择＋原则建立＋机制设计"[①]也印证了本书观点的重要性和现实性。

周雪光（2003）指出，机会主义行为风险是组织订立合约之后，事后垄断引发的双方行为变化可能性。当地方政府偏好更加稳健时，会选择更加稳健的伙伴。例如，当出现突发事件时，偏好稳健的伙伴会选择先通报、协商，然后再行动的原则；而偏好创新的伙伴之间，则可能允许彼此一定的突发事件应对及灵活处理空间。而且，双方知晓事后机会主义行为风险可控，还意味着双方共享更为丰富、及时、准确以及只有双方能预判的未来信息。相比之下，趋利动机会导致民企的高机会主义行为风险，在特殊情况下仍会因为利润考虑而行事，但存在损害公共利益的行为风险。因此，政府与民企之间往往处于低信任状态，双方之间的信任需要通过付出制度化的成本来保障。具体而言，政府仍是怕"惹麻烦"或被质疑，民企往往出于对政府可能拖欠付费、违约占用项目等行为的担忧，而要求地方政府给予更多的投资保障承诺，这抬高了事前谈判成本和事后监管成本。上述因素均促使地方政府出于多一事不如少一事的考虑，不敢选择民企。而且，民企与政府存在较大文化差异，民企由于不掌握足够的默会知识，通常较难窥测地方政府的"弦外之音"，破解正式或表面规则之下的"密码"。因此，彼此之间机会主义行为可能是影响事前伙伴选择的一个核心顾虑，尤其是民企更有可能在项目遇到问题时，会因为项目财务恶化等利益受损原因，而提出终止协议，却不顾项目的公共属性。

**4. 剩余收益可共享**

即双方事前知晓剩余收益可以共享（residual income shareable）。剩余收益是指组

---

① 第五届海峡两岸温泉产业论坛在济南成功举办.参考消息官方网站。

织在一定的经营期限内获得的总收益与支付的总成本之间的差额，也就是组织的净收益（Grossman et al.，1986）。PPP项目对应的剩余收益不仅有经济利润，还有公共价值。伙伴关系达成后成立的PPP项目公司可以按照经济组织的规则，直接分配利润，而PPP项目所建成的公共产品及提供的服务则能产生公共价值，但公共价值并不能直接分配，组织成员只能以间接方式分享这一项剩余。因此，地方政府通常更愿意在事前就选择将来愿意或者更容易构建剩余收益共享机制的市场主体，而国企通常更容易共享，因为双方都是公共组织。而且，国企的共享机制还能通过行政手段干预来保证其切实履行这一承诺。相比之下，即便政府与民企之间订立了书面协议，民企仍是以利润为生存导向，且以市场机制指导行为，显然民企的剩余收益更不容易共享。而且民企作为私有产权的集合体，政府在与其构建PPP伙伴关系之后，伙伴关系存续的时间越长，民企专业化积累导致的信息不对称程度越高。这不仅会使政府事后逐渐丧失对剩余控制权的持有力度，也会影响政府事前的选择动机。一位地方官员的观点可以佐证：

"像兰州威立雅污水事件，个别民企停水等负面新闻，都让我们对选择民企多一层顾虑。我们就怕最后他们不仅挣了钱，还不好好合作，而且城市的重要设施都在他们手上，我们也被动。我们宁愿自己培养融资平台、城投公司，这才是自己的'亲儿子'。"（访谈记录：20181201-B13-GT）

另一方面，如前文所述，我国私有产权的弱势性，使得民企对于法制层面的产权保护需求更高，而PPP项目投资保障和前景并不明朗，并且地方政府往往拥有较大自由裁量权，这都使得民企通常要求签订更加正式的合同。一位民企董事长说：

"地方政府觉得我们不可信，我们觉得最没保障的就是投资政府的项目，他们说不合作，就能找到理由终止关系，有时候还会用行政指令来干预。你看福建泉州的刺桐大桥，就是一个典型教训。而且，政府还经常拖欠款项，我们的好多成本都是刚性兑付的。我们自然是很想参与公共领域的投资，但我们通常要求合同体系非常清晰才放心。"（访谈记录：20190502-C8-GT）

因此，在我国情境下，剩余控制权的分配成为公私伙伴关系达成的重要顾虑。双方要想达成伙伴关系，需要付出更多的代价，比如，更多的正式制度、频繁沟通、嵌入关系等。

本书认为上述四个方面的选择动机，均为超越效率导向的选择动机。对这一选择动机的作用机制可以从两个方面来理解。一是基于PPP的合同履约属性。合约订立的特征在于订立前政府与企业为市场关系，而订立后为稳定的垄断关系（周雪光，2003）。在信息不对称和不完全合约的社会中，权力滥用无处不在，当合约不完全或实施成本昂贵时，交易效果取决于双方的道德水准和心理品性（Bowles，1998）。一定程度上体现出嵌入性对关系合同的作用(刘世定,1999)。因此,在 PPP 伙伴选择时,政府出于提高 PPP 合同长效交易效果的动机,表现出对公公伙伴关系的选择倾向。二是基于 PPP 的组织协作属性。组织出于降低不确定性的动机,展现出自我归类动机(Hogg,2000)。换言之,政府倾向于选择公公伙伴关系,有时候是出于对自我身份更加接近的归类动机,这隶属于组织行为学的社会身份理论。由此,本书解答了第二章文献综述提出的研究设想:**揭示我国情境下,地方政府被制度化和被激发出的二元性动机。这构成本书的核心理论贡献。**而且,通过扎根现实发现,这一框架也具有微观基础:地方政府对于国企的身份认同,双方的低制度化默契,微观代理人之间的目标一致(即便是委托代理失灵导致微观代理人有自身利益动机的情况下也成立)。组织的团体或个体层面虽也呈现利益动机,但恰恰是个体利益动机的存在,保证上述四个方面的组织动机有效。

这四个方面的动机主要是观念层面的因素,且主要作用于地方政府对 PPP 伙伴所有制身份差异做出的选择。究其本质,这四方面动机均源自政府对国企公共属性本质的认同,国企脱去利润外衣后的内核仍旧是公共组织,而民企则是利润导向,以获得利润才能生存为硬约束。这四方面动机与"效率导向"共同决定着政府组织的选择行为,表现为地方政府与国企价值更加协同,而与民企价值相对不那么协同,且体现在具体的选择结果中。笔者将这四个方面归纳并概念化(conceptualization)为价值协同(value synergy)选择动机。"价值协同"一词源自系统工程中标准化组织之间的协作动机及其意义的阐释,本书将其引申到政府和企业这两个异质性组织之间的特定协作关系中,具有一定的创新性和可行性。

那么,一个自然产生的疑问是:地方政府即便有选择意向,又如何能保证一定选择到意向企业呢? 实际上,按照前文的扎根故事线阐述,本书已经揭示了,"我国的"情境下是这一作用得以成立的前提。因为强政府的、人情社会的情境中,地方政府选择"自己人"的程序是可接受的。具言之,地方政府 PPP 伙伴选择有较大自主性。实际上,一个项目通常在招标前,就已经基本确定了中标者。在招标项目公告中,对项目的要求往往就有"萝卜"倾向,反映的是内定中标者的长期默契且评审标准的大部分指标要求定位准确。不过,由于整个 PPP 伙伴关系达成流程涉及许多部门和团队,因此,倾向性选择反而是多部门无形中形成的价值协同共识共同作用的结果。本书基于现实归纳形成的价值协同理论概念如图 5.14 所示。

## (二)发现两类能力互补的选择动机

前文已述,基于资源基础理论发展形成的能力互补动机本身便已包含解释经济效

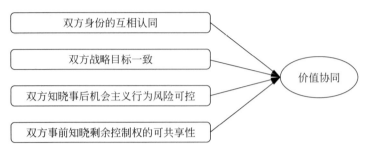

图 5.14　基于扎根理论形成的价值协同理论概念

率和权力共同作用的利益因素。在传统的公私伙伴关系中,政府对私人部门的资源依赖也是组织间权力分配的体现。然而,我国的民企却不像理论上的私人部门那般有能力。换言之,西方情境中能完全发挥效用的公私伙伴关系,却无法完全解释我国的 PPP实践现象;我国情境中公私伙伴关系无法完全发挥效用,而公公伙伴关系能弥补这一效用缺憾。然而,传统的关于效率导向的"能力互补"选择动机在面对政府要选择两个PPP 伙伴类型时,显得解释力不足。

本书希冀基于现实,将政府基于公共产品和服务供给能力需求做进一步可操作的概念化。按照 PPP 项目的全生命周期阶段划分(林伟鑫,2009),本书将 PPP 伙伴应具备的能力称为纵向能力,包含融资、建设、运营和集成四个方面,前三者对应 PPP 三个核心阶段的任务,例如,BOT 是前三者能力的典型代表,也是我国目前 PPP 最主要的模式。

集成能力则需要引起足够重视,我国 PPP 著名学者王守清强调了其重要性:"因为PPP 投资者是自己出钱又借钱,而企业借钱肯定比政府借钱贵,所以必须通过规划和设计的优化,考虑全产业的集成优化去提高效率。如果不能实现集成优化,也就很难提高效率。"[1]

他同时也表达了对集成能力欠缺的担忧:"我们很多地方政府官员的思路还没有转变过来,还是用传统模式主导 PPP 规划和设计,把投资者可能的创新和优化机会都扼杀了;当然,我们的企业即使是央企,也不具备全产业链集成优化能力,但通过 PPP可以倒逼他们改进、转型升级和提高竞争力;PPP 的确还存在很多症结,但导向和激励很重要,如果我们不理解 PPP 的核心内涵,仍按照过去传统的思维做 PPP,是很难成功的。"[2]

虽然我国现阶段尚未形成明确的 PPP 伙伴选择标准,地方政府有较大的选择自主性,但外部监管机制和事后惩罚机制都对伙伴选择行为有一定的约束作用。地方政府

---

① 王守清. PPP 城镇化与可持续发展. 清华 PPP 研究中心微信公众号[2017-06-08]。
② 王守清. PPP 城镇化与可持续发展. 清华 PPP 研究中心微信公众号[2017-06-08]。

若固守教条则会寸步难行,需要灵活配置选择权:一方面,地方政府需要回应政策规则和上级压力,以求政治合法性,规避政治风险;另一方面,地方政府也会利用上级政策的缝隙,在操作过程中,进行策略性的渐进调适(Zhou et al.,2013)。尤其是对"上边千条线"的县市政府而言(常伟,2003),考核与任务压力重、可调动资源少,如果机械地按照上级的要求履行标准程序(比如公开招投标),势必难以应对多元且不确定的需求。可见,地方政府的能力互补需求也是利益相关者平衡的结果(周黎安,2008)。而且,现阶段对于PPP伙伴纵向能力的要求,并没有引起足够重视,像第三章所展示的统计结果那样,许多企业其实是由施工单位转型而来的,所以运营和集成能力非常欠缺。当然,这也和政府代理人短视行为[①]与政府长期目标之间存在张力有很大关系。这里的委托代理通常失灵,有必要加强外部的过程监管,不过也要承认运营和集成能力相对的考核难度。笔者访谈的一位地方官员观点可以佐证:

"在实际选择过程中,政府很难在合同订立之前完全知道企业的能力。通常情况下,大部分政府只能观察到企业是否具备融资和建设能力,而无法关注或忽略企业的运营能力。不过话说回来,我国目前也普遍缺乏合格的公共服务运营能力的伙伴与市场。"(访谈记录:20180708-B7-GT)

**1. 资源能力互补**

资源型能力互补指公共产品和服务所需的融资和建设能力互补需求。其中,融资能力是货币资源的需求,建设能力是劳动力、材料、设备和技术等资源的需求。

自改革开放以来央企为我国贡献了一个又一个超级工程[②],积累了"国之重器"重大工程管理理论与能力(盛昭瀚等,2019;乐云等,2019;路风,2019)。这些事实佐证了国企在建设管理和技术方面处于世界先进水平,国企的建设能力整体高于民企。但国企相比民企更具优势的是融资能力,金融市场的所有制歧视和国企历史积累的巨额资产规模是这一能力的真正来源。

一份企业融资分析报告能佐证:"2019年1月1日至2020年4月21日,国企发行公司债约3万亿元,民企新发行公司债权仅0.2万亿元,前者为后者的13倍左右。而债券发行人的最新主体评级分布显示,国企AAA主体占38%,民企仅有27%。国企AA-及以下仅有2%,而民企高达20%。2019年民企新增违约债券规模是国企的3倍,如此巨大的差距绝非经营效率所能解释,更多的原因也许是来自国企背后的隐性刚兑

---

①　政府代理人既指个体(地方官员),也指组织(实施机构),而且短视行为也包含多个层次。例如官员出于自身任期或晋升的考虑,实施机构则出于上级考核压力,比如2019年许多地方为迎接新中国成立70周年而赶工,则会更倾向于短期融资和建设能力。

②　《辉煌中国》超级工程背后的央企力量:中国技术解决世界难题.澎湃新闻。

预期所带来的不对称的融资环境。"[1]

一位国企PPP负责人的观点也可佐证："银行能向我们发放最低成本的贷款，只要资金用途是用于地方基础设施建设，比如下浮20%的资金成本，很多民企反而只能拿到上浮25%的资金。"（访谈记录：20191231-C10-GT）

而我国民企无法获得上述条件。国家发展改革委组织的民营企业家座谈会上的观点可以佐证："民企组织虽然数量众多，但平均生命力不长。而且，融资难、融资贵问题仍然是民企发展跨不过的'高山'，75%的企业家在发改委组织的问卷调研中表示'融资成本对当前民企发展的压力最大'。"[2]

### 2. 效率能力互补

效率型能力互补指公共产品和服务供给所需的资源之外的能力需求，主要是与运营服务更个性化、更精细化需求以及对多方资源灵活集成的能力互补需求。

运营和集成能力均要求市场主体具有很高的能动性，如养老服务需要针对老人不同的需求提供个性化的服务。虽然国企在施工方面的军事化的集成能力表现拥有巨大优势，但对于更多及时回应公众需求和主动联络与发现资源的集成能力却相对较弱，相比之下民企这方面表现更优。民企的组织生态与国企有很大不同，前者是数量庞大、资产轻量且相互竞争生存，而后者则是数量不多、资产庞大但生存压力很小。

综上，本书从现实中归纳形成了适用我国情境的"能力互补"概念，弥补了以往研究中没有强调纵向能力的空白。本书认为能力互补概念具有二元属性，分别形成资源型能力互补动机选国企、效率型能力互补动机选民企的理论解释。部分专家形容国企为"过桥融资""借钱还债""大兴土木"功能、形容民企为"精打细算""创新驱动""个性服务"功能的观点[3]，也是本书研究的佐证。综上，从现实中归纳形成的两类能力互补动机及两类伙伴匹配作用如表5.8所示。

表5.8 公公伙伴关系和公私伙伴关系对政府能力的互补功能比较

| 伙伴类型 | 资源型能力互补 | | 效率型能力互补 | |
| --- | --- | --- | --- | --- |
| | 融资 | 建设 | 运营 | 集成 |
| 国企 | 行政单位背书，公信力较强，有融资优势 | 有总承包优势，有超级工程施工经验 | 军事化运营，低市场敏感，低合同要求 | 有规模化集成能力，但低创新驱动，低风险感知，灵活不足 |

---

[1] 明树数据，没有对比就没有伤害！民企与国企融资现状"冰火两重天"，PPP知乎微信公众号.［2020-04-30］.

[2] 国家发展改革委主管的《改革内参》2019年10月22日，总第1533期（当期不涉密），第6页。

[3] 笔者访谈的多位专家有相同描述，为求行文简洁，此处不再添加访谈记录的说明。

续表

| 伙伴类型 | 资源型能力互补 | | 效率型能力互补 | |
| --- | --- | --- | --- | --- |
| | 融资 | 建设 | 运营 | 集成 |
| 民企 | 公信力较弱，融资难、融资贵、融资受歧视 | 仅有专业分包、劳务分包能力，无法胜任重大工程 | 专业化、个性化运营，高市场敏感，高合同要求 | 无规模化集成能力，但高创新驱动，高风险感知，灵活性高 |

## 三、行业类型概念化：市场条件和产品属性

第二章已经提到，PPP伙伴关系达成的要素除了伙伴类型以外，还有市场条件和产品属性。笔者在现实观察中发现这两个维度在现实中能综合地对应于基础设施和公共服务两大行业领域。前文已述我国PPP存在复合型模式，因此也存在跨越多个行业的捆绑项目，即便不是捆绑项目，诸如城镇综合开发、海绵城市等PPP项目本身便跨越了多个行业领域。为从复杂现实中提炼共性因素，笔者将捆绑型项目中基础设施/公共产品建设成分更重的划分为基础设施类型，而将公共服务运营成分更重的划分为公共服务类型。不过，由于通常在实施顺序上，基础设施建设在前，公共服务生产在后，而且PPP伙伴双方通常秉持"边走边看"的循序渐进式合作态度，因此公共服务类项目绝大部分可划归"基础设施"。另一个重要的理由在于，这类项目通常是区域性重点工程，往往在资金上有很大的投入，在进程中会受到更多关注，但也往往因项目复杂而有很大不确定性，有很高的投资风险。这类项目的PPP伙伴关系达成影响因素的效应预期会更显著，甚至在这些领域会采取逆市场化的操作，如内定、要求政治身份等措施来保障关系的持续。

### （一）基础设施行业

这类项目本质上属于硬设施项目，主要覆盖能源、水利、交通运输、园林绿化、政府基础设施、市政工程等行业，一般也是当地为了保发展的行政任务，带有主权型交易的属性（李晨行等，2019），比如大长江保护带沿线的污水处理、河道治理任务。这类行业市场条件较好，表现为发展规模更大、合格竞争者更多，当前国企在这一领域中拥有部分垄断优势。这类行业的产品属性表现为资产专用性高、结果可测量性高（胡萍，2004），即项目资金规模更大，实施更容易标准化和规模化（基于我国以往基础设施过度建设积累的技术、劳动和资本优势），因此创新的需求也较低，国企的建设和运营都较为机械化甚至军事化，更能胜任这类行业。因此，基础设施行业领域选择国企或者民企的行为动机更鲜明。

### （二）公共服务行业

由于历史原因，我国公共服务供给一直不足（李红霞，2014）。这类项目其实是政府的核心任务，但实际上往往停留在口号中，很难成为地方真正的核心行政任务，主要包括医疗卫生、教育、养老、体育、公共文化、社会服务等行业（周迪雯，2016）。部分领域被认为是政府的"坏项目"。不过，随着近年人民对美好生活向往需求的提高，伴随老龄化的到来，公共服务需求多元化程度越来越高，商业价值也愈加凸显。国企和民企的参与兴趣均有提高，而民企的灵敏度更高，进入新领域的速度更快、创新也更主动。相比基础设施，目前公共服务的市场条件薄弱，合格伙伴较少，而且产品属性也表现为资产专用性相对较低、可测量性较弱。可以预判，基于上述原因，公共服务领域的伙伴选择效应会更弱。

综上，市场条件和产品属性综合二者概念化为行业类型。而且，行业类型对二元性动机有调节效应，即不同行业的 PPP 伙伴选择动机作用存在异质性。假设在一个市场条件不成熟且资产专用性高的领域，伙伴关系存续时间越长，政府对 PPP 伙伴的依赖性越高，这一事后行为特征会影响政府的事前选择动机。这与企业政治行为逻辑相近（卫武，2006）。这种情况下，价值协同作用将更大，政府倾向于选择与自己价值更相近的伙伴。反之，如果市场条件更成熟，则违约预期损失会下降，因为政府可以找到很多潜在伙伴接替，因此价值协同作用会减弱。

# 第五节　理论框架的提出：PPP 伙伴选择动机与伙伴类型选择

## 一、理论框架

根据前文阐释，近年地方政府的 PPP 实践经历已经清晰呈现。在外在和内在的综合作用力之下，地方政府的 PPP 伙伴选择困惑也已揭示。我国地方政府的 PPP 实践经历如图 5.15 所示。

综上，地方政府在宏观制度背景作用之下，形成政府债务"只增不减"和供给任务"只增不减"的外部压力，以及为预算外投资增量和公共产品及服务供给找到新出口并形成供给能力有效互补的内在动力。不仅如此，地方政府还因不稳定预期而呈现过度攫取 PPP 动机。于是，一个更为核心的问题由此揭开，地方政府拥有 PPP 实践动机的同时，两个伙伴类型的存在才是过度攫取 PPP 具有可行性的真正原因。地方政府的

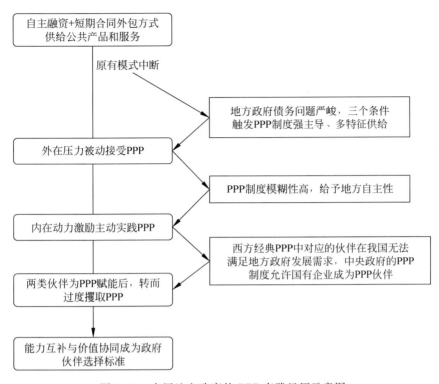

图 5.15　中国地方政府的 PPP 实践经历示意图

注：根据陈向明（2000）[307] 介绍的事件流程网络图方法绘制。

PPP 行为逻辑"黑箱"由此揭开，如图 5.16 所示（回应本书第一章中提出的预期研究贡献）。

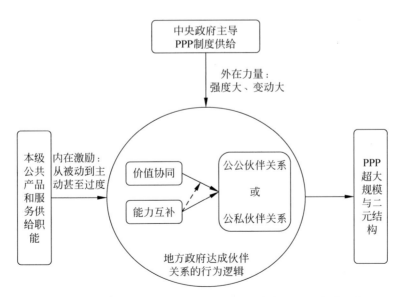

图 5.16　本研究预期揭示的"黑箱"：地方政府的 PPP 行为逻辑

至此,本书扎根理论的研究方法,从呈现我国PPP实践过程全景(图5.2),到梳理地方政府的PPP实践经历(图5.15),再到揭开地方政府的PPP行为逻辑(图5.16),笔者希冀做出的两方面努力已经完成。

**一是**,笔者试图揭示"我国的情境有何特征"。这表现为多元条件触发、自上而下主导供给和多重张力汇合的PPP制度体系,国家通过这一制度供给将治理二元性作用于地方政府,使得地方政府的PPP行为也呈现出二元性动机。

**二是**,笔者试图揭示"PPP伙伴关系何以达成"这一核心机制。这表现为价值协同与能力互补的二元性动机,呈现出既需要国企也需要民企的选择结果。其中,能力互补仍旧是效率追求逻辑的体现,也可称为"有效性选择逻辑";价值协同则是公共价值取向的体现,也可称为"合法性选择逻辑"。综上,本书提出的理论框架如图5.17所示。

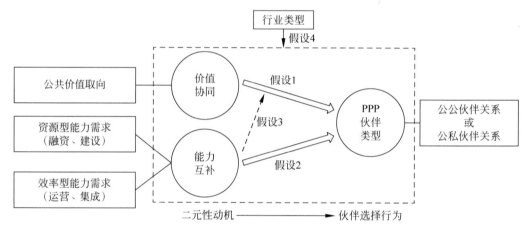

图 5.17　地方政府 PPP 伙伴选择动机的理论解释框架

图5.17中圆框显示的是PPP伙伴选择动机与结果,即本书提出的核心解释机制——"价值协同、能力互补与伙伴选择"的二元性动机。每个圆框对应的细线方框则是这一理论概念的操作化变量。价值协同在本书的操作化变量是"地方政府对PPP项目的公共价值取向",而能力互补选择逻辑则表现为"资源型能力需求"和"效率型能力需求"这两个变量,PPP伙伴选择采用"选择国企与否"和"国企参与程度"两个变量进行测量。此外,由于定量实证只能推论解释框架在我国具有理论效度,却无法揭示二元性动机的长效作用及具体机制,因此本书通过选择三个不同阶段的伙伴选择案例做比较研究,来进一步揭示长效作用及具体机制。而且,行业类型是PPP伙伴选择二元性动机至关重要的情境因素。

至此,本书通过提出"公公伙伴关系"概念,与"公私伙伴关系"共同构成两个PPP伙伴的理想类型。这提高了对发展中国家PPP实践的解释力,也实现了PPP模式重构。现实中的PPP项目均是这两个理想类型的组合,它们构成一个PPP伙伴类型的谱系。该谱系的两端便是公公伙伴关系和公私伙伴关系，而决定伙伴类型谱系坐标的影响因素便是本书提出的价值协同和能力互补，如图 5.18 所示。

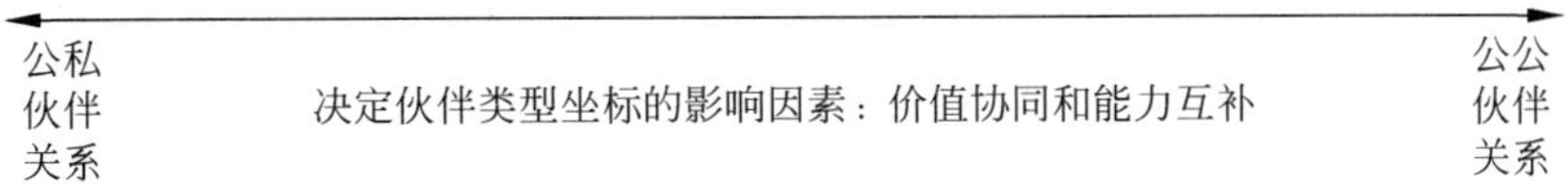

图 5.18　从公私伙伴关系到公公伙伴关系：PPP 伙伴类型谱系

## 二、基于价值协同的理论解释

基于价值协同的理论解释，有助于克服 PPP 中单纯工具理性视角的不足，形成既有效率追求又含公共价值的 PPP 伙伴关系达成的整合性理论体系，这也是本书的边际贡献。

### （一）价值

价值（value）在本书中指"公共价值"。与公共产品、公共利益等概念相比，其独特性在于强调公众认可及共同生产的重要性（Moore，1995；Stoker，2006；Bozeman，2007；Davis et al.，2009）。不过，价值本身是难以捕捉和观察的，因此，公共价值概念的统一认识尚未形成。实际上，公共价值存在于一切人类社会中，其基础是社会价值且存在也是客观的（汪辉勇，2008）。人总是以个体和社会的形式同时存在，个人形式具有个人价值，社会形式具有公共价值。（Brinkerhoff et al.，2011）。在传统社会中，由于人们无法摆脱人身依附关系，也无法获得平等独立的人格，个人价值没有得到承认和实现（汪辉勇，2008），所以公共价值虽有若无，人们意识不到公共价值的存在。而在现代社会中，随着个体价值越来越多样化，公共行政学科越来越强调组织（尤其是政府部门）的公共价值取向，甚至认为所有组织都带有公共属性（Bozeman，1987）。然而，传统公共行政过于关注效率取向，因此公共价值这一学术概念提出时，是出于对行政效率取向的回应。公共价值通常被视为对公民本位的回归，强调公共性和来自公众（Moore，1995；2013）。也有学者从警戒公共价值失灵的视角呼吁公共行政改革（Bozeman，1994；2002；2007）。面对中国公共管理日益出现的大问题，我国学者也开始呼吁关注公共价值（蓝志勇，2005）。而且在我国社会主义核心价值观的指引下，有学者提出探究个体精神追求与达成人民美好生活兼容的价值创造机制（王名等，2020）。

### （二）价值协同

价值协同（value synergy）在本书中指"公共价值的协同程度"，意指组织之间因身份认同、战略目标一致、机会主义行为可控和剩余收益可共享等产生的协作动机。价值协同存在于组织观念之中，是组织"协作"（collaboration）（Rodríguez et al.，2007；Feoick，2013）的主观因素。价值协同回应了协作治理的权力/资源失衡问题（Ansell et al.，2008），从以往"非正式渠道"建立的组织协作动机中提炼出一个更具一般意义的理论概念。价值协同既体现出道德水平和心理品性对不完备合约治理的重要作用（Bowles，1998），也构成"行为协作"的深层次动机。组织出于价值协同的协作动机是组织对社会身份的自我归类（self-categorization）过程，是组织降低不确定性这一原始动机下出现的"基于原型的去个性化"（prototype-based depersonalization）选择动机（Hogg et al.，2000）。价值协同有助于解决信息不对称问题，也能降低事前关系达成的交易成本以及事后关系垄断的机会主义行为风险。例如，当 PPP 项目出现突发事件尤其冲击双方利益底线时（如北京地铁 4 号线电梯故障事件），因为彼此价值协同，双方能预知彼此的行为倾向和行为底线。这一事后风险意识会成为事前 PPP 伙伴的选择动机，进而影响伙伴选择结果。

在此需要说明的是，之所以事后风险意识能在事前产生作用，是本书预设地方政府组织往往是一个有经验的连续组织，掌握着充足的战略协作知识和伙伴类型特征信息。此外，该理论解释成立的另一个重要预设是价值观念会影响组织行为，而且影响保持一致性。还需要说明的是，虽然价值协同具有双方互选属性，但前文揭示"我国的 PPP 实践呈现地方政府主导选择权"的情境说明我国以政府选择动机为主要作用。地方政府对某一项目的公共价值取向越高，选择具有公共价值伙伴（本书主要指国企）的概率越高且其参与程度越深。反之，地方政府对某一项目的公共价值取向越低，则表现出对效率和创新的追求越高，选择具有公共价值伙伴（本书主要指国企）的概率越低且其参与程度也越浅。

## 三、基于能力互补的理论解释

资源基础理论已经论证了能力互补对 PPP 伙伴选择的重要作用（胡冉冉，2017）。政府对公共产品和服务供给的某项能力需求越高，选择拥有这项能力伙伴的概率越高且其参与程度越深。不同于以往，本书基于中国现实归纳了地方政府能力需求的两个类型，也形成了能力互补逻辑的两个类型，分别是资源型能力互补和效率型能力互补。这一视角主要是从政府基于效率追求的选择动机作出的理论解释。

### （一）能力

能力（capacity）在本书中指"公共产品和服务供给能力"。而一般意义上的政府"能力"是政府为实现某项职能而从事具体行政活动过程中所拥有的资源和能力（Wernerfelt，1984）。自公共管理学科诞生起，政府能力就备受关注（Wilson，1887）。怀特（White，1926）认为政府能力所需的各种资源，不仅包括拨款及公共建筑物、公园、公路、桥梁、运河等建设所需的物质资源，还包括成千上万为国家工作的人力资源等。因此，提高行政管理能力的主要目的便是对各项有限资源的需求，以及在整合各项有限资源过程中提高效率的能力需求。汪永成（2004）认为政府能力是系列基本能力要素综合形成的一个能力系统，以人力、财力、权力、公信力、文化力、信息力、协同力这七种形式分别发挥作用。公共产品和服务供给能力是政府能力的一项具体体现，随着生产者和供给者可分理论的发展（Ostrom et al.，1977），公共产品和服务供给能力也可以是政府与多元组织协作治理的产物，不过其责任和权力仍旧归属政府部门。

### （二）能力互补

能力互补（capacity complementarity）指政府出于自身供给能力有限而产生的能力需求及互补伙伴的选择动机。政府对自身能力有限的判断通常来自现状和理想（如公众的需求）的差距，政府对自身能力边界的内在感知形成了政府寻求外部多元主体互补能力的选择动机。克里斯坦森等（Christensen et al.，2008）通过对各类组织协作的近千份学术文献进行分析，提炼出四个有共性的组织能力（organizational capacity）：人力资源能力（指可用的经验、知识库、人员数量和可用的管理质量）、网络能力（指社会支持、关系质量、协调和获取信息）、技术能力（指组织结构和组织文化）和财务能力（指可能的预算约束）。后有学者发展出更多方面的能力要素，也指出对能力的定义及需求取决于组织环境（如 Lee et at.，2017）。范塞蒂尔等（Van Gestel et al.，2012）将PPP看作一项复杂治理机制，并发展出一般性的PPP治理模型，但对政府能力仍没有形成可操作的概念。现阶段政府PPP能力互补的研究尚不具备解释力，理由在于大部分研究者欠缺PPP项目管理经验，尤其在当前中国情境下。

本书按照项目的纵向阶段，将供给能力需求划分为融资、建设、运营和集成四个方面（林伟鑫，2009）。采取这一分类依据来研究中国PPP的理由在于地方政府和PPP伙伴对纵向能力的重视普遍不足。地方政府希冀在任期内快速获得业绩，企业则希望"挣快钱"。例如，国企虽融资和建设能力优势明显，但运营和集成能力却不足，公公伙伴关系未来的效率问题值得关注；而民企虽然以运营和集成能力见长，但因民企平均经营周期较短，公私伙伴关系的可持续性也有隐忧。相比之下，我国早期引进的外企PPP的纵向能力更互补，也与当时我国整体实力薄弱有关。而且，能力互补的选择动机容易产生，但能力互补的功能实现却是困难的。笔者之所以如此判断，是因为我国绝大部分企业没有纵向能力，即便有，也不一定能维系到发挥出应有的互补效应。这一阐述也暗示了能力互补作用的动态平衡性。例如，随着我国改革开放不断取得成果，外资的能力互补优势逐渐消失，我国本土培养起来的内资企业逐渐取而代之，并展现出我国市场主体的能力互补优势。因此，部分外资PPP项目中途夭折，理由在于能力日渐不互补，但也有少部分项目选择坚持并且形成了新的能力互补平衡，理由在于价值协同的交互作用，第七章的案例3便是这样一个案例。可见，能力互补因素需要价值协同的调节才能持续发挥作用。

**1. 资源型能力互补**

资源型能力互补(resource-based capacity complementarity)主要指政府对公共产品和服务供给所需的资源需求及拥有资源优势伙伴的选择动机。政府主要是出于弥补自身资源的有限性，主要指资金(含)、人力、材料和设备等资源。不过，建设能力并不是当前我国资源型能力的核心竞争力，建设所需的技术壁垒已在我国建筑市场被打破并形成竞争和相对自由流动，且人口大国条件也消除了劳动密集壁垒。笔者在硕士论文研究工作阶段对我国建筑市场结构做了深入分析，形成了我国建筑市场集中度高，甚至出现了恶性竞争的结论(王盈盈，2010)。换言之，只要有资本，民企也能迅速集成各大央企的建设能力。因此，资源型能力互补具体是指地方政府对于PPP伙伴的自身资金规模实力或金融市场上的融资能力等方面的需求。

**2. 效率型能力互补**

效率型能力互补(efficiency-based capacity complementarity)主要指政府对市场敏感度、风险感知力、公众回应性和灵活性等创新动能需求及伙伴选择动机，这主要出于弥补政府自身固有的垄断和竞争真空导致的效率局限。需要说明的是，即便本书认为民企拥有运营和集成能力优势，也需要承认在大规模和标准化的行业中，国企的军事化运营能力也有着无可替代的作用。而且，笔者认为民企有集成能力优势，也是建立在其拥有竞争生存压力的作用下做出的判断，但要让民企发挥这一优势，还需要控制许多其他因素。因此，效率型能力互补具体是指地方政府对于PPP伙伴在市场竞争机制约束下的能动效率的需求。

## 四、研究假设

基于上文提出的理论框架，本书形成了四个研究假设，以期通过实证研究检验理论的内部效度。不同于其他协作(collaboration)机制，PPP机制促使政府从战略层面寻找伙伴，以降低不确定性和减少制度化成本。而这一作用机制在我国情境下被催化，体现在政府的伙伴选择结果中，于是，主观层面的价值协同和客观层面的能力互补对于伙伴关系达成均起到重要作用。

价值层面的协同作用源于组织的自我归类动机（Hogg，2000）。具体而言，组织面临战略选择时，会受到自身所处社会结构赋予的身份原型驱动，倾向于选择与自身身份更接近的伙伴进行协作。换言之，面对公共产品和服务这类与民生发展有重要关系的行政事务，即便是有着寻租、关联、干预等其他利益层面的动机因素，但基于原型的自我归类动机会起到更重要的作用。而且，关联、信任等动机在某种意义上也是确认彼此价值协同的中间机制。不过，同一个地方政府对于本地的不同项目有着不同的价值取向（Brown et al.，2006）。当地方政府对一个项目的公共价值取向很高时，比如有很高的"公民本位"倾向（包国宪等，2019），地方政府会倾向于选择有更高公共价值取向的伙伴协作，在本书中便是指选择国企的概率越高，允许国企参与的程度也会越高，由此提出以下假设。

**假设 1：政府对项目的公共价值取向越高，选择国企的概率越高/允许参与越深。**

能力互补因素则仍是基于资源基础理论（如：Wernerfelt，1984；Das et al.，2000）的理论解释。但与以往研究不同的是，本书基于现实提炼了政府的四个能力需求并归纳为两个能力需求类型。具言之，地方政府对于融资和建设能力的需求，主要体现为资产存量庞大、社会资本储量高、融资资源有倾斜和建设实力强大等资源型能力的需求；而对于运营和集成能力的需求，则主要体现为对运营专业化、个性化及集成运作能力的需求，即非资源型能力需求。资源型能力之所以重要，在于我国宏观制度对地方财政权力的上收导致，地方政府需要寻找中介工具继续获得发展资源，尤其是资金。在我国当前情境下，国企和民企作为两类 PPP 伙伴，均发挥了各自的能力互补优势。针对地方政府的不同能力需求，提出假设 2。

**假设 2：政府对供给能力需求越高，选择合格伙伴的概率越高/允许参与越深。**

假设 2a：政府对资源型能力需求越高，选择国企的概率越高/允许参与越深。

假设 2b：政府对效率型能力需求越高，选择国企的概率越低/允许参与越浅。

当一个地方对资源型能力需求很高时，相比需求低的地方，同样的公共价值取向对选择国企的作用更高。然而，效率追求和公共价值之间存在"跷跷板"关系。当一个地方对效率型能力需求很高时，即便有着高公共价值取向，最终仍有可能会选择民企合作，或者选择更有效率的国企进行替代。这取决于两个因素交互效应及单因素净效应之间综合形成的阈值水平，由此提出假设 3。

**假设 3：能力互补与价值协同存在交互效应。**

假设 3a：政府的资源型能力需求，对项目的公共价值取向与选择国企的概率/允许参与程度作用,存在正向调节效应。

假设3b：政府的效率型能力需求,对项目的公共价值取向与选择国企的概率/允许参与程度作用,存在负向调节效应。

前文已述,行业类型会导致伙伴选择影响因素的作用存在异质性。行业类型主要分为建设成分更重和运营成分更重两个类型,而这两个类型基本可以对应于我国基础设施和公共服务这两个现实类型。我国地方政府历来对基础设施的重视,使得这一领域市场更为发达,但对资源也更加依赖,因此基础设施领域的价值协同和能力互补作用更为明显,表现为国企和民企的二元结构性更突出。相比之下,公共服务领域作用更弱,也和我国公共服务相对匮乏有较大关系。由此提出假设4。

**假设4：行业类型对价值协同和能力互补的选择作用存在调节效应。**

假设4a：基础设施领域中,价值协同和能力互补的选择作用更大。

假设4b：公共服务领域中,价值协同和能力互补的选择作用更小。

# 第六节　本章小结

本章基于扎根理论,通过参与式观察和连续跟踪访谈,对PPP实践过程进行了深度挖掘,提炼出我国PPP的行为主线和行动者,回答了"研究问题1：我国治理二元性特征如何作用于PPP实践过程？"。国家治理对于国企和民企的需求二元性,通过三种作用力量内化给地方政府,体现在地方政府PPP伙伴选择结果中,呈现出一方面选择"自己人"的价值协同共性,另一方面选择不同功能伙伴的能力互补多样性,由此也回答了"研究问题2：地方政府PPP伙伴选择的影响因素是什么？"。本章据此提出了全文的理论框架,即基于价值协同和能力互补的理论解释。为实证检验理论框架的内部效度,本章提出了四个研究假设,作为后续章节的理论基础和理论指导。

# 第六章

## 理论框架的检验一：基于定量实证分析

> 在组织衰退的情况下（如本书指出的地方自主融资权力被上收），二级单位具有强大的生存本能，通常会根据其特定的长期生存需要做出反应。

——莱文（1978）

本章通过对截面数据的统计和回归分析，检验本书理论框架中提出的研究假设。第一节为回归分析所需的变量及其测量方法，并介绍了因子分析、判别分析方法辅助确定变量的过程。第二节为描述统计分析，初步判断变量之间的相关关系。第三节为回归结果分析，分别采用多层次 Logistic 模型和多层次 Tobit 模型进行回归分析，回归结果验证了价值协同与能力互补的因果效应、交互效应和行业的调节效应。

## 第一节  模型估计与变量测量

本书采用如下实证计量模型对第五章提出的研究假设进行检：

$$y = \alpha + \beta_1 X_1 + \sum \beta_{2i} X_{2i} + \sum \gamma_j \text{control}_j + \varepsilon \tag{6-1}$$

$$y = \alpha + \beta_1 X_1 + \sum \beta_{2i} X_{2i} + \sum \beta_3 X_1 X_{2i} + \sum \gamma_j \text{control}_j + \varepsilon \tag{6-2}$$

模型（6-1）中的因变量 $y$ 表示的是一个 PPP 项目中地方政府"选择国企与否"和"允许国企参与程度"。$X_1$ 和 $X_{2i}$ 分别表示价值协同与能力互补这两个核心自变量，其中能力互补变量包含多个测度指标。$\text{control}_j$ 表示一系列控制变量的集合，$j$ 是控制变量的个数。模型(6-2)加入了 $\sum \beta_3 X_1 X_{2i}$，作为价值协同与能力互补之间的交互效应。

考虑到因变量 $y$ 的两种测量方法，本书分别采用 Logistic 模型和 Tobit 模型进行估计。其中，因变量"选择国企与否"是一个二分变量，适合采用对过去某一事件发生或不发生的概率比率进行最大似然估计(maximum likelihood estimation)。因此，本书采用多层次 Logistic 模型进行回归分析(Aldrich et al.，1984)，由此来检验地方政府的公共价值取向、资源型能力需求和效率型能力需求是否显著地影响了伙伴选择结果。而因变量"国企参与程度"是一个取值范围为从 0 到 1 的连续变量，其中有一半的取值为 0(民企参与)，因此该因变量有较多取值会在 0 处聚集(left-censored at zero)，而且由于相对股权最大的数值通常在一定取值范围之上，也即其取值在大于 0 时分布是截断的(censored)。这样的样本分布难以满足传统最小二乘法(ordinary least squares，OLS)回归对因变量要满足正态分布的假设，即传统 OLS 回归分析会导致估计结果严重偏误，而标准 Tobit 模型可以较好地修正这一弊端(Tobin，1958)。因此，笔者采用多层次 Tobit 模型进行回归分析，而且这一模型在以往 PPP 实证研究中也有着广泛的应用(如：Wang et al.，2019)。

下文将详细介绍模型中每个变量的测量方法。


## 一、因变量：PPP 伙伴选择

PPP 伙伴选择有两种测量方法："选择国企与否""允许国企参与程度"。而且因变量既可以反映所有行业，即全样本的 PPP 伙伴选择，也包括反映某一行业，即分样本的 PPP 伙伴选择，如市政工程领域的 PPP 伙伴选择、医疗卫生领域的 PPP 伙伴选择等。

在国家财政部 PPP 项目管理库中，已选定伙伴的 PPP 项目被标为"执行阶段"，且伙伴选择相关过程的资料均已公布。其中，多份资料能体现中标的 PPP 伙伴信息，包括中标通知书、PPP 合同、执行阶段页面信息等。例如，贵州省贵阳市贵州双龙航空港经济区双龙北线(原横二路)道路工程 PPP 项目(编号：52011500034224)的中标通知书显示，该项目的 PPP 伙伴为中铁十八局集团有限公司，[①]。如果中标的 PPP 伙伴为一家企业而非多家企业，则这家企业投入的股权为 100%；如果中标的 PPP 伙伴为多家企业，也即联合体，则以联合体中相对投入股权最大的企业所有制属性，作为 PPP 伙伴的所有制属性。

---

① 财政部 PPP 中心项目库，其中项目信息和中标通知书来自财政部政府和社会资本合作中心网站。

综上，笔者对每个已进入"执行阶段"的 PPP 项目的伙伴所有制属性进行编码（coding），编码规则为 0＝民企，1＝国企，所得变量"选择国企与否"命名为"Selection"，用于测量 PPP 伙伴选择的结果。

笔者还对选定的 PPP 伙伴的参与程度进行编码：当 PPP 伙伴为民企时取值为 0；当 PPP 伙伴为国企时，记录其投入的相对股权比例，形成一个取值范围为 0～100％的连续变量，所得变量"国企参与程度"称为"Participation"，用于测量 PPP 项目中国企的参与程度。

## 二、核心自变量一：公共价值取向

本书对"公共价值取向"变量的测量有一定创新。通常，对"价值"等主观判断的测量往往采用问卷方法。然而，在本研究中，由于笔者暂无条件对国家财政部 PPP 项目库中的每一个项目做问卷调查，因此考虑在国家财政部 PPP 项目库公布的项目信息中，寻找代理变量。根据笔者经验性判断，地方政府对 PPP 项目的公共价值取向可以从该项目的回报率水平体现：如果一个项目的回报率水平很低，还会得以实施的话，则必然不是效率导向的工具理性选择动机，那么就可以作为测量价值理性选择动机的变量。回报率水平越低，该项目的公共属性就越高，体现出地方政府对该项目的公共价值取向越高；反之，则地方政府对该项目的公共价值取向越低。显然，同一个地方政府对其所辖区域内不同 PPP 项目的价值取向不同。例如，同为公共交通项目，一个项目回报水平更高，主要出于激励 PPP 伙伴提供更多元化的商业服务，而另一个项目回报水平可能为零，即免费供给，主要出于满足更多公众的出行需求。

"回报率"作为代理变量具有可行性的理由在于，我国当前 PPP 实践特征是政府主导操作程序。因此，不同于以往和西方，我国当前 PPP 项目的回报率并不是双方谈判的结果，而是地方政府在"准备阶段"报送上级政府审批时就确定的数值。王欢明等（Wang et al.，2018b）也发现了这一特征，他们发现我国 PPP 项目的运作方式（如 BOT、BOO 等）不是双方谈判的结果，而是在伙伴进入前已经确定。因此，项目回报率作为自变量，较 PPP 伙伴选择结果的两个因变量而言，发生的时点更早，具有外生性。

由于国家财政部 PPP 项目管理库中的信息并非完全标准化，因此笔者采取手动编码"公共价值取向"测量变量的方法。项目库中有多份资料能体现项目的回报率或内部收益率（internal rate of return，IRR），包括实施方案（或实施方案的上级批复文件）、物有所值评价报告、财政承受能力论证报告等。例如，四川省凉山州西昌市阳光学校南山校区建设项目（编号：51340100015190）的实施方案批复文件中显示，该项目回报率为8%，[①]。除此以外，但由于PPP项目实践属性明显，但信息尚未标准化，因此笔者需要在多份文件中寻找一个项目的回报率，而且不同项目文件中的表达方式也各不相同，花费了较大精力编码。笔者将关键操作记录如下：①关键词法，用"收益率""回报率"或"年度折现率"等检索文档，获得回报率或内部收益数据并记录，其中，内部收益率分为资本金内部收益率和全投资内部收益率，统一换算为"全投资"口径；②对影印版本的项目文档，根据经验性判断信息所在段落并获取；③没有公布相关信息的项目，统一记录为NA，并在最后予以剔除；④对包含一个以上子项目的项目，根据子项目金额所占总金额权重对目标信息进行加权平均获得；⑤只公布了项目税前内部收益率的项目，根据经验性判断大部分项目在未说明的情况下均为税后口径（即净回报的口径），因此根据现行所得税率采用净现金流仿真模拟之后换算获得税后数值[②]。最终获得"项目回报水平"变量并取倒数，称该变量为"Publicness"，用于测量地方政府在该项目中的公共价值取向。

## 三、核心自变量二：能力需求

前文已述，地方政府对于PPP伙伴能力的需求有两种类型，分别是资源型能力需求和效率型能力需求。能力需求的测量来自地区层面的数据，与因变量分属两个数据库。下文分别介绍两个类型能力需求的变量测量工作。

### （一）资源型能力需求

前文已述，资源型能力的核心竞争力是融资能力。地方政府对资源型能力的需求源于本地财政压力，具体体现为短期现金流压力和长期债务偿还压力。其中，短期压力源于财政收入增加需求，来自现金流方面的日常周转压力；而长期压力源于政府债务偿还需求，来自地方政府资产负债表的结构性压力。

#### 1. 财政自给率

现金流方面的日常周转压力是财政分权体制改革给地方造成的，这种财政收支压力的一个主要体现便是地方政府需要依靠自身而不再是中央来保财政自给率，以弥补财政收支缺口（朱恒鹏，2004）。可见，"中国式"财政分权体制深刻影响了地方政府的公共产品和服务市场化供给模式，激励了地方政府极大的创新实践动力（傅勇，2010）。但

---

[①] 财政部PPP中心项目库，其中项目信息和中标通知书来自财政部政府和社会资本合作中心网站。

[②] 因无法获得每个项目真实的现金流，笔者的方法仅为估算方法。

2013 年《预算法》修订之后，扩大财政收入的自主权力被部分上收，体现为预算报请人大审批通过后才能执行，因此，财政收入需求体现为对 PPP、专项债等能带来资金的项目需求。

测量财政分权的指标有两大类（龚璞等，2017）：第一类是用以衡量中央-地方财政分权的指标，包含财政支出、财政收入和财政自给率三种测量方法；第二类是用以衡量行政区域内的财政分权的指标，常见的测量方法为比率法，例如，一省内各市县财政收支占全省收支的比重。由于本书研究的对象为地级市之间的横向比较，因此选择第一类，而且选择财政自给率衡量地方财政需求，这样可以消除地区之间的规模差异。朱恒鹏（2004）在研究地区非国有经济比重时，也采用了财政自给率的测量方法，并且发现了1994—2002 年各省份财政自给率和其非国有经济比重高度正相关性，可见财政自给率能作为扩大财政预算动机的有效测量方法。

综上，本书选择全市口径①的预算内一般财政收入除以同口径财政支出，计算得到"财政自给率"变量，取名为"Cash"，用于测量地方政府的短期现金流周转压力。财政自给率越小，财政当期现金流越小，短期财政压力越大，资源型能力需求越大，寻找这一能力互补的伙伴动机也越高。

**2. 城投债务率**

由于中国体制复杂而且地方政府债务数据相对不透明，导致直接估算地方政府债务比较困难。已有研究中对于政府债务的测量有两种方法，分别是采用自建数据库（Liang et al.，2017）、使用地方政府融资平台所发行的城投债年末本金余额作为地方政府债务规模的代理变量（王永钦等，2016；张莉等，2018）。

由于自建数据库的信息量无法满足本书项目层面的大样本回归分析，因此，本书采用代理变量的测量方法，具体操作为：使用相应年份尚未到期的城投债年末本金余额，与当地该年预算内一般财政收入总额相除的比值，构造"城投债务率"变量，用于测量地方政府的隐性财政压力，称该变量为"Debt"。城投债务率越高，当地债务余额本金存量越大，财政当期现金流越小，长期债务偿还压力越大，资源型能力需求越大，寻找这一能力互补的伙伴动机也越高。事实上，如果考虑到当前地方政府的财务杠杆率与国际通用的警戒线水平相比，这一偿债压力导致的动机甚至强于财政收支平衡所产生的动机。

**（二）效率型能力需求**

效率型能力体现为市场主体的运营实力和集成实力，两者都需要市场主体有着很

---

① 还存在市本级口径，由于本书采集的数据为全样本，其中有些项目在区县级执行，但都归市级管理，因此选择全市口径能更全面地反映一个地区的经济发展水平情况。本书其他变量也都采取全市口径，后文不再单独说明。

高的能动性。通常，受到市场投资回报驱动的行为激励比科层指令的行为激励更能激发PPP伙伴的能动性（Wang et al.，2019）。地方政府对于效率型能力的需求体现为当地公共设施现状的改善动机。当地公共设施水平的高或低，反映了当地在全国所有地方政府中处于竞争优势还是竞争劣势。

关于公共设施水平的测量指标，已有研究同样做了大量讨论和实证，然而并没有统一结论，这源于对政府的目的和边界的不同认识（Van de Walle，2009），因此不同研究者用以评价政府公共服务绩效的指标也各不相同。龚璞等（2017）归纳了现有研究中存在的诸多测量指标，既包含反映政府公共服务生产过程的指标，即投入（input）、产出（output）和效率（efficiency）指标，也包含反映政府公共服务带给居民的"最终效果"的指标，即效益（outcome and effectiveness）、成本效益（cost-effectiveness）和满意度（satisfaction）指标。由于本书所研究的PPP项目与政府的公共产品和服务生产过程及生产能力需求紧密相关，因此，本书采用生产过程指标，具体为产出指标。理由是投入指标更多侧重资源，与资源型能力互补需求含义相近，而效率指标的测量方法一直存在争议，甚至不如前两者更能反映政府的效率追求（龚璞等，2017）。因此，本书采用产出指标衡量一个地方政府的公共设施水平，并且主要选取的是"人均"指标或者"比率"指标（如"无害化处理率"）以消除城市绝对规模差异带来的影响。本书选择的公共设施指标涉及供水、排水、道路、绿化、无害化处理率、生师比、人均医生数和人均藏书数这八大领域。考虑到综合评价一个城市公共设施水平所用到的指标较多，本书对"公共设施（现状）水平"的这一组变量进行因子分析（factor analysis），采用主要成分分析（principal component analysis，PCA）的方法提取。具体而言，本书从反映地区公共设施水平的多个指标中提取出一个有共性的主成分因子，用这一个公因子代替原来的多个指标，用于测量一个地方政府公共设施水平的综合指标。由于每一个行业的公共物品均涉及设施建设和服务供给两个环节，区别在于每个行业中硬件设施和软件服务的规模及技术难度权重不同，例如，交通运输行业往往是重资产行业，而且运营服务相对标准化且成本权重较小；而养老行业则可以不涉及房地产建设，但一般都需要高度专业化、个性化和人性化的服务团队。因此，笔者对所有获得的指标进行统一分析，力争提取两个公因子。提取的公因子数值越小，代表当地设施水平越差，进而地方政府的改善动机越强，选择具有效率型能力的伙伴需求越高。

下文介绍效率型能力需求变量的测量过程，即公因子提取的操作过程。首先，对测量公共设施水平的多个行业的原始变量进行数据采集、测算和标准化处理。原始变量的描述性统计如表6.1所示。

表 6.1　公共设施水平原始变量的描述性统计

| 变量名称 | 变量内涵/计算方法 | 最小值 | 最大值 | 平均值 | 标准差 |
|---|---|---|---|---|---|
| Waterpipe | 供水管网密度/(km/km²) | 2.80 | 75.97 | 5.27 | 7.47 |
| Drainpipe | 排水管网密度/(km/km²) | 1.80 | 39.47 | 4.35 | 5.75 |
| Roadnetwork | 路网密度/(km/km²)(道路长度/辖区面积) | 1.28 | 18.89 | 2.93 | 3.78 |
| Green | 辖区绿化覆盖率/% | 0.00 | 58.11 | 17.39 | 20.23 |
| Harmlesstreat | 无害化处理率/(t/日) | 150.00 | 24341 | 1034.1 | 2517.3 |
| Education | 生师比(中小学学生数/教师数) | 8.00 | 1337.0 | 177.16 | 237.82 |
| Doctorpc | 人均医生数(人/万人) | 8.80 | 65.21 | 10.45 | 13.00 |
| Bookpc | 人均藏书量/(册/人) | 0.00 | 51.96 | 2.77 | 5.23 |

然后，对上述原始变量进行 Z-score 标准化后，进行相关性分析，检验其是否适合进行主成分分析。所有拟参与分析的变量的相关系数如表 6.2 所示。

表 6.2　公共设施水平原始变量的相关系数表

| 变量名称 | 1 | 2 | 3 | 4 | 5 | 6 | 7 | 8 |
|---|---|---|---|---|---|---|---|---|
| Waterpipe | 1.00 | | | | | | | |
| Drainpipe | 0.85* | 1.00 | | | | | | |
| Roadnetwork | 0.79** | 0.88** | 1.00 | | | | | |
| Green | 0.83** | 0.88** | 0.90** | 1.00 | | | | |
| Harmlesstreat | 0.48** | 0.48** | 0.46* | 0.50** | 1.00 | | | |
| Education | 0.74** | 0.78** | 0.81** | 0.84** | 0.44** | 1.00 | | |
| Doctorpc | 0.76** | 0.83** | 0.85** | 0.92** | 0.60** | 0.82** | 1.00 | |
| Bookpc | 0.61** | 0.58** | 0.59** | 0.63** | 0.68** | 0.60** | 0.72** | 1.00 |

注：* 号代表在 5% 置信度水平上显著，** 号代表在 1% 置信度水平上显著。

从表 6.2 可以看到，作为反映公共设施产出水平的各个变量之间相关系数较高。笔者对上述变量进行 KMO 检验(kaiser-meyer-olkin measure)并得到 KMO＝0.918，然后进行 Bartlett 球形检验(bartlett test of sphericity)并得到 $p＝0.00$，拒绝 $H_0$ 假设。这两项检验均进一步说明上述变量适宜并且需要进行因子分析。

笔者通过旋转因子(factor rotation)将它们彼此分离，采用的是方差最大化的直角旋转，得到因子分析的特征根碎石图，如图 6.1 所示。

图 6.1 显示，前两个因子能解释绝大部分的公共设施水平的方差，初步判断能进行公因子提取。对所有变量的因子提取结果如表 6.3 所示。

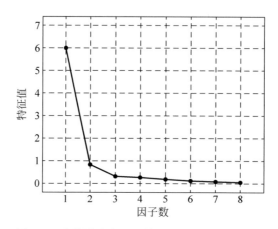

图 6.1　公共设施水平原始变量的特征根碎石图

**表 6.3　公共设施水平原始变量的因子提取结果**

| 因子 | 特征根 | 单独方差贡献率 | 累计方差贡献率 |
|---|---|---|---|
| Factor1 | 4.76 | 0.59 | 0.59 |
| Factor2 | 2.14 | 0.27 | 0.86 |

注：为了清晰地呈现旋转后因子提取结果，删除了特征根小于 1 的 Factor3～Factor8。

表 6.3 显示，前两个因子（Factor1、Factor2）的特征根大于 1，并且贡献了总共 86% 的方差信息，说明提取的这两个因子可用于衡量一个地区的效率型能力需求。其旋转后的反映原始变量载荷的因子结构如表 6.4 所示。

**表 6.4　公共设施水平原始变量旋转后的因子结构表**

| 变 量 名 称 | 因子 1(Factor1) | 因子 2(Factor2) |
|---|---|---|
| Green | 0.91 | |
| Roadnetwork | 0.91 | |
| Drainpipe | 0.90 | |
| Education | 0.85 | |
| Waterpipe | 0.84 | |
| Doctorpc | 0.81 | |
| Harmlesstreat | | 0.92 |
| Bookpc | | 0.79 |

注：提取方法为主成分分析法，旋转方法为凯撒正态化最大方差法，旋转在 3 次迭代后已收敛。为了清晰地呈现因子结构，删除了绝对值小于 0.5 的因子载荷。

综上，笔者完成"效率型能力"变量的测量工作，得到硬件水平、软件水平两个变量，均为 Z-score 标准化后的变量，分别用于测量一个地区的硬件设施提升需求和软件服务提升需求。

**1．硬件水平**

因子 1(Factor1)的主要载荷在供水管网密度、排水管网密度、路网密度、辖区绿化覆盖率、生师比和人均医生数指标上。这类指标的总体特征是公共设施占比更大,建成后的服务更标准化。前文已述,这类设施的可测量性更高,也更容易标准化,而较少依赖个人专业的个性化判断,而且目前我国这类设施的市场条件也较好,表现为竞争者数量更多。本书将这类设施统称为"硬件水平",称该变量为"Hard"。

**2. 软件水平**

因子2(Factor2)的主要载荷在以人均藏书量和无害化处理率这两个指标上。这一类指标的特征是更多地依赖人力服务。前文已述,这类设施最大的特征是服务供给与消费同时发生,服务质量很依赖于专业人员的个性化判断和道德标准,而且我国目前公共服务的市场条件较为匮乏,表现为合格竞争者依然稀缺。本书将这类设施统称为"软件水平",称该变量为"Soft"。

# 四、控制变量：地区层面

考虑到政府PPP伙伴选择并不完全是政府主动选择的结果,也可能由政府和项目其他因素内生决定,笔者对模型加入控制变量,以保证研究的信度和效度。参照已有研究经常选择的、有共识的控制变量,将其纳入本书实证范围以提高实证结果的可靠性。同时,还选取了若干变量新的测量方法,以更准确地反映信息。此外,也加入了一些研究过程中发现认为必要的其他控制变量。本书中的控制变量分为地区和项目两个层面,本节介绍地区层面的控制变量。

**1. 人均 GDP**

人均GDP较高的城市经济较为发达,经济发达程度为地方政府实施PPP并选择合适的伙伴提供了物质基础(如：Hammami et al.,2006；Albalate et al.,2015；Wang et al.,2018b)。一个地区越发达,可用的各项资源越丰富,越有助于提高伙伴的投资信心。因此,本书将这一因素纳入模型,从而控制发达程度对选择结果的影响,采用一个地区全市口径的人均地区生产总值(简称"人均GDP")作为变量,称其为"Gdp_pc"。

**2. 人口密度**

人口规模越大,意味着一个城市规模越大。较大的城市对公共产品和服务供给有更大和更高的需求,进而影响当地公共产品和服务相关部门是否实施PPP(Wang et al.,2014),也决定了PPP伙伴规模的大小(Wang et al.,2018b；2019)。由于现有统计年鉴中多为户籍人口,而真正反映一个城市规模的,则是当地的常住人口数量。然而,常住人口数量往往在人口普查时才能获得,本书采用2010年开展的第六次人口普查数据,距离其他变量发生年份有较长时间,因此,笔者尝试构造一个地区全市口径的常住人口测量指标,具体采用一个地区全市口径的 GDP 除以同口径人均 GDP 再除以同口径行政区划面积,得到的变量即为"人口密度",称该变量为"Population"。此外,本书也同样保留采用各地第六次普查常住人口数量除以行政区划面积的测量方法,作为稳健性检验之一。

### 3. 财政透明度

很多研究提到制度环境的质量,例如稳定的政治环境、成熟的市场制度、透明的行政体系等,均是保障 PPP 成功实施的重要因素(如: Hammami et al. ,2006; Zhang et al. ,2015)。相反,制度环境质量不佳,尤其是低透明度的制度环境,则会阻碍投资者进入。透明度也成为 PPP 投资者尽职调查的重要考察因素(Janssen et al. ,2015; Wang et al. ,1999)。不同学者针对不同的研究问题,往往选择不同的测量方法,来衡量 PPP 项目所处的制度环境。清华大学公共管理学院每年发布的研究报告《中国市级政府财政透明度研究报告》[①]得到了业界和学界的广泛认可及应用,许多学者直接应用"中国市级政府财政透明度指数"做实证研究(如: 潘俊等,2016)已在学术界得到广泛应用和认可。本书也采用该指标测量一个地区的财政透明度,称该变量为"Transparency"。这在 PPP 实证研究中有一定的方法创新。

### 4. 实施经验

很多研究也提到政府的 PPP 实施经验是促进 PPP 成功实施的重要因素(如: Yang,2018; Chan et al. ,2010)。一个地方如果有成功的 PPP 项目实施经验,则能向市场发出当地有完善的 PPP 相关的实施流程、采购办法、合同框架和回报规则等积极信号。而且,成功的实施经验也能进一步提高当地政府的 PPP 实施意愿和信心。然而,PPP 实施经验的测量并不容易。不过,一个地方已有的 PPP 项目数量,尤其是其中被官方认定为成功经验值得推广的项目数量,可以用于衡量一个地方的 PPP 实施经验。自 2014 年起,我国财政部 PPP 中心每年组织示范项目评审工作,并在 PPP 项目库中予以公布[②]。因此,本书采用财政部 PPP 项目库中的"城市 PPP 示范项目数量",测量地方政府的 PPP 实施经验,称该变量为"Experience"。

### 5. 固定资产投资增速

考虑到本书的核心自变量"硬件设施水平"和"软件设施水平"与城市的固定资产投资有关,因此,本书也将固定资产投资增速作为控制变量,称之为"Fixinvest_speed"。

---

① 清华大学公共管理学院,首页《学院出版物》研究报告。
② 在规范中引领 PPP 稳步发展——财政部公布第四批 PPP 示范项目,中国政府网。

**6. 其他（地域虚拟变量、省份虚拟变量、城市虚拟变量、年份虚拟变量）**

由于我国地区差异历来较大，本书也加入了东、中、西地域虚拟变量，称之为"Region"。同时，还加入了省份虚拟变量"Province"和城市虚拟变量"City"，以及年份变量"Year"。后文在实证中将其作为固定效应，形成分层回归。

## 五、控制变量：项目层面

现有的研究表明，许多项目层面的因素，如合同期限（也含建设期）、交易结构、项目金额、回报方式等，会对 PPP 伙伴选择产生较为显著的影响（Wang et al.，2018b；2019；Li et al.，2018；Wang et al.，1999；2000a；2000b）。然而，上述研究局限或因实证数据来源为世界银行 PPI 数据库（省级宏观统计数据），或因采用案例研究而无法等研究局限，使得项目层面识别的控制变量有限。本书在 PPP 项目测量方面做出创新，首次采用国家财政部 PPP 项目管理库的数据（第四章已经介绍了该数据库的优点，此处不再赘述），采集到项目层面特征变量的信息比已有研究中提供的信息丰富很多。而且，笔者根据自身经验判断，得以在非标准化的 PPP 项目信息中提炼出有价值的特征变量，对其进行编码，共计形成 11 个特征变量。

上述 11 个特征变量对于本书的研究价值在于控制 PPP 伙伴选择时的其他影响因素。前文已述，笔者采用判别分析，以伙伴所有制的分类为依据，构建判别函数，找出其中能反映伙伴类型的关键变量。用于判别分析的项目层面原始变量的测量及类型如表 6.5 所示。

表 6.5　用于判别分析的项目层面原始变量的测量及类型

| 变量名称 | 概念 | 变量测量 | 类型 |
| --- | --- | --- | --- |
| Period_con | 建设期限/年 | 项目合同中建设阶段所需时长<br>（当 construction＝1 时，该值为空） | 连续 |
| Period | 合同约定期限/年 | 项目合同约定的伙伴关系时长 | 连续 |
| Money | 项目资金/亿元 | 项目建成所需资金规模 | 连续 |
| Return | 回报机制 | 1＝使用者付费，2＝可行性缺口补助，3＝政府付费，""＝NA | 定序 |
| Mode | 交易结构类型 | 1＝MC，2＝O&M，3＝TOT，4＝ROT，5＝其他，6＝DBTO，7＝DBFO，8＝BOT，9＝BOO，10＝EPC＋BOT，11＝TOT＋ROT，12＝TOT＋BOT | 定类 |
| Construction | 建设类型 | 1＝无建设，2＝扩建/改建，3＝翻新/重建，4＝新建 | 定序 |
| Skill | 伙伴经营类型 | 1＝运营商，2＝技术服务商，3＝材料设备供应商，4＝建筑承包商，5＝金融机构，6＝投资机构，""＝NA | 定序 |
| Gov_part | 政府入股与否 | 0＝不入股，1＝入股 | 分类 |

续表

| 变量名称 | 概念 | 变量测量 | 类型 |
|---|---|---|---|
| Grade | 项目优秀等级 | "　"＝NA,1＝其他,2＝市级示范项目,3＝省级示范项目,4＝财政部示范项目 | 定序 |
| Library | 项目规范等级 | 1＝财政部退库,2＝财政部,3＝财政部＋发展改革委 | 定序 |
| Industry | 所属行业 | 1＝养老,2＝文化,3＝体育,4＝医疗卫生,5＝社会保障,6＝教育,7＝其他,8＝科技,9＝能源,10＝农业,11＝林业,12＝水利建设,13＝旅游,14＝政府基础设施,15＝生态建设和环境保护,16＝城镇综合开发,17＝市政工程,18＝保障性安居工程,19＝交通运输 | 定序 |

为后文研究便利,笔者根据自身经验知识,对分类变量做了经验性判断,将其转化为定序变量,试图揭示更多特征。例如,在对所属行业(Industry)变量编码时,采用经验性判断对行业从运营成分更重的软性行业到建设成分更重的硬性行业,从小到大依次编码,生成定序变量。回报机制(Return)按照对政府付费依赖度,从低到高依次编码,生成定序变量。

本书对上述变量进行判别分析,分别采用典型判别和逐步判别分析的方法。经过判别分析过程,两种方法均将从原来的 11 个特征项目变量中最后推导出只有 6 个变量的判别函数,其中典型判别函数系数如表 6.6 所示。

表 6.6　基于伙伴所有制的项目层面典型判别函数系数

| 变　量　名　称 | 变　量　内　涵 | 因变量＝1(国有企业) |
|---|---|---|
| Industry | 所属行业 | 0.34 |
| Return | 回报机制 | 0.21 |
| Skill | 伙伴经营类型 | −0.48 |
| Period_con | 建设期限 | 0.37 |
| Money | 项目资金 | 0.36 |
| Gov_part | 政府入股与否 | 0.40 |

注：表中数值为标准化系数。

表 6.6 显示,所属行业是区分伙伴所有制的典型特征变量,初步验证了国企是资源型能力功能、民企是效率型能力功能的研究假设,也符合笔者认为行业类型对核心因素作用存在调节效应的预期。

## 六、变量汇总

为减少内生性问题,笔者统一将自变量相应的数据获取年份,相比因变量对应的数据发生年份滞后 1～2 年。其中,核心自变量一"公共价值取向"选择项目准备阶段的数据,相比因变量伙伴选择所处的"执行阶段"通常能提早 1～2 年发生;而核心自变量二

"资源型能力"和"效率型能力"相应的数据来源年鉴发布年份保持比因变量的年份提早1年，由于年鉴发布数据所发生的年份通常比年鉴发布年份早1年，因此能保证核心自变量二也相比因变量滞后2期。如此一来，在时间上可以确保自变量所代表的事件发生先于因变量，避免了互为因果的内生性问题出现。此外，地区层面变量也相应滞后1～2年。

综上，本书实证研究所需的每个变量的类型、概念内涵、名称、测量方法及相应数据来源汇总如表6.7所示。

表 6.7　定量实证变量汇总表

| 变量类型 | 概念内涵 | 变量名称 | 变量测量 | 数据来源 |
|---|---|---|---|---|
| 因变量 | Selection | 国企参与与否 | 0＝民企参与，1＝国企参与 | 国家财政部 PPP 项目管理库 |
| | Participation | 国企参与程度 | 国企参与程度（从 0～100%） | 同上 |
| 自变量 | Publicness | 公共价值取向 | 项目回报率水平的倒数 | 同上 |
| | Cash | 财政自给率 | 预算内一般财政收入/预算内一般财政支出 | 中国城市统计年鉴 |
| | Debt | 城投债务率 | 城投债年末本金余额/预算内一般财政收入 | Wind 资讯数据库 中国城市统计年鉴 |
| | Hard | 硬件水平 | Factor1 | 中国城乡建设数据库 |
| | Soft | 软件水平 | Factor2 | 中国城乡建设数据库 |
| 控制变量：地区层面 | Gdp_pc | 人均 GDP | 各地人均 GDP(Ln) | 中国城市统计年鉴 |
| | Population | 人口密度 | GDP/人均 GDP(Ln) | 中国城市统计年鉴 |
| | Transparency | 财政透明度 | 中国市级政府财政透明度（历年数值统一口径为 100 分值） | 清华大学公共管理学院 |
| | Experience | 实施经验 | 地区 PPP 示范项目数量 | 国家财政部 PPP 项目管理库 |
| | Fixinvest_speed | 固定资产投资增速 | 固定资产三年平均投资增速 | 中国城市统计年鉴 |
| 控制变量：项目层面 | Industry | 所属行业 | 参见表 6.5 | 国家财政部 PPP 项目管理库 |
| | Return | 回报机制 | 参见表 6.5 | 同上 |
| | Skill | 伙伴经营类型 | 参见表 6.5 | 同上 |
| | Period_con | 建设期限 | 参见表 6.5 | 同上 |
| | Money | 项目资金 | 参见表 6.5 | 同上 |
| | Gov_part | 政府入股与否 | 参见表 6.5 | 同上 |

## 第二节　变量的描述性统计与相关性分析

### 一、描述性统计

表 6.8 展示了所有变量的描述性统计结果。

**表 6.8　定量实证变量的描述性统计**

| 变量名称 | 最小值 | 最大值 | 平均值 | 标准差 |
|---|---|---|---|---|
| Selection | 0.00 | 1.00 | 0.57 | 0.50 |
| Participation | 0.00 | 100.00 | 55.01 | 35.66 |
| Publicness | −3.24 | 1.06 | 0.18 | 0.06 |
| Cash | 0.09 | 1.11 | 0.55 | 0.22 |
| Debt | 0.02 | 1.96 | 0.34 | 0.33 |
| Hard | −2.29 | 3.77 | 0.00 | 1.00 |
| Soft | −2.91 | 3.18 | 0.00 | 1.00 |
| Gdp_pc | 9.62 | 12.01 | 10.91 | 0.49 |
| Population | 4.02 | 8.01 | 6.22 | 0.59 |
| Transparency | 5.54 | 86.31 | 51.87 | 17.56 |
| Experience | 0.00 | 14.00 | 3.22 | 2.79 |
| Fixinvest_speed | −0.70 | 0.78 | 0.11 | 0.12 |
| Industry | 1.00 | 19.00 | 15.02 | 4.45 |
| Return | 1.00 | 3.00 | 2.43 | 0.64 |
| Skill | 1.00 | 6.00 | 3.56 | 1.58 |
| Period_con | 0.00 | 15.00 | 2.23 | 1.39 |
| Money | 0.22 | 495.00 | 18.25 | 41.60 |
| Gov_part | 0.00 | 1.00 | 0.73 | 0.44 |

表 6.8 显示的 Gdp_pc、Population 变量均为做对数化处理之后的描述统计值，以消除数值绝对值大小的影响。同时，Transparency、Money 变量标准差非常大，笔者对其做 Z-score 标准化处理之后再放入回归模型。

### 二、相关性分析

表 6.9 展示了所有变量之间的相关性系数。

表 6.9 定量实证变量的相关系数

| 变量名称 | 1 | 2 | 3 | 4 | 5 | 6 | 7 | 8 | 9 | 10 | 11 | 12 | 13 | 14 | 15 | 16 | 17 | 18 |
|---|---|---|---|---|---|---|---|---|---|---|---|---|---|---|---|---|---|---|
| Selection | 1.00 | | | | | | | | | | | | | | | | | |
| Participation | −0.08* | 1.00 | | | | | | | | | | | | | | | | |
| Publicness | 0.00* | 0.02* | 1.00 | | | | | | | | | | | | | | | |
| Cash | 0.05 | 0.00 | 0.16* | 1.00 | | | | | | | | | | | | | | |
| Debt | 0.15* | 0.11* | 0.12* | 0.14* | 1.00 | | | | | | | | | | | | | |
| Hard | −0.05* | 0.04 | −0.14* | −0.07* | −0.03 | 1.00 | | | | | | | | | | | | |
| Soft | 0.06* | 0.00 | 0.04 | 0.56* | 0.16* | 0.07* | 1.00 | | | | | | | | | | | |
| Gdp_pc | −0.03 | 0.03 | −0.09* | 0.84* | 0.17* | 0.92* | 0.36* | 1.00 | | | | | | | | | | |
| Population | −0.03 | 0.03 | −0.09* | 0.36* | 0.01 | 0.90* | 0.38* | 0.99* | 1.00 | | | | | | | | | |
| Transparency | 0.00 | 0.00 | −0.03 | 0.30* | 0.01 | 0.14* | 0.20* | 0.18* | 0.19* | 1.00 | | | | | | | | |
| Experience | −0.04 | −0.01 | 0.13* | 0.10* | 0.00 | −0.22* | 0.00 | −0.21* | −0.20* | 0.05* | 1.00 | | | | | | | |
| Fixinvest_speed | −0.05* | 0.02 | −0.07* | −0.12* | −0.04 | 0.55 | 0.04* | 0.57* | 0.58* | 0.13* | −0.12* | 1.00 | | | | | | |
| Industry | 0.11* | 0.00 | −0.05* | −0.03 | 0.06* | 0.01 | 0.04* | 0.03 | 0.02 | 0.06* | −0.03* | −0.01 | 1.00 | | | | | |
| Return | 0.07* | 0.03 | −0.05* | 0.00 | 0.05* | −0.01 | −0.04* | −0.05* | −0.06* | 0.06* | 0.01 | −0.02 | 0.19* | 1.00 | | | | |
| Skill | 0.25* | −0.09* | −0.01 | 0.03 | 0.01 | −0.03 | 0.01 | −0.02 | −0.02 | −0.01 | 0.02 | −0.02 | −0.01 | 0.06* | 1.00 | | | |
| Period_con | 0.17* | −0.13* | 0.03 | 0.11* | 0.06* | −0.02 | 0.11* | 0.02 | 0.03 | 0.01 | −0.01 | −0.01 | −0.02 | −0.11* | 0.22* | 1.00 | | |
| Money | 0.19* | −0.09* | −0.03 | 0.15* | 0.12* | 0.00 | 0.16* | 0.05* | 0.06* | 0.04* | 0.01 | −0.02 | 0.14* | −0.12* | 0.15* | 0.38* | 1.00 | |
| Gov_part | 0.05* | −0.37* | 0.00 | 0.04 | 0.13* | −0.04* | −0.02 | −0.04* | −0.05* | −0.02 | 0.05* | −0.04* | 0.00 | 0.03* | 0.06* | 0.04* | −0.03* | 1.00 |

注：＊号代表在 5% 置信度水平上显著。

## 第三节　PPP 伙伴选择影响因素的回归分析

### 一、选择国企与否的 Logistic 回归

关于因变量"选择国企与否（Selection）"的多层次 Logistic 回归结果，本书预期，公共价值取向（Publicness）的符号为正，即项目公共价值取向越高，选择国企作为伙伴的概率越高；资源型能力的两个变量中，Cash 的符号为负、Debt 的符号为正，即财政自给率越小，城投债务率越大，资源型能力需求越高，选择国企作为伙伴的概率越高；效率型能力（Hard、Soft）的符号为正，即硬件水平和软件水平越低，效率型能力需求越高，选择国企作为伙伴的概率越低。

笔者对 Logistic 模型做了相关设置。其中，模型（1）为仅包含了控制变量的基准模型。模型（2）到模型（5）分别检验了三组自变量对选择结果的影响，以此检验研究假设 1 和假设 2。所有模型均对相关的控制变量进行了控制，并控制了地域（Region）、省份（Province）、城市（City）、行业（Industry）和年份（Year）作为固定效应。

Logistic 回归结果如表 6.10 所示。

表 6.10　定量实证的 Logistic 回归结果（因变量为 Selection）

| 变量名称 | （1） | （2） | （3） | （4） | （5） |
|---|---|---|---|---|---|
| Publicness | | 0.07** (0.05) | | | 0.12** (0.05) |
| Cash | | | −0.57 (9.07) | | −0.58 (10.12) |
| Debt | | | 0.31*** (1.31) | | 0.34*** (1.50) |
| Hard | | | | −1.83 (1.36) | −0.88 (1.91) |
| Soft | | | | 0.02** (0.92) | 0.11** (1.01) |
| Gdp_pc | 4.71 (6.00) | 4.92 (6.19) | 6.84 (6.34) | 3.35 (6.76) | 6.47 (7.82) |
| Population | 4.53** (11.63) | 6.42** (10.56) | 27.44** (12.97) | 9.73** (30.10) | 28.21** (34.52) |
| Transparency | −0.37 (0.01) | −0.58 (0.01) | −0.25 (0.01) | −0.34 (0.01) | −0.43 (0.01) |
| Experience | −0.26** (0.10) | −0.35* (0.11) | −0.39* (0.09) | −0.25* (0.10) | −0.40* (0.10) |

续表

| 变量名称 | （1） | （2） | （3） | （4） | （5） |
|---|---|---|---|---|---|
| Fixinvest_speed | −1.12<br>(0.00) | −1.48<br>(0.00) | 1.37<br>(0.00) | −0.23<br>(0.00) | 1.82<br>(0.00) |
| Return | 0.27*<br>(0.19) | 0.30*<br>(0.19) | 0.32*<br>(0.20) | 0.28*<br>(0.19) | 0.36*<br>(0.20) |
| Skill | 0.05**<br>(0.08) | 0.05**<br>(0.08) | 0.04**<br>(0.08) | 0.04**<br>(0.08) | 0.00**<br>(0.08) |
| Period_con | −0.28*<br>(0.10) | −0.32*<br>(0.10) | −0.29*<br>(0.10) | −0.28*<br>(0.10) | −0.32*<br>(0.10) |
| Money | 1.64**<br>(0.01) | 1.62**<br>(0.01) | 1.71**<br>(0.01) | 1.61**<br>(0.01) | 1.67**<br>(0.01) |
| Gov_part | 0.43*<br>(0.26) | 0.44**<br>(0.26) | 0.42*<br>(0.26) | 0.43*<br>(0.26) | 0.43**<br>(0.26) |
| Industy | 控制 | 控制 | 控制 | 控制 | 控制 |
| City、Province、Region | 控制 | 控制 | 控制 | 控制 | 控制 |
| Year | 控制 | 控制 | 控制 | 控制 | 控制 |
| LR chi2 | 851.67 | 1002.37 | 892.42 | 899.46 | 1187.25 |
| Prob＞chi2 | 0.000 | 0.000 | 0.000 | 0.000 | 0.000 |
| Pseudo R2 | 0.1227 | 0.1254 | 0.124 | 0.1338 | 0.1400 |
| N | 1638 | 1638 | 1638 | 1638 | 1638 |

注：* $p < 0.1$，** $p < 0.05$，*** $p < 0.01$。

## 二、国企参与程度的 Tobit 回归

关于因变量"国企参与程度（Participation）"Tobit 回归结果，本书预期：公共价值取向（Publicness）的符号为正，即项目公共价值取向越高，选择国企作为伙伴的概率越高；资源型能力的两个变量中，Cash 的符号为负、Debt 的符号为正，即财政自给率越小、城投债务率越大，资源型能力需求越高，选择国企作为伙伴的概率越高；效率型能力（Hard、Soft）的符号为正，即硬件水平和软件水平越低，效率型能力需求越高，选择国企作为伙伴的概率越低。

笔者同样对 Tobit 模型做了相关设置。其中，模型（1）为仅包含了控制变量的基准模型。模型（2）到模型（5）分别检验了三组自变量对选择结果的影响，以此检验研究假设 1 和假设 2。所有模型均对相关的控制变量进行了控制，并控制了地域（Region）、省份（Province）、城市（City）、行业（Industry）和年份（Year）作为固定效应。

Tobit 回归结果如表 6.11 所示。

表6.11　定量实证的Tobit回归结果(因变量为Participation)

| 变量名称 | (1) | (2) | (3) | (4) | (5) |
|---|---|---|---|---|---|
| Publicness | | 0.15$^{**}$ | | | 0.28$^{**}$ |
| | | (0.39) | | | (0.41) |
| Cash | | | −0.21 | | −0.93 |
| | | | (12.18) | | (12.41) |
| Debt | | | 1.50$^{***}$ | | 1.35$^{***}$ |
| | | | (4.08) | | (4.19) |
| Hard | | | | −1.75 | −2.29 |
| | | | | (2.05) | (2.14) |
| Soft | | | | 0.76$^{**}$ | 0.61$^{**}$ |
| | | | | (1.53) | (1.55) |
| Gdp_pc | 7.05 | 6.87 | 13.91 | 4.91 | 10.63 |
| | (3.56) | (3.66) | (5.55) | (4.22) | (6.00) |
| Population | 5.01$^{**}$ | 4.11$^{**}$ | 6.72$^{**}$ | 5.11$^{**}$ | 5.75$^{**}$ |
| | (3.80) | (3.86) | (4.02) | (3.80) | (4.08) |
| Transparency | 0.01 | 0.02 | 0.03 | −0.01 | 0.01 |
| | (0.07) | (0.08) | (0.07) | (0.08) | (0.08) |
| Experience | −0.53$^{*}$ | −0.39$^{*}$ | −0.64$^{*}$ | −0.47$^{*}$ | −0.44$^{*}$ |
| | (0.45) | (0.45) | (0.45) | (0.45) | (0.46) |
| Fixinvest_speed | −0.00 | −0.00 | −0.00 | −0.00 | −0.00 |
| | (0.00) | (0.00) | (0.00) | (0.00) | (0.00) |
| Return | 0.86$^{***}$ | 0.68$^{***}$ | 1.24$^{***}$ | 0.61$^{***}$ | 0.82$^{***}$ |
| | (2.01) | (2.03) | (2.02) | (2.02) | (2.06) |
| Skill | −1.02$^{***}$ | −1.06$^{***}$ | −1.07$^{***}$ | −0.98$^{***}$ | −1.05$^{***}$ |
| | (0.85) | (0.86) | (0.85) | (0.85) | (0.86) |
| Period_con | −1.33$^{***}$ | −1.32$^{***}$ | −1.40$^{***}$ | −1.37$^{***}$ | −1.46$^{***}$ |
| | (1.02) | (1.03) | (1.02) | (1.03) | (1.04) |
| Money | −0.08$^{**}$ | −0.08$^{**}$ | −0.07$^{**}$ | −0.08$^{**}$ | −0.07$^{**}$ |
| | (0.04) | (0.04) | (0.04) | (0.04) | (0.04) |
| Gov_part | −28.42$^{*}$ | −28.50$^{*}$ | −28.17$^{*}$ | −28.40$^{*}$ | −28.18$^{*}$ |
| | (2.86) | (2.90) | (2.88) | (2.87) | (2.94) |
| Industy | 控制 | 控制 | 控制 | 控制 | 控制 |
| City、Province、Region | 控制 | 控制 | 控制 | 控制 | 控制 |
| Year | 控制 | 控制 | 控制 | 控制 | 控制 |
| LR chi2 | 162.58 | 159.39 | 166.01 | 164.44 | 164.04 |
| Prob＞chi2 | 0.0000 | 0.0000 | 0.0000 | 0.0000 | 0.0000 |
| Log likelihood | −3581.21 | −3518.71 | −3579.81 | −3580.45 | −3516.81 |
| N | 1638 | 1638 | 1638 | 1638 | 1638 |

注：$^{*}$ $p＜0.1$，$^{**}$ $p＜0.05$，$^{***}$ $p＜0.01$。

从表6.10和表6.11回归结果来看，除效率型能力的硬件水平(Hard)系数符号与预期相反、资源型能力的财政自给率(Cash)估计系数不显著以外，公共价值取向(Publicness)、资源型能力的城投债务率(Debt)、效率型能力的软件水平(Soft)估计系数均显著且系数符号符合预期。因此,假设 1 和假设 2 均得到了验证,即公共价值取向与国企参与与否/参与程度正相关($p<0.05$),资源型能力需求与国企参与与否/参与程度正相关($p<0.01$),效率型能力需求与国企参与与否/参与程度负相关($p<0.05$)。

由此可见,中国 PPP 项目伙伴选择动机确实呈现出价值协同与能力互补效应。然而,需要指出的是,我国 PPP 机制功能一定程度上偏离了 PPP 机制本身的预期功能。其中,对于国企的资源型能力需求主要是"借新还旧"而非财政扩权,这一结果虽表明地方政府通过 PPP 化解债务的制度预期已实现,但也为 PPP 机制的有效使用埋下了隐患。这符合访谈中有些专家的描述:

"不是 PPP 的锅,PPP 不背。不是 PPP 的问题,是用 PPP 的人的问题。"(访谈记录:20190909-D1-GT)

此外,对于民企的效率型能力需求主要表现为改善软件水平方面,这一方面证实民企确实相比国企更具运营创新和专业效率,依靠其专业优势能获得公共服务类的 PPP 项目,但另一方面也暗示了对于这一类服务的价值缺失监管尤为重要且刻不容缓。

## 三、价值协同与能力互补的交互效应

针对研究假设 3,本书采用自变量之间的交互效应进行检验。在 Logistic 模型和 Tobit 模型中分别加入交互项 Publicness * Cash、Publicness * Debt、Publicness * Hard 和 Publicness * Soft,交互项相乘之前对变量进行了中心化处理(grand-mean centering),以保证没有严重的多重共线性问题。

同样,所有模型均对相关的控制变量进行了控制,并控制了地域(Region)、省份(Province)、城市(City)、行业(Industry)和年份(Year)作为固定效应。

交互效应的回归结果如表 6.12 所示。

表 6.12　定量实证的"价值协同-能力互补"交互效应

| 变量名称 | Logistic | | | Tobit | | |
|---|---|---|---|---|---|---|
| | (1) | (2) | (3) | (4) | (5) | (6) |
| Publicness | 0.58** (0.19) | 0.11** (0.07) | 0.35** (0.23) | 0.01** (0.02) | 0.01** (0.01) | 0.00** (0.02) |
| Cash | −0.94 (10.15) | −0.33 (10.17) | −0.26 (10.29) | −0.41 (0.20) | −0.29 (0.18) | −0.39 (0.21) |
| Debt | 0.34** (1.54) | 0.26** (1.47) | 0.31** (1.53) | 0.13** (0.07) | 0.09** (0.06) | 0.13** (0.07) |
| Hard | −0.88 (1.91) | −0.92 (1.92) | −0.93 (1.92) | −0.01 (0.03) | −0.03 (0.04) | −0.02 (0.04) |

续表

| 变量名称 | Logistic | | | Tobit | | |
|---|---|---|---|---|---|---|
| | （1） | （2） | （3） | （4） | （5） | （6） |
| Soft | 0.08** | 0.07** | 0.08** | 0.02 | 0.02 | 0.03 |
| | (1.00) | (1.00) | (1.01) | (0.02) | (0.03) | (0.03) |
| Publicness * Cash | −0.54 | | −0.10 | −0.04 | | −0.03 |
| | (0.35) | | (0.42) | (0.03) | | (0.04) |
| Publicness * Debt | 0.03** | | 0.20** | 0.02** | | 0.02* |
| | (0.15) | | (0.15) | (0.02) | | (0.02) |
| Publicness * Hard | | 0.51 | 0.62 | | 0.03 | 0.01 |
| | | (0.06) | (0.07) | | (0.09) | (0.01) |
| Publicness * Soft | | 0.30** | 0.28** | | 0.05 | 0.00 |
| | | (0.21) | (0.07) | | (0.15) | (0.01) |
| 地区控制变量 | √ | √ | √ | √ | √ | √ |
| 项目控制变量 | √ | √ | √ | √ | √ | √ |
| Industy | 控制 | 控制 | 控制 | 控制 | 控制 | 控制 |
| City、Province、Region | 控制 | 控制 | 控制 | 控制 | 控制 | 控制 |
| Year | 控制 | 控制 | 控制 | 控制 | 控制 | 控制 |
| LR chi2 | 1185.87 | 1130.93 | 1199.22 | 113.64 | 113.24 | 114.87 |
| Prob> chi2 | 0.0000 | 0.0000 | 0.0000 | 0.0000 | 0.0000 | 0.0000 |
| N | 1638 | 1638 | 1638 | 1638 | 1638 | 1638 |

注：* $p<0.1$，** $p<0.05$，*** $p<0.01$。为了更清晰地呈现主要回归结果，删去了控制变量的详细结果，仅报告了控制情况。

假设3a推断地方政府的资源型能力需求，对公共价值取向促进国企参与概率及参与程度的作用中扮演着正向调节角色。表6.12中，模型（1）和模型（3）均部分证实了这一效应的存在。资源型能力（Debt）与公共价值取向（Publicness）的调节变量系数显著为正（$p<0.05$）。这说明地方政府价值协同驱动的寻找"自己人"的意愿以及强度也受到现实需求的调节。具体而言，当地方政府对资源型能力需求很高时，面对同样的公共价值取向，更会倾向于选择国企合作，而且通常是有更多资源优势的国企。换言之，同样是选择"自己人"，地方政府面对很高资源型能力需求时会更愿意选择有资源优势的"自己人"，例如大型央企、上市国有公司等。

假设3b则推断地方政府的效率型能力需求，对公共价值取向促进国企参与概率及参与程度的作用中扮演着负向调节角色。表6.12中，模型（2）和模型（3）均部分证实了这一效应的存在。效率型能力（Soft）与公共价值取向（Publicness）的调节变量系数显著为负（$p<0.1$）。

这说明地方政府在作出伙伴选择时，多元价值动机在起综合作用，而且追求效率和公共价值之间存在"跷跷板"关系。尤其是，当地方政府对提高本地供给效率的需求很高时，即便在具体项目上有很高的公共价值取向，仍有可能选择民企或者选择效率较高

的国企进行合作。在一定程度上，上述发现也暗示了地方政府 PPP 伙伴选择仍是相对
理性的。

## 四、行业类型对价值协同与能力互补作用的调节效应

针对假设 4，本书采用分样本的方式对其进行回归检验，回归结果如表 6.13 所示。
其中，模型（1）到模型（4）为建设成分更重的行业（Construction-orientated）（Industry≥
9）的回归结果，模型（5）到模型（8）为运营成分更重的行业（Operation-orientated）
（Industry＜9）的回归结果，预期前者整体效应大于后者。所有模型均对相关的控制变
量进行了控制，并控制了地域（Region）、省份（Province）、城市（City）、行业（Industry）和
年份（Year）作为固定效应。

表 6.13　定量实证的分样本回归结果

| 变量名称 | Construction-orientated | | | | Operation-orientated | | | |
|---|---|---|---|---|---|---|---|---|
| | （1） | （2） | （3） | （4） | （5） | （6） | （7） | （8） |
| Publicness | 0.10$^{**}$ (0.05) | | | 0.09$^{**}$ (0.04) | 0.08$^{*}$ (0.05) | | | 0.06$^{*}$ (0.36) |
| Cash | | −0.36 (6.01) | | −0.38 (7.81) | | −0.23 (9.01) | | −0.25 (9.71) |
| Debt | | 0.19$^{***}$ (1.19) | | 0.14$^{***}$ (1.49) | | 0.26$^{**}$ (1.25) | | 0.27$^{**}$ (1.78) |
| Hard | | | −1.10 (1.45) | −1.10 (1.28) | | | 1.40 (4.48) | 0.10 (7.88) |
| Soft | | | 0.67 (0.85) | 0.68 (0.68) | | | 0.46 (0.79) | 0.35 (0.98) |
| Publicness * Cash | | | | −6.15 (3.00) | | | | 4.13 (7.31) |
| Publicness * Debt | | | | 4.89$^{**}$ (6.09) | | | | 2.07 (28.07) |
| Publicness * Hard | | | | −0.56 (0.01) | | | | −0.49 (0.01) |
| Publicness * Soft | | | | 0.47$^{**}$ (0.04) | | | | −0.33 (0.09) |
| 地区控制变量 | √ | √ | √ | √ | √ | √ | √ | √ |
| 项目控制变量 | √ | √ | √ | √ | √ | √ | √ | √ |
| Industy | 控制 | 控制 | 控制 | 控制 | 控制 | 控制 | 控制 | 控制 |
| City、Province、Region | 控制 | 控制 | 控制 | 控制 | 控制 | 控制 | 控制 | 控制 |
| Year | 控制 | 控制 | 控制 | 控制 | 控制 | 控制 | 控制 | 控制 |
| LR chi2 | 1185 | 1130 | 1199 | 1130 | 1130 | 1140 | 1185 | 1130 |

续表

| 变量名称 | Construction-orientated | | | | Operation-orientated | | | |
|---|---|---|---|---|---|---|---|---|
| | (1) | (2) | (3) | (4) | (5) | (6) | (7) | (8) |
| Prob> chi2 | 0.000 | 0.000 | 0.000 | 0.000 | 0.000 | 0.000 | 0.000 | 0.000 |
| N | 1201 | 1201 | 1201 | 1201 | 437 | 437 | 437 | 437 |

注: * $p<0.1$, ** $p<0.05$, *** $p<0.01$。为了更清晰地呈现主要回归结果,删去了控制变量的详细结果,仅报告了控制情况。

假设 4 推断行业类型对伙伴选择动机存在调节效应。两个分样本的回归结果显示,建设成分更重的行业(Construction-orientated)比运营成分更重的行业(Operation-orientated)系数更大。这证实了在基础设施行业,价值协同和能力互补作用更为明显,表现为国企和民企的二元结构性更突出,即伙伴的两极分化更为明显。相比之下,公共服务领域的作用则更弱,这也和我国公共服务一直匮乏有较大关系。

### 五、稳健性检验

利用多层次模型进行量化回归分析的常用稳健性检验方法是:依次删除一个国家或地区层面的数据,对于剩余的数据重新运行原来的多层次模型(Snijders et al.,1999)。本书同样采用这一方法进行稳健性检验,即每次删除一个省份的样本,对于剩余样本重复运行上面的多层次 Logistic 模型和多层次 Tobit 模型。结果表明,不管删除哪个省份的数据,价值协同和能力互补的净效应依然显著,且大小基本一致。然而,在两个变量之间的交互效应上有些差异,而且分行业的结果也有些差异。检验结果说明本书定量实证结果具有较高的稳健性。

## 第四节 本章小结

本章在国家财政部 PPP 项目管理数据库和多来源的地级市数据库基础上,通过编码、清理、筛选和匹配形成了半原创的混合截面数据库,对 PPP 项目伙伴选择的影响因素进行了严格实证,得出了价值协同和能力互补对于 PPP 伙伴选择结果有显著影响的实证结论,并且在变量交互、分行业调节中发现了更细致的影响效应,由此验证了本书提出的研究假设,如表 6.14 所示。

表 6.14　定量实证研究假设的检验结果

| 研究假设 | 检验结果 |
|---|:---:|
| 假设 1：政府对项目的公共价值取向越高，选择国企的概率越高/其参与越深 | √ |
| 假设 2a：政府对资源型能力需求越高，选择国企的概率越高/其参与越深 | √ |
| 假设 2b：政府对效率型能力需求越高，选择国企的概率越低/其参与越浅 | √ |
| 假设 3：能力互补与价值协同存在交互效应 | √ |
| 假设 4：行业类型对价值协同和能力互补的选择作用存在调节效应 | √ |

本章的定量分析结果，验证了第五章提出的研究假设，即价值协同和能力互补是 PPP 伙伴关系达成的重要影响因素。政府对项目的公共价值取向能够提高政府选择国企的概率且允许国企参与更深。政府的资源型能力需求也能够提高政府选择国企的概率且允许国企参与更深，但政府的效率型能力需求作用则相反，它与选择国企的概率显著负相关，且允许国企参与的程度也显著负相关。为什么同样的国家制度高压下，地方会呈现出 PPP 伙伴选择的多样性？因为地方政府感知到与国企的公共价值协同有助降低组织间协作的不确定性，且形成对国企和民企不同的能力互补需求，国家治理二元性内化于地方政府，作用于伙伴选择的观点也得到证实。本章的定量实证研究回答了"研究问题 2：地方政府 PPP 伙伴选择的影响因素是什么？"。

但值得关注的是，资源型能力互补动机的作用机制并非财政扩权激励，而是"借新还旧"激励，即 PPP 一定程度上成为化解政府债务的过桥工具，把政府债务推向了企业；效率型能力互补仅仅在改善软件服务方面起作用，这一方面暗示了硬件设施产品更标准化，因此国企更标准化（更军事化）的管理方式占优，另一方面也提示民企大量进入的领域恰恰是最需要把握公共价值的公共服务领域，因此政府不能退场，监管和控制也不能松懈。

颇有意思的是，上述两个因素之间所呈现的交互效应展现出二者更为丰富的作用机制。具言之，当一个地区对资源型能力需求处于高位时，即便公共价值取向程度相同，地方政府也更倾向于选择国企，特别地，这类国企通常具有更大资源优势，例如，地方政府此时希望一家有实力的国企百分百控股 PPP 项目。若聚焦于效率追求与公共价值之间的关系，本书揭示了二者之间"此起彼伏"的"跷跷板"关系。特别地，当某地区急切需要提高公共产品与服务的供给效率时，即便该地方政府在某一公共项目上呈现高公共价值取向，也仍倾向于选择民企或效率高的国企。进一步地，地方政府选择的转变取决于效率追求与公共价值所形成的阈值，而阈值的确定需要结合二者的净效应展开综合分析。

最后，本书通过分行业的回归结果还证实了行业类型的调节效应假设。相比之下，基础设施领域中价值协同和能力互补作用更为明显，表现为国企和民企的二元结构属性更明显,两个伙伴类型的分层关系更清晰,相比之下,公共服务领域的作用则更弱,这也许和我国公共服务相对匮乏,市场条件不充分、政府控制为主的历史有较大关系。

　　本章定量实证结果如图 6.2 所示。

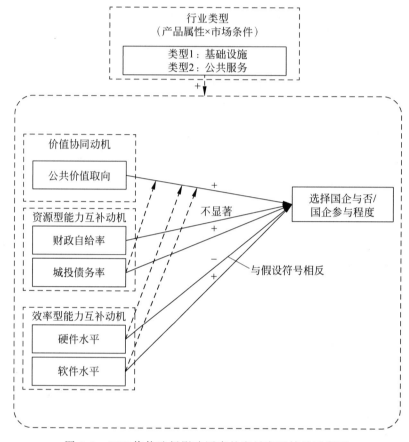

图 6.2　PPP 伙伴选择影响因素的定量实证结果示意图

# 第七章

# 理论框架的检验二：基于案例比较分析

将公共管理作为一个知识领域加以研究发展，其中一项重要策略应当包括，开发一个包含相当数量的公共管理问题和实践的案例库。

——艾莉森（Allison，1980）

本章通过多案例比较研究与对每个案例进行过程追踪，检验伙伴选择动机的长效作用并挖掘作用机制。本书选择的三个案例分别起始于我国 PPP 发展的第 1、2 和第 4 阶段，通过揭示每个案例的伙伴选择动机，发掘三个不同阶段的伙伴选择案例中的动机共性并验证其长效作用。而且，三个案例的伙伴选择结果分别为公公、联合体和公私，因此发现三个案例的价值协同程度不同，其达成伙伴关系的作用机制也不同。同时，每个案例的过程追踪中还发现了若干细节要素。本章最后论述了选择动机的正反作用，并将更多现实伙伴类型纳入同一谱系做比较，对本书的理论框架进行延伸。

本章三个案例按照最不相似体系原则设计的情况如表 7.1 所示。

表 7.1　最不相似体系原则设计的三个案例信息

| 编号 | 案例名称 | 阶段 | 地域 | 时长 | 行业 | 案例典型性 | 资料可获得性 |
|---|---|---|---|---|---|---|---|
| 1 | S 项目（污水处理厂） | 第 4 阶段 | 我国中部 | 1 年 | 污水 | 我国 PPP 最多的行业 | 参与式观察 |
| 2 | 北京地铁 4 号线 | 第 2 阶段 | 北京 | 10 年 | 地铁 | 最难 PPP 的行业 | 参与式观察 |
| 3 | 广西来宾 B 电厂 | 第 1 阶段 | 广西 | 15 年（期满） | 电力 | 全球 PPP 最多的行业 | 与一位亲历者密切往来 |

## 第一节　一个刚落地的案例：S项目（我国PPP最多的行业）

### 一、案例呈现

2017—2018年，Z市在S项目（某污水处理厂）伙伴选择过程中经历曲折，其多次伙伴选择经历也成为一个涵盖多样结果的典型案例。Z市伙伴选择的整个过程追踪，能成为验证本书因果关系的代表性案例（罗伯特·K.殷，2004）[51]。由于S项目的伙伴选择过程涉及多方利益及商业机密，因此，本书在获得该项目当事人同意的情况下，得到详细阐述该案例的机会并隐去案例相关的可能暗示当事人真实身份的信息。下文称该案例为S项目，所在城市为Z市/政府，参与过的伙伴为C国企、D民企和E央企。

Z市为我国中部城市，经济处于中等发达水平，所处省份虽然不算PPP实践最早启动的地区，但PPP项目的落地数量和金额也相对中等。当地已经落地的PPP项目成交时间集中在2017年，是我国PPP成交历史最大的一个年份，也是国家PPP政策转向的关键年份。Z市已经落地的PPP项目主要为基础设施类项目，包括城镇综合开发、政府基础设施、市政工程等，其特征与前文所描述的一样，属于融资、建设能力需求高，而运营、集成能力需求相对不那么紧迫的情况。Z市PPP项目的伙伴也主要为国企，数量比重达77%，金额比重达92%，这类企业便是以公共价值协同和资源型能力互补为核心特征。综上，Z市的PPP伙伴具有典型性，在观察Z市PPP项目伙伴选择的动机时，更容易观察到价值协同与能力互补发挥的作用。基于此，本书选择Z市作为案例情境能起到理论推论的作用。

一个建成后的污水处理厂如图7.1所示。

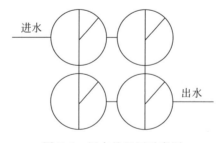

图7.1　污水处理厂示意图

我国在水务行业的PPP实践历史较长。1995年，国家计委确定首批试点BOT项目（如成都自来水六厂、上海大场水厂、长春汇津污水处理厂等项目），开始尝试水务项目投资多元化。2002年,原国家建设部(现国家住建部)印发了《关于加快市政公用行业市场化进程的意见》(建城[2002]272号),明确鼓励社会资金、外国资本采取独资、合资、合作等多种形式,参与市政公用设施的建设,形成多元化的投资结构(王盈盈等,2017)。文中尤其强调,对供水、供气、供热、污水处理、垃圾处理等经营性市政公用设施的建设,应公开向社会招标选择投资主体。自此,污水处理行业PPP模式正式进入全面发展阶段。2002年以后,中国城市污水处理项目无论在数量还是质量上都得到了迅速的提升(孔进等,2010)。原国家建设部先后发布了一系列政策文件,为国内外投资者提供了明确的投资期望和市场制度,也制定了污水处理行业的市场行为准则。同时,国家发展改革委、原国家环保总局也发布了市场准入标准(孔进等,2010)。国外资本和民间资本大量涌入,逐步形成了以BOT、TOT、特许经营等PPP模式为主,委托运营、股权交易、合资等多元化投资方式的市场化类型(杨永恒等,2018b)。我国污水处理行业形成了较好的市场条件,包括市场主体数量充足、技术经验全面等,污水处理也是目前PPP项目落地最多的领域[①]。

　　2016年,国家财政部发布了《关于在公共服务领域深入推进政府和社会资本合作工作的通知》(财金[2016]90号),要求在垃圾处理、污水处理等公共服务领域的新建项目中"强制"应用PPP模式,中央财政将逐步减少并取消专项建设资金补助。2017年,国家财政部又发布了《关于政府参与的污水、垃圾处理项目全面实施PPP模式的通知》(财建[2017]455号),进一步明确并扩大了污水处理PPP范围(不仅仅是新建项目)。这一政策不仅加速了污水处理行业的市场化,也证明污水处理行业相对其他行业"PPP模式运用较为广泛,操作相对成熟"(财金[2016]90号)。2019年3月5日,十三届全国人大二次会议在人民大会堂开幕,国务院总理李克强作政府工作报告时,划出了2019年生态环境保护工作的重点。其中,把"因地制宜开展农村人居环境整治,推进'厕所革命'、垃圾污水治理,建设美丽乡村和加大城市污水管网处理设施建设力度"作为2019年污水处理的工作任务。因此污水处理行业PPP项目具有更加开阔的市场空间。

　　Z市正是在上述政策背景之下,同时也为了应对当地与日俱增的生活、工业污水处理需求,决定新建污水处理厂。由于2014年以来,地方融资平台无法再为新建污水处理项目融资,政府决定将本地融资平台进行改革以符合作为PPP伙伴的政策要求。S项目的历次伙伴选择时间节点如下。

**1. 第一次伙伴选择**

　　2017年年底,Z市启动第一次伙伴选择工作,选定C国企作为S项目伙伴。在此之

---

① 笔者根据国家财政部PPP项目库(含项目管理库和储备清单)统计信息作出的判断。

前，C国企作为一家地方融资平台的子公司，已按政策要求完成"脱钩"程序，成为了合格的PPP投资人。

2018年年初，S项目第一次伙伴选择失败。受国家进一步规范国企PPP投资行为政策影响，C国企无法实现为S项目的融资能力互补，Z市因C国企能力不互补终止合作。

### 2. 第二次伙伴选择

2018年年初，Z市启动第二次伙伴选择工作，选定D民企作为S项目伙伴。D民企是我国众多污水处理上市公司中的一家，能满足S项目所需的融资需求，而获得S项目的核心理由是提出了污水处理的新专利技术，符合Z市作为"大长江保护带"沿线城市污水处理运营能力需求高的要求。

2018年年中，S项目第二次伙伴选择失败。在"中标通知书"发出之后，Z市受到年底完工的任务压力，要求D民企先行开工，再同步完成开工前所需的合同签署与手续办理工作。然而，D民企以上市公司身份为由，拒绝了所有无书面依据的工作。Z市因D民企价值不协同终止合作。

### 3. 第三次伙伴选择

2018年年中，Z市启动第三次伙伴选择工作，选定E央企作为S项目伙伴。经过系列程序，S项目终于成功融资、建设，保证了当年年底完工的进度要求，达成伙伴关系。

## 二、第一次：关系失败（C国企能力不互补）

Z市的S项目为新建污水处理厂，按照财建[2017]455号文的政策要求必须采用PPP模式。换言之，财政预算不再列新建污水处理厂的建设资金。又由于2014年国家严禁融资平台继续举债之后，与C国企相类似的融资平台均面临转型，具体有两个方向的转型路径，其中之一便是成为PPP合格投资者。原先主管当地水务工作的融资平台——C国企面临转型困境，经Z市内部沟通协调之后，决定将C国企按照国家要求进行"脱钩"处理，转型成为合规的PPP投资人，"重新"参与S项目。C国企与Z市政府的PPP合作行为，正是在基建投资制度转轨背景下的产物，具有典型性。

C国企按照42号文（详见第五章）要求完成了"脱钩"工作，包括通过财务审查建立了现代化财务制度，在公开渠道公告不再承担政府债务等。2016年，该市人民政府采用PPP模式运作S项目，具体运作方式为BOT模式，由人民政府授权政府投资项目建设管理办公室担任项目的实施机构[①]，负责项目的PPP模式推进工作。Z市实施机构将S项目通过PPP模式"交回"给了C国企。按照PPP协议，C国企新建项目公司，依法为S项目融资、建设和运营维护，负责项目的全过程管理，成为政府的PPP伙伴。然而，由于C国企的前身是本地融资平台，C国企参与PPP项目的核心作用是作为当地政府新建S项目的过桥融资工具，而运营仍听令于政府。其预期的交易过程和发挥的作用如图7.2所示。

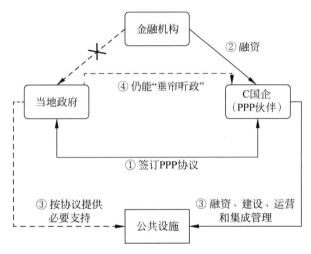

图7.2 S项目第一个PPP伙伴（C国企）的预期作用示意图

图7.2显示了Z市预期通过PPP伙伴（C国企）实现融资的全过程。然而，2018年，国家财政部发布了《关于规范金融企业对地方政府和国有企业投融资行为有关问题的通知》（财金〔2018〕23号），要求国有金融企业向参与地方建设的国企（含融资平台）或PPP项目提供融资，应按照"穿透原则"加强资本金审查，对不符合要求的不得向其提供融资等系列严控要求，禁止了C国企希冀无资本金的PPP融资行为，致使Z市的过桥融资计划失败，也显示了C国企无法实现资源型能力互补的作用。S项目第一次PPP伙伴选择失败，Z市被迫寻找新的PPP伙伴。

C国企参与S项目的PPP合作是一个最有可能案例，但现实却证伪了"只有价值协同因素能促使伙伴关系达成"这一原假设，验证了能力互补的重要作用。C国企由于是Z市本地国企，无论是公共价值取向还是其他价值取向，都与本市政府保持高价值协同，即有着最贴近的目标并互相知晓事后行为。如果Z市能通过系列合规程序达成与本地国企——C国企的PPP伙伴关系，将是双赢局面：Z市获得了增量融资，C国企得以继续存续和发展。但是，当初将S项目定为PPP模式后，Z市并没有在2018年的公

---

① 实施机构是指政府授权指定的一个PPP项目具体实施的部门，其在PPP项目中代表授权政府的权力。

用事业投资计划中安排 S 项目的投资建设资金。因此融资失败后,S 项目只能依靠市场化融资方式继续推进,这一条件也构成该案例第一次关系失败的极端条件,即政策突变催化了能力互补作用效应最大化显现,得以被笔者在现实中捕捉到并作为案例呈现出来,验证了本书的观点。因此,C 国企的伙伴关系无法达成恰恰证明了:即使是具有高价值协同的伙伴,如果无法实现 PPP 项目预期的能力互补作用,伙伴关系也无法存续,如图 7.3 所示。

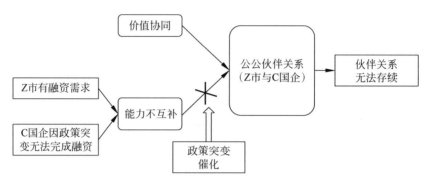

图 7.3　S 项目第一个 PPP 伙伴(C 国企)关系无法达成的理论解释

## 三、第二次:关系失败(D 民企价值不协同)

2018 年年初,原定的银行贷款无法如期发放给 C 国企,为了保证年底完工,Z 市决定立即启动第二次招标程序。由于时间仓促,Z 市没有更多的时间招商引资,因此招标公告明确了 S 项目的融资、建设和运营能力等核心诉求之后,就等待潜在伙伴报名投标。由于当地位居中国中部,符合环保概念,又是当地第二个大型污水处理厂,因此在规定时间内就收到了多家意向投资人的报名文件,而且均为上市公司。在均满足融资要求的条件下,多家进入正式评标环节,经过激烈角逐,Z 市选定了 D 民企作为 PPP 伙伴。理由是,D 民企是国内一家著名的污水处理公司,拥有丰富的污水处理经验,在多地有污水处理厂(在 Z 市所在省份的其他城市也有污水处理项目)。D 民企此次胜出的最主要原因是,它拥有的某项污水处理新技术降低了污水处理成本,在评标中得到高分,奠定了胜局。D 民企的预期作用与交易过程如图 7.4 所示。

然而,Z 市政府与 D 民企的 PPP 合作进展并不顺利。双方之间的摩擦较多,究其原因,是价值不协同导致的。Z 市政府的目标是 2018 年年底按时完工,而 D 民企的目标是在符合上市公司投资行为规定前提下通过提供专业化服务获得合理回报。双方的目标不一致,在某些时候或许可以缓和,但恰逢 S 项目成为 Z 市一项重点工程,任务强度激化了价值不协同带来的摩擦。下文是笔者在 S 项目中与多方单独的开放式访谈中记

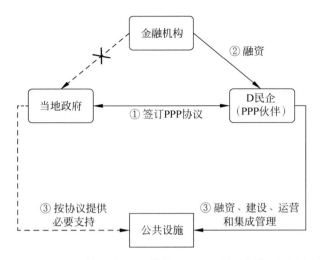

图 7.4 S项目第二个 PPP 伙伴（D民企）的预期作用示意图

录下来的资料。

D民企表示："当地政府可能是缺钱才做这个项目，要不然当地政府的行事风格并不适合与市场化的企业合作。我们感到非常不适应。……我们中标之后，政府还没发中标通知书给我们，就一直催我们先开工。可是，施工手续不齐备，我们既无法完成银行贷款工作，也没法向母公司申请资本金拨款。……我们已经为了适应这个项目工期紧的要求，请母公司特批先行拨付资本金，然后加派团队驻场，希望尽快推动开工前手续办理工作。但是效果并不理想，政府仍采用很多强令手段要求我们先做这做那，而直到现在，项目中标的请示还没通过市长会议。

"……"

"我们是民营企业，资金都是真金白银和血汗钱，而且我们并没有这么充裕的现金流，真的做不到垫资施工。更主要的是，我们还是上市公司，我们的每一个举动都受到更严格的监督，如果打着擦边球先上车后补票，又垫资施工，结果政府又不给我们如期付款的话，我们又不能欠农民工工资，真的最后就得靠老板个人腰包强撑了。……我们参与项目的动机非常纯粹，就是想通过提供专业化的污水处理新技术，降低污水处理成本，达到整体效益提高的目标，这样双方能实现共赢，但这似乎是我们的一厢情愿。"（访谈记录：20180401-民企代表-Sewage）

Z市政府则认为："我们这个项目已经走过一次程序，耽误了时间，现在希望中标企业能先进场施工，好完成今年年底完工的任务。……这是我们第一次招污水处理公司进来作为投资人运营，之前虽然也有过合作，但都不是 PPP 模式，是委托运营（即合同外包）模式。和上市的污水处理公司还是第一次合作。……这家企业投标前各方面我们都觉得非常满意，而且也想通过这次合作，整体提升全市污水处理工作的效率，树立一个合作的标杆业绩。……但是，民营企业对我们并不信任，要求我们出各种担保性文件。你也知道，政府哪能随便出文件。……如果每条工作都讲依据，全国政府都该关门了！

"……"

"民营企业还是不理解我们的难处。我们彼此都不太适应对方的处事风格，我认为最主要的差异在于，对方表现出的是如果合作不愉快就解除合作，而我们自然是希望继续合作下去，我们不想再反复折腾，不仅挨骂还可能受处罚。"（访谈记录：20180603-政府代表-Sewage）

笔者事后还访谈了一位参与过S项目专题论证会的学者："民营企业和地方政府之间有点'清'而'不亲'了。双方都像防贼一样防着彼此。这样的合作显然是不顺畅的。相比之下，国企与地方政府的一些默契性合作，反而降低了沟通成本。"（访谈记录：20190501-思想库代表-Sewage）

2018年年中，Z市为了保证工期，无法再让项目无休止拖延。地方政府甚至都还没与D民企完成合同签订，就以合同谈判未达成一致为理由，停止了第二次合作。2017年下半年至2018年，全国类似的项目出现多次更换投资人的情况十分普遍，主要是因为国家财政部对PPP项目进行清库、中国人民银行进一步对"明股实债"违规融资进行整顿等外部制度约束强度作用下，原本在价值协同和能力互补背后的张力作用被催化，表现为项目调整、整顿、失败的概率提高。

D民企也是一个最有可能案例，但现实也证伪了"只有能力互补因素能促使伙伴关系达成"这一原假设，验证了价值协同的重要性。在高能力互补的情况下，即使价值不那么协同，也可能通过相互沟通与协调而进一步提高价值协同的程度。然而，在Z市保工期的极端情形下，价值不协同成为双方关系失败的重要原因。因此，D民企的伙伴关系无法达成则证明了：即使是具有高能力互补的伙伴，如果双方之间没有价值协同，PPP伙伴关系也无法存续，如图7.5所示。

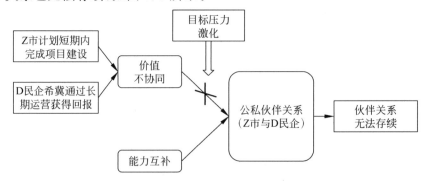

图 7.5 S项目第二个PPP伙伴（D民企）关系无法达成的理论解释

## 四、第三次：关系成功（E 央企能力与价值均达到阈值）

2018 年年中，无法继续等待的 Z 市政府终止了和 D 民企的合作。D 民企也没有疑义地接受了这一安排，选择退出 S 项目的 PPP 投资合作。Z 市政府被迫启动第三次招标程序，由于在前两次招标中感受到了项目处于"热卖"的买方地位，于是这一次招标的准入条件中，调高了对企业总资产规模等要求，招标意向明确指向央企。Z 市在 S 项目上的招标工作已经非常熟络，于是，很快就完成了招标工作，并选中了 E 央企。E 央企是一家央企下属子公司，地处 Z 市所在省份的省会城市。E 央企在第三次招标工作中愿意参与投资的原因非常复杂，透射出行政力量干预的作用。本书仍旧回归到 Z 市选择 E 央企作为 PPP 伙伴的动机进行分析。E 央企既不是价值最协同的，也不是能力最互补的伙伴，但却是两项因素都达到一定阈值的伙伴。这说明价值协同和能力互补的选择效应并不是追求最优解，而是一个带有最低阈值要求的可行解。

具体而言，E 央企相比 C 国企能实现获得融资的资源型能力互补作用（至于效率是否更高，这里暂且不论，也无从判断），而且作为中央政府直管的企业又在当地省会注册并贡献税收，其合作目标和事后行为均相比 D 民企更为价值协同。E 央企的伙伴关系达成动机如图 7.6 所示。

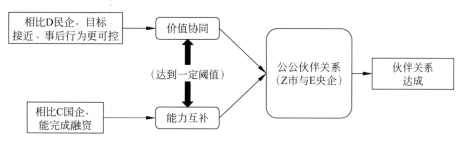

图 7.6　S 项目第三个 PPP 伙伴（E 央企）关系达成的理论解释

## 五、案例启示

Z 市 S 项目的经历成为本书理论框架的佐证。笔者与 Z 市政府在 S 项目上的实施机构负责人（代理人）进行了开放式访谈，他在经历了三次 PPP 伙伴选择工作之后，表达了内心的颇多感受：

"我经历了这个项目的三次招标工作之后，深深地感受到 PPP 是一个非常复杂的实施模式。很多政府即使实施了 PPP 项目，真正懂得其中奥秘的也就那么几个经办人，大部分人并不知道里边的复杂程度，更少有人懂 PPP 的整个落地步骤。"

"对于政府来说，选择 PPP 伙伴，首要的当然是对方的实力，实力不行连报名投标的机会都没有。但我认为，伙伴的忠诚可靠更重要。毕竟能力可以慢慢磨合，但如果一言不合就要'散伙'，企业折腾得起，我们可折腾不起。我们就希望找一个可靠的伙伴，把这事儿给办了，有时候哪怕你要的回报率高一点，你的要求多一点，我们都能满足。我们政府就是做服务，服务社会、服务市场。"（访谈记录：20180603-政府代表-Sewage）

该负责人的阐述更真实地验证了本书的理论框架。Z 市对 S 项目三次伙伴选择动机与结果的比较如表 7.2 所示。

表 7.2　案例 1：S 项目的三次伙伴选择动机与结果比较

| 伙伴行为样本 | 价值协同 | 能力互补 | 选择结果 |
| --- | --- | --- | --- |
| C 国企 | 高 | 低于阈值 | 失败 |
| D 民企 | 低于阈值 | 高 | 失败 |
| E 央企 | 较高 | 较高 | 成功 |

该案例发生于我国 PPP 发展的第 4 个阶段，是一个处于"初期"的"青年伴侣"。而且伙伴类型的选择结果为公公伙伴关系，具有高价值协同，因此政府与央企之间通过简单合同就能达成协作关系，论证框架如图 7.7 所示。

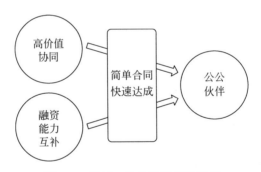

图 7.7　案例 1 的论证框架示意图

# 第二节　一个超 10 年的案例：北京地铁 4 号线（最难 PPP 的行业）

## 一、案例呈现

北京地铁 4 号线（以下简称"4 号线"）是我国城市轨道交通领域的首个 PPP 项目[①]。

---

① 国家发展改革委-PPP 专栏-典型案例。

它是北京开通的第九条线路[①]，是北京市轨道交通路网中一条贯穿市区南北的主干线，于 2009 年 9 月 28 日开通试运营全线（安河桥北站—公益西桥站），其标志色为青绿色。4 号线呈南北走向，全长 28.2km，全线共设 24 座车站，线路南起大兴区天宫院站，北至海淀区安河桥北站，线路如图 7.8 所示。[②]

该 PPP 项目合作内容为 4 号线的设备投资、融资、安装（PPP 协议中称为 B 部分）与全线运营，北京市政府的合作伙伴为香港铁路公司和北京首都创业集团有限公司联合体（以下简称"港铁-首创联合体"，香港铁路公司简称为"港铁"，北京首都创业集团有限公司简称"首创"）。[③] 中国知网与"北京 4 号线"并含"PPP"主题有关的文献达 107 篇[④]。4 号线也是国家发展改革委公布的 PPP 项目示范案例之一[⑤]，成为各地地铁 PPP 项目纷纷效仿的典范，我国其他地铁 PPP 项目中都或多或少有"4 号线"的影子，选择该案例有代表性。

然而，4 号线的实施并不像媒体报道那样是一帆风顺的。申奥成功的确带来了城市升级改造的机遇，但在应用市场化手段中也同时面临很多挑战和争议。笔者根据王灏[⑥]（2009）的 4 号线资料以及自身经验性的资料，将 4 号线 PPP 项目伙伴关系达成与存续过程中的关键事件整理如下。

（1）2000 年，北京提出研究城市轨道交通市场化融资方案专题。融资方案中的"前补偿 PPP 模式"即为 4 号线 PPP 模式的前身，方案中的"影子票价"、结构化融资等模式均在后来的项目实施中得到应用。然而，当时北京市政府各方对此方案尚存争议，4 号线是否采用 PPP 模式仍未达成共识。

（2）2002 年，投融资公私合作方案通过专家论证会。专家论证会肯定了城市轨道交通项目的公益性与营利性两部分分别由政府与社会投资解决的结构性融资创新方案。由于当时尚为国内首例，与会专家们建议在过程中要尝试体制、机制和技术创新。经过两年时间，在王灏这一关键人物的力推之下，4 号线 PPP 模式终于有了继续实施的希望，至此为 4 号线 PPP 的"一下一上"。

---

[①]　北京是我国第一个修建地铁的城市，于 20 世纪 60 年代开始修建，但是筹备工作早在 20 世纪 50 年代就启动了。北京修建地铁的起因是为了战备，后来改为公共交通，改为公共交通的标志性事件是 1978 年首钢职工领到了第一批地铁月票，标志着地铁的基本任务由"战备为主，兼顾交通"转变为了以"安全运营为中心"。

[②]　北京地铁 4 号线与北京地铁大兴线贯通运营，其中 4 号线为 PPP 模式（带投资回报），大兴线为委托运营模式（政府外包模式）。本书讨论的对象是 4 号线，该信息来源为 4 号线—大兴线.北京京港地铁有限公司。

[③]　王灏《城市轨道交通投融资理论研究与实践》（引文信息详见参考文献）。

[④]　在中国知网（CNKI）高级检索主题栏输入"北京 4 号线"并含"PPP"，根据检索所得信息得出分析结论。

[⑤]　PPP 这两年——改革效应初显.国家发展和改革委员会。

[⑥]　王灏现任北京市朝阳区区委书记。曾任北京市基础设施投资有限公司副总经理、党委副书记、董事、总经理，其推动了北京地铁 4 号线 PPP 项目等系列北京轨道交通市场化改革和创新，是我国 PPP 实践的"先驱"，对我国 PPP 的推广起到了重要作用。后文将分析其作为"关键人物"对 PPP 伙伴关系达成和存续的催化作用。

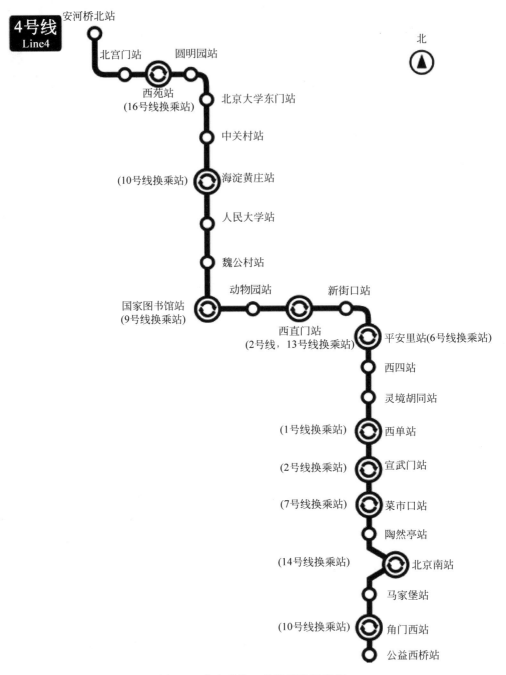

图 7.8　北京地铁 4 号线线路示意图

注：下载自京港地铁网站。

　　（3）2003 年，北京市政府发布相关政策。北京市政府发布《北京市人民政府批转市发展改革委关于本市深化城市基础设施投融资体制改革实施意见的通知》（京政发〔2003〕30 号），这为 4 号线、鸟巢、十水厂等若干 PPP 项目的试点创新提供了制度条件，

4号线PPP项目的实施条件更加成熟。又经过一年时间的犹豫和确认，王灏力排众议，终于在4号线PPP项目"两下两上"之后进入实施轨道。

（4）2004年9月，北京市政府批复同意了4号线PPP运作方案。北京市政府同意4号线PPP项目的消息一经传出，当时负责4号线PPP项目的团队欢呼雀跃，并且立即启动招商工作。王灏牵头组织并参与了四次大型推介会，后又进行全球范围的国际招商调研。港铁、中国中信集团有限公司、德国西门子股份公司（以下简称"西门子"）、新加坡地铁（即大众捷运系统）等10余家公司表达了投资意向。最终，北京市政府锁定"西门子-中铁建联合体"[①]"港铁-首创联合体"两家进行竞争性谈判，并最终选定了"港铁-首创联合体"作为PPP伙伴。

（5）2005年2月，双方成功签署PPP合同。双方签署了一份正式协议及数份附件协议，包括《特许经营协议》《资产租赁协议》等，并终于获得了国家发展改革委、国家商务部的核准批复[②]。同年，项目公司（北京京港地铁有限公司，以下简称"京港地铁"或"项目公司"）正式成立，这标志着PPP伙伴关系正式达成。

（6）2007年，北京市下调票价，定为2元统一票价。4号线PPP协议约定的现金流发生了意料之外的政策变更风险，双方需要重新核算和约定新的回报机制。最终于2009年12月30日，双方签署了关于初期资金调整、票价补偿机制的补偿协议，这一事件体现了价值协同的重要性。彼时，王灏已是京投公司（北京市政府在4号线PPP项目中的政府出资人代表，全权代表北京市政府行事）的总经理，他的持续关注和高度重视是4号线得以存续的关键。

（7）2009年9月28日，4号线正式开通运营。新中国成立60周年华诞前夕，4号线正式开通对外运营，成为北京市出行的又一条南北大动脉[③]。

（8）2013年，4号线早高峰最小间隔达1分43秒。4号线的信号改造等一系列技术升级，成为北京市其他线路学习的榜样，其他线路也有了提高运力的技术改造动力，这意味着能力互补作用发挥出了正外部性。

（9）2014年，北京市启动票价上调方案。票价上调之后，客流并没有同比例下降，因此4号线总收入因票价增加。经双方友好协商，京港地铁将超额收益退还北京市政府。这同样是价值协同的重要作用。

（10）2019年9月28日，北京地铁4号线PPP项目长达10年。回顾过往，在这期

---

① "中铁建"是中国铁建股份有限公司的简称，其官方简称为"中国铁建"，下文仍沿用4号线文件中的"中铁建"。

② 这一点与当前PPP实施流程不同。除非是国家级项目或有特殊事项需要中央政府确认，当前大部分PPP合同由同级政府确认即可实施，体现了地方政府的权力自主性。

③ 这是北京地铁线路开通的传统。例如，地铁一期工程（即北京地铁1号线中段）终于1969年10月1日建成通车，也是新中国20周年的庆典工程。地铁2号线的修建经历最为坎坷，于1984年9月地铁二期工程（即2号线）建成通车试运营，也成为北京地铁人献给国庆35周年最好的礼物。

间，北京市交通委（代表政府）和京投公司（政府出资人代表）与京港地铁（PPP伙伴）也有过很多摩擦，但双方都本着友好协商的原则，经历了诸多关键事件的考验。

## 二、伙伴选择过程：联合体同样需要价值与能力的共同作用

笔者曾与亲历了2004年地铁4号线全球招商工作的实施者有过直接交流，他谈到了当时PPP伙伴选择中的因素考虑：

"北京作为中国首都，其实在很多事情上都是非常保守的。地铁工程关乎民生、公共安全，又是战备工程，老地铁集团的文化是半军事化的管理风格，至今指挥中心、运营公司仍旧保留了半军事化的运输管理作风。我们引进新运营商的过程中，每一步都走得小心翼翼，所以我们也格外珍惜与港铁的合作，京港地铁的许多事项均与北京地铁（另一家北京市政府自己的运营公司）的事项同等重要，都是能直接上市长会议的。"

"我们第一次尝试在北京市轨道交通领域引入市场化模式，最初的目的是希望打破垄断，在行业内形成适度竞争，因此，我们希望找到的合作伙伴是拥有投资能力、有充分的建设管理经验、有先进的运营经验的企业。而最为重要的一点，则是它要有持续的改进运营服务和提高运营效率的动力——也就是说，它要有依靠提供长期优质服务获取回报的考虑，有长线思维。"（访谈记录：20140717-政府代表-MTR4）

4号线的PPP伙伴最终为港铁-首创联合体，而且，两者股权各为49%（京投公司占另2%），按照相对股权计算的话，即各为50%。按本书的定义，4号线的PPP伙伴类型为经典的"联合体"类型，其中港铁为"私"，首创为"公"，形成公-"公私"伙伴关系，其关系达成仍需要价值协同与能力互补的共同作用。上述亲历者提到的当时北京市政府对轨道交通设施和服务供给的能力互补需求中，运营能力是北京市政府最稀缺也最核心的互补需求，即本书提出的"效率型能力互补"需求。此外，这位亲历者还提到了伙伴要具有的"长线思维"，也与本书提出的"价值协同"概念一致。事实上，选择投资人并不是一个简单的价高者得的逻辑（陈民等，2016）[89]，下文展开阐述的北京市政府招商过程，更能体现出能力互补和价值协同的作用，也从中看到重要的作用机制。

当时，欧美、澳洲、亚洲等国家的轨道交通运营商颇多，尤其是欧美、澳洲等国家的运营经验非常丰富。例如，伦敦地铁自1863年开通以来已有上百年的运营历史，也是全球第一家开通地铁的机构。然而，由于轨道交通对政治稳定、公共安全的要求很高，历史上诸多重要政治事件也与铁路有密切关系。因此，上述运营商被认为无法做到与我国政治方面的价值协同，便在初步筛选阶段就被首先排除（其实当时双方并没有进入

明示合作并洽谈的阶段,仅在调研交流中表示了友好合作的愿景[①])。相比之下,亚洲运营商在当时大多刚从政府管理模式走向市场化,对外投资的能力和经验还稍显不足(陈民等,2016)[89],而且也是考虑到政治稳定、公共安全等方面的原因,北京市政府也排除了与之合作的可能性。

北京市政府最终选定作为竞争性谈判对象的西门子-中铁建联合体、港铁-首创联合体中,两者在价值协同方面均获得了北京市政府的认可。西门子作为一家和中国有140余年合作历史的德国企业[②],其资本、劳动力、技术等国产化率都足以让北京市政府接受和放心,外加中央企业——中铁建作为联合体,更是让北京市政府感受到了他们愿与北京长期合作的诚意。然而,西门子仅仅是一家设备供应集成商,能够提供与轨道交通有关的电机、车辆、信号等系列设备系统,也能为设备提供专业化的运营维护服务,中铁建则能提供高水准的工程施工建设服务,但这些都不是北京地铁领域最为稀缺的能力,北京市政府最需要的轨道交通运输管理能力唯独是这家联合体缺少的(至少相对“港铁-首创联合体”是如此)。相比之下,港铁-首创联合体中的港铁是一家有着运营香港铁路经验的运营商。其实,港铁在香港本土也是一家政府控股且全民公开监管的公司,2000年时刚刚从一家当地融资平台完成市场转型,成为走出香港的一家投资型企业,与当前大陆许多地方国有公司转型投资有着相近的发展路径。所以,港铁也有着熟谙公共企业文化的优势,但即便港铁的业务能力如此优秀,北京市政府仍旧非常谨慎,毕竟北京的地铁运输关乎着百姓的安全和首都的稳定,也与全国的安定紧密关联。港铁需要首创,需要这样一家既具备市场化业务沟通能力,又熟悉北京市政府的伙伴作为联合体。这不仅能促进北京市政府对港铁能力更互补的认可,更能取得其价值更加协同的信任。具体而言,香港回归之后,北京与香港在两岸寻求合作机会中建立了身份和目标认同,港铁-首创联合体在这一背景下与北京市政府形成高价值协同,以及高效率型能力互补的伙伴关系,促使伙伴关系达成。相比之下,西门子-中铁建联合体因不具备充足的交通运输管理能力,最终入围却未能中标;欧美澳运营商和亚洲其他运营商虽然运营经验初步符合条件,但因价值协同程度低于一定阈值而被排除在入围范畴之外。港铁-首创联合体的伙伴关系达成动机如图7.9所示。

2005年,4号线项目公司——京港地铁注册成立,标志着北京市政府与港铁-首创联合体伙伴关系的“结晶”诞生,双方正式进入伙伴关系存续阶段。其实,按照理论上的分类,4号线并不是一个单一的PPP项目,而是组合PPP模式(郝伟亚等,2012)。4号

---

①　笔者对亲历者的访谈内容。

②　西门子最早在中国开展经营活动可以追溯到1872年,当时西门子向中国提供了第一台指针式电报机,并在19世纪末交付了中国第一台蒸汽发电机以及第一辆有轨电车,信息来源为Siemens in China。

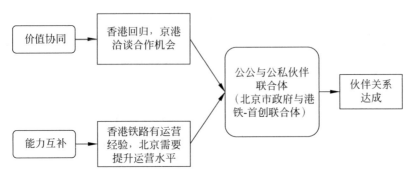

图 7.9　北京地铁 4 号线 PPP 项目伙伴关系达成的理论解释

线被划分为具有公益性与营利性的 A、B 两个部分,采用组合 PPP 模式进行融资、建设及运营,直至期满移交回给政府接管。其中,A 部分主要为土建工程,属公益性部分,采用 TOT 模式,由企业(伙伴方)通过租赁资产获得经营权;B 部分主要为设备工程,属经营性部分,采用 BOT 模式,由企业(伙伴方)获得政府授权后购买资产并自主经营。4 号线全线建成之后,北京市政府将 A 部分资产租赁给企业(伙伴方),实现了 A 和 B 全线运营主体的一致性,也通过 B 部分投资回报率激励企业(伙伴方)保持运营服务的能动性。这一合作模式进一步佐证:北京市政府选择 PPP 伙伴的充分条件是高效率型能力互补,而必要条件是高价值协同。4 号线的组合 PPP 模式如图 7.10 所示。

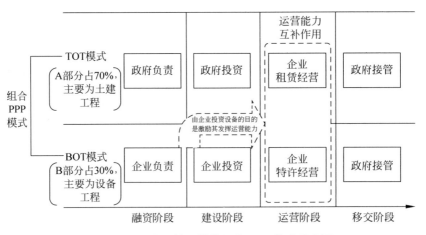

图 7.10　北京地铁 4 号线组合 PPP 模式示意图

除了上述组合 PPP 模式设置之外,双方之间签署的系列协议也能从多角度证明北京市政府对于伙伴方的效率型能力互补需求。结合笔者过去参与北京轨道交通资金安排的工作,北京市政府的资金安排体现出当时并不缺乏融资和建设能力。笔者访谈的北京市发展改革委基础处官员的观点能作为佐证:

"北京并不缺资金,当时 4 号线总投资 153 亿元,真正需要港铁联合体出资的 B 部分为 46 亿元,仅占全投资的 30%。其实,北京市政府完全有能力再出 46 亿元,让港铁联合体(PPP 伙伴)出资的原因,恰恰是 PPP 之一机制设计。你只有出了钱,才是交了投名状,你也才有动力计算回报。所以,投资是为了激励他们(PPP 伙伴)提高运营服务效率。"

"而且,港铁联合体其实只负责 B 部分的设备出资和关键设备选型、采购,因为建设管理是建管公司负责的嘛,所以建设阶段的施工安全、安全隐患等完全是可控的。说白了,我们只需要他们(PPP 伙伴)带来运营方面的软服务经验,这是北京很缺的,也是我国公共事业最薄弱的环节。"(访谈记录:20191201-政府代表-MTR4)

其实,北京作为首都,又是政治中心,其在轨道交通领域进行市场化合作的尝试可谓"大胆创新、小心实践"。从双方签署的系列协议也可以看出,京港地铁除了在运输管理方面有着充分的自主权以外(其实北京市政府还是指示北京地铁国有公司做出了临时接管或强制接管的应急运营方案),在投资决策、建设管理、资产管理等方面都是受到正式协议约束的,当然这也是在港铁公司能够接受的基础上形成的。4 号线 PPP 伙伴关系以正式协议作为坚实基础,协议谈判工作持续了大半年的时间和经历了多轮的沟通,双方之间的协议关系如图 7.11 所示。

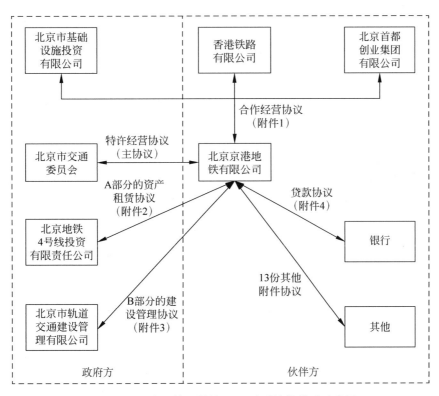

图 7.11　北京地铁 4 号线 PPP 系列协议关系示意图

需要说明的是，即使有香港回归的政治因素以及京港洽谈会的窗口期，如果港铁不邀请首创参与，并且双方出资各49％打平，那么很可能北京市政府并不会同意与港铁合作。当时北京市政府和香港特别行政区虽然有每年一度的京港洽谈会作为沟通桥梁，但在轨道交通领域的实质性合作，北京市政府仍旧审慎，这也恰恰证明了笔者选这一案例的典型性依据：轨道交通是PPP伙伴关系达成难度最高的行业之一。可见，在涉及政治安全等外部性较高的PPP情境中，价值协同因素的作用效应越发凸显。虽然无法验证，但是可以反事实（counterfactual）设想：港铁如果没有和首创组成联合体，伙伴关系未必能达成，4号线也许不会名声在外。而且，通过公私伙伴关系与公公伙伴关系组成联合体模式，也能解决公私伙伴关系价值低协同的问题，不过，即便如此，双方之间仍需要通过签署正式协议等制度性措施加以保障。而且虽能促成关系达成，但沟通成本非常高，犹如伴侣之间的"约法三章"。相比之下，案例1中的C国企PPP伙伴关系达成很大程度依托的是非制度性措施，公公伙伴关系达成的交易成本远小于公司伙伴关系的达成，这进一步验证了价值协同的作用。

## 三、关键事件：投资节约、最小间隔等能力作用

京港地铁作为B部分的投资方，出于营利目的，对投资进行了严格的控制，结合香港和国内工程建设投资管理的经验，京港地铁采用的投资控制方法主要包括：

（1）设立了工程成本控制委员会（project cost guarantee，PCG）审批制度。PCG包括公司各部门（财务、运营、项目等）的领导，合同变更若与投资及计划有关，则需经过PCG审批方可执行，从而避免了不必要的变更，保证了投资控制的力度。

（2）采用中心里程碑式支付方式。即使合同额很小的项目同样采用该方式，按照前期阶段、制造阶段和调试阶段三阶段分期支付，此法虽然增加了工作的流程，但却使得付款更加详细明确，减少了部分财务成本，进而做到了有效的投资控制。

（3）使用了与关键进度目标相联系的里程碑付款模式，规定了PPP伙伴提供资料支持政府或政府代表进行免税工作的要求。

（4）重视资金管理调度，提高资金利用效率，有效减少财务费用。京港地铁制定相应的融资规划，在协议签署前与工商银行、国家开发银行签署了长期借款协议，确保了项目融资；建设期间根据对汇率变化的预测及时调整股东投入资本金到账时间，合理规避了投资方汇率风险；充分利用银行授信，需要时随时提款，资金充裕时随时还款；开拓更多的低利率融资渠道，通过委托贷款的方式，以4％左右的利率从股东方融入资金；实施精细化的中心里程碑式支付方式，节约资金占用成本。

通过上述多种措施的灵活运用，4号线B部分建设期贷款利息仅为0.9亿元，与初步设计概算中预测的2.8亿元相比，节省建设期利息1.9亿元（田振清等，2011）。最终，4号线B部分在建设阶段的投资相比计划投资额46亿元少了3亿元，为43亿元（在此之前，北京市每一条地铁线的实际建设成本几乎都高于计划，投资控制工作相对低效）。PPP伙伴的投资控制工作不仅降低了4号线的投资回报压力，还为其他线路投资成本节约树立了标杆。

而且，4号线自开通运营以来，无论是在服务供给还是技术创新上，都有着领先的优势，PPP伙伴的能力互补作用实现了公共价值创造，也在关系存续阶段继续发挥作用。一个突出的表现便是发车间隔缩小，交通运量提高。2013年，随着北京地铁日客流量突破千万人次，4号线的客流量也持续增长。为应对客流增长的运量提升压力，PPP伙伴作出各种尝试和努力，最终4号线由南向北的实际早高峰最小发车间隔达到1分43秒，成为当时全市轨道交通路网中发车间隔最小的线路。而这一尝试并不是一次成功的，据京港地铁运营部控制中心经理潘春山介绍，4号线及大兴线开通运营以来，多次缩小运行间隔，最大限度地提高运力。2009年9月底，4号线平日最小发车间隔开通初期为3分钟，经过信号改造、提升车辆水平等一系列措施，实现了早高峰最小发车间隔1分43秒的运营目标。相比较2分钟发车间隔而言，缩短17秒后，运力增加了15%，上行（南向北）单向每小时多运送约6000人。[1] 在此之后，北京地铁其他线路也陆续尝试采用"移动信号"来缩短发车间隔，这一举措整体提高了全市轨道交通运量，实实在在地创造了公共价值。

此外，京港地铁从港铁引入了多套成熟的管理系统，包括运营数据管理系统、资格管理系统、隐患登记系统等，并结合4号线情况对各系统进行了适当的改造。同时，京港地铁还自行研发了短信息发送系统。上述信息系统紧贴业务流程且相互融合，极大地提升了公司的运营管理效率。除了高效准点的列车服务之外，4号线还致力于为乘客提供良好舒适的乘车环境，大到为特殊乘客提供的垂直电梯、明显的车站导向标识、全透明的站台监察亭、兼顾非付费区和付费区的客服中心设计，小到在卫生间里为乘客不间断提供卫生纸和洗手液，都贯彻了以人为本的服务理念。例如，4号线列车到站前的提示音较为柔和（与香港的人行道红绿灯类似）。[2]

根据国际著名咨询公司麦肯锡设计的问卷调查，京港地铁自行组织了4号线乘客满意度调查，结果如图7.12所示。乘客满意度调查结果显示：91%的乘客对车厢的清

---

① 北京地铁4号线最小发车间隔1分43秒（图）. 北京本地宝。
② 上述信息来自笔者亲身参与的课题成果《北京地铁四号线PPP实施效果研究报告》，该课题为京投公司立项课题，后获北京市相关奖项。

洁度满意，88％的乘客对列车设施的舒适度满意。在所列取的 6 个指标中，表示满意的乘客均超过了三分之二。在被调查的 2986 名乘客中约 52％的乘客重视安全目标，90％的乘客对 4 号线运营安全及可靠性给予了满意的评价。可见，北京市民对 4 号线的乘客满意度较高，显著高于其他线路。

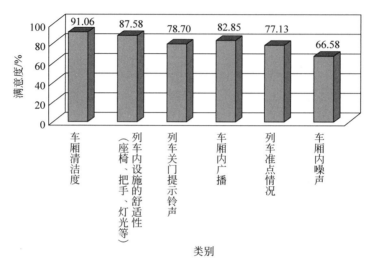

图 7.12　北京地铁 4 号线乘客满意度调查结果示意图

## 四、关键事件：两次票价调整透射出价值作用

香港是交通引导城市开发(transit oriented development，TOD)，指"地铁等交通建设规划与城市开发规划相连接"(马强，2003)，不仅仅在地铁站边建设并运营楼宇，还最大限度地开发地铁沿线及站台周边的商机。相比之下，内地的城市开发顺序则不同，往往是先建设城市，然后发展交通建设。参与 4 号线 PPP 项目咨询工作的大岳咨询总经理在接受媒体采访时说：

"香港地铁在介入 4 号线时，4 号线的规划早就完成，甚至建设都已经开工了，所以在合同中，港铁不参与地上物业开发，只负责"地下部分"运营。而出于安全等因素的考虑，北京地铁所有车站的零售业开发都非常有限，"现在几乎看不到地铁零售店。"①

因此，4 号线并没有采用捆绑物业的做法，其绝大部分收入主要依靠票价收入。根据 2006 年双方最初核定的《特许协议》，4 号线的票价定为 3.34 元，按照这一票价运营的话，PPP 伙伴能实现自负盈亏而不需要北京市政府补贴。

---

① 4 号线地铁票成本计算 卖一张票京港公司亏损 1.43 元(北京网报)．央广网[2013-12-19]．

2007 年,PPP 伙伴双方经历了"票价下调"这一关键事件的考验。北京市政府为了迎接奥运会,推出"北京市轨道交通实施改革新方案":全路网实行单一票制,票价统一由过去的 3 元降为 2 元[①]。而且,因为 4 号线与其他线路分属京港地铁和北京市地铁运营公司两家运,所以"2 元票价"还需要按人次单价进行票款收入分账,真正分到 4 号线的票价实际份额约为 1.04 元/人次[②]。笔者做了简单测算,以展示 PPP 伙伴的收入变化。

假设 4 号线年客流量为 5.7 亿人次[③],则 4 号线年收入对比:

$$票价调整前,3.34 元 / 人次 \times 5.7 亿人次 = 19.04 亿元 \tag{7-1}$$

$$票价调整后,1.04 元 / 人次 \times 5.7 亿人次 = 5.93 亿元 \tag{7-2}$$

按照上述数据假设,4 号线受票价下调损失的年收入约为 13.11 亿元。而这一收入是无法依靠其他任何收益弥补的。虽然 4 号线相比其他线路的广告销售收入成绩突出,广告收入通常为年总收入的 20%,倒算的话,能贡献收入 4.76 亿元,折合净单价贡献为 0.84 元/人次。但即便如此,这一收入也无法弥补票价下调带来的运营亏损。因此,票价下调政策公布之后,根据《特许协议》相关条款[④],北京市政府需要补贴给京港地铁。因此,经过双方的重新核算与谈判,最终双方签署了《客流补充协议》,约定了北京市政府按照 1.43 元/人次补贴给 PPP 伙伴。之所以少于 3.34 元与 1.04 元的差,是因为通过京港地铁的努力,通过沿线广告等经营收入降低了补贴幅度,这里也看出伙伴双方都做出了关系存续的努力。"票价下调"这一关键事件考验了伙伴关系存续的价值协同因素。双方之所以会积极努力,向着继续合作的方向测算和重新谈判,在于双方有着共同的目标,也都彼此知晓事后行为风险,而这一切都是按照履行正式契约这一制度性措施作为重要机制。

"一波未平,一波又起"。

2014 年,双方又经历了"票价上调"考验。笔者亲身参与了"票价上调"的票价测算工作和北京市发展改革委的票价上调听证会等全过程,4 号线 PPP 伙伴关系的存续远比看起来的复杂。调整后的票价方案为:6km 内 3 元起的计程票价[⑤]。按照笔者当时亲手测算的数据,地铁票价折合人次单价为平均 4.4 元/人次。虽然票价上调之后,地铁客流有一定的下降影响,但由于北京人口规模所引发的刚性出行需求的客观存在性,

---

①　北京公交低票价引发国内廉价公交风暴.新浪网。

②　4 号线地铁票成本计算 卖一张票京港公司亏损 1.43 元(北京网报).央广网[2013-12-19]。

③　测算依据:解读北京京港地铁 4 号线-大兴线的客流量:地铁中的南北交通主力.百度。

④　具体条款含义是 4 号线实际测算票价高于 3.34 元时,高出的部分带来的超额收入,京港地铁需返还给北京市政府;低于 3.34 元时,减少的部分引起的收入亏损,则由北京市政府市通过财政补贴支付给京港地铁。

⑤　北京地铁调价方案.百度百科.政府电子政务信息固定期清理,官方网站的调价方案信息已无法获取,笔者尽量找到相对最全的资料来源,作为佐证观点的证据。

致使 4 号线客流的下降影响远小于票价上调幅度，结果显然就是产生了超额收入。彼时，离 2006 年 PPP 伙伴关系达成已经有 9 个年头，双方的关系进入了一个深水区，京港地铁虽然愿意按照协议约定，将超额收益退还给北京市政府，但期间种种经历让双方都积累了一些情绪，使得超额收入退还工作并不如预期的顺利。双方就退还金额大小展开了长时间拉锯。再加之双方在此之前又新合作了大兴线委托运营、14 号线 PPP 项目（总投资约 500 亿元，其中京港地铁出资 150 亿元，仅为估算）、16 号线 PPP 项目（总投资约 500 亿元，其中京港地铁出资 150 亿元，仅为估算），北京市政府与京港地铁之间的总账变得更加复杂和庞大，总计达 350 亿元左右。

不过最终，"票价上调"导致的超额收入退还一事还是得到了解决。在伙伴关系滑向危机甚至破裂边缘时，关键人物总是能起到重要的"避雷针"作用。这一次的关键人物便是京投公司某高管，他同时也兼任京港地铁某高管职务（为避免当事人信息泄露，这里不便透露其姓名）。前述的王灏等关键人物的"避雷针"作用至关重要，他们在 PPP 伙伴关系的达成和存续中起到了搭建桥梁和吸收冲突的作用，有助挽回滑向破裂边缘的伙伴关系。伙伴之间对矛盾进行拆分、投射之后，通常会统一认为矛盾的典型代表是"避雷针"(lightning rod)(Haslam et al.，1995)，当伙伴双方将冲突指向"避雷针"时，伙伴之间的矛盾其实已经得到了一定程度的化解。而且"避雷针"通常是富有感染力的，其感染力能带动关系节奏，最终得以让双方的冲突化解并达成一致。

## 五、案例启示

综上，4 号线 PPP 项目伙伴关系达成的动机能够验证本书的理论框架，虽然相比案例 1，港铁-首创联合体并不是公公伙伴关系，而是联合体的伙伴类型，但其达成仍旧适用于"价值协同与能力互补"这一理论解释。不过，不同的是，联合体类型的伙伴关系达成，还需要借助制度性措施。北京市政府对 4 号线 PPP 项目伙伴选择的动机与结果的比较如表 7.3 所示。

表 7.3　案例 2：北京地铁 4 号线的伙伴选择动机与结果比较

| | 伙伴行为样本 | 价值协同 | 能力互补 | 选择结果 |
|---|---|---|---|---|
| 案例 2 | 港铁-首创联合体 | 高 | 高 | 成功 |
| | 西门子-中铁建联合体 | 高 | 较低 | 失败 |
| | 欧美澳运营商 | 低于阈值 | 高 | 失败 |
| | 亚洲其他运营商 | 低于阈值 | 较高 | 失败 |

该案例发生于我国 PPP 发展的第 2 个阶段，是一个处于"中期"的"中年伴侣"。而且伙伴类型的选择结果为公私与公公的联合体，具有中价值协同，政府需要与联合体之

间签署协议体系并经过谈判才能合作，其论证框架如图 7.13 所示。

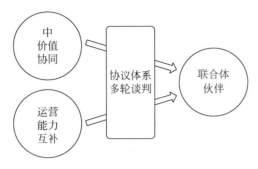

图 7.13　案例 2 的论证框架示意图

回顾 4 号线 10 年的 PPP 伙伴关系存续过程，可以看到价值协同与能力互补仍对关系存续发挥重要作用，这进一步验证了二元性动机的长效作用。4 号线案例也暗示了一个重要机理：即便最初选择了"最对的人"，如果没有后续的积极协调互动，伙伴关系也无法存续。换言之，PPP 伙伴关系要想达到预期的实施绩效，事后的治理和关系协调是必不可少的（张万宽等，2010；Caldwell et al.，2017）。总之，"选对人"并不意味着合作成功，事前"约法三章"的制度性措施、关键人物的"避雷针"作用等过程性要素，均会起到重要作用。

# 第三节　一个已期满的案例：广西来宾 B 电厂（全球 PPP 最多的行业）

## 一、案例呈现

广西来宾 B 电厂（即来宾电厂的二期工程，以下简称"来宾 B 电厂"）为我国第一个国家正式批准的 BOT 项目（一种具体的 PPP 操作方式，以下简称 PPP）。它是国家天广线（500kV）和西株线（220kV）的输电枢纽，也是广西电网的骨干。该 PPP 项目包含两台 36 万 kW（合计 72 万 kW）火电机组的投资、融资、设计、建造、采购、经营、维护和转交，广西壮族自治区政府（以下简称"广西政府"）的合作伙伴为法国电力国际和通用电气阿尔斯通联合体（以下简称"法国电力联合体"）。[①] 中国知网与"来宾 BOT"主题有关的文献达 80 篇，"来宾模式"也成为项目管理、电力行业、投融资、国际合作等多个学

---

① 王守清等的《特许经营项目融资（BOT、PFI 和 PPP）》，第 126 页（引文信息详见参考文献）。

科领域均认可的典范[1]。来宾 B 电厂是我国第一个到期的 PPP 项目（其他启动更早或规模更大的项目或因中途夭折、停滞等原因尚未完成），因此选择该案例具有代表性。通过该案例，笔者试图采用逻辑复制原则（罗伯特·K.殷，2004）验证本书理论框架，呈现"价值协同与能力互补"无论对于伙伴关系达成还是存续，这一结论都非常重要。

然而，项目的启动并不顺利。1988 年，原国家计委[2]批复该项目建议书后，由于资金长期得不到落实，项目迟迟不能动工兴建。1995 年年初，广西政府决定向原国家计委申请采用 BOT 方式试点，一方面希冀解决资金短缺问题，另一方面也希望通过将外资"引进"来以学习他们的火电技术。经过多方运作，2000 年 11 月，该项目正式投入运行。来宾 B 电厂的机组和厂房外景如图 7.14 和图 7.15 所示。

图 7.14　广西来宾 B 电厂的两台机组外景
注：王守清教授拍摄。

2015 年，来宾 B 电厂 15 年的 PPP 合同到期，为顺利完成移交工作，广西政府与法国电力联合体约定再续签 1 年过渡期合同，保证项目无中断运营地完成移交工作。双方在伙伴关系存续期间，虽然历经各种磨难，但终于换得期满移交的这一"善果"。作为我国第一个完整实施的 PPP 项目，双方在 20 年时间里的互动磨合以及关键时刻的考验，都将成为我国其他 PPP 项目的重要参考模板，为中国 PPP 项目最佳实践（best practice）[3]。

2016 年 3 月 21 日，中国 PPP 沙龙第 13 期活动邀请了广西投资集团来宾发电有限公司（来宾 B 电厂移交后，原项目公司兼并吸收到广西投资集团内，成为国企下属公司）

---

[1]　在中国知网（CNKI）主题栏输入"来宾 BOT"，根据检索所得信息得出分析结论。
[2]　国家计委，即原国家计划委员会，现已撤销。
[3]　案例分享：广西来宾 B 电厂 BOT 项目介绍.孙洁 PPP 工作室（微信公众号）[2017-03-12]。

图 7.15 广西来宾 B 电厂的厂房外景

注：王守清教授拍摄并授权提供。

总经理助理曾靖山交流项目经验[①]。根据他提到的双方 15 年间的 5 个关键事件，以及笔者访谈获得的案例资料，本书将来宾 B 电厂全生命周期内的 5 个关键事件概述如下。

（1）2002 年，阿尔斯通退出广西来宾 B 电厂。阿尔斯通将项目公司的股份转给了法国电力，后期从 2002 年开始是法国电力作为 100％的股东，于 2003 年取得广西政府颁发的工程竣工验收证书。

（2）2004 年 2 月，伙伴双方商定"电价倒挂"危机应对方案。广西政府电力公司和项目公司共同签署协议，调整了超发电电价。35 亿 kW·h 是最低的发电量，超过部分怎么办？当时协议中对超发电的电价定得很高，通过广西政府和项目公司谈判，降低了部分超发电的电价。

（3）2005 年，项目公司置换融资方，为项目降低资金成本。项目公司完成再融资的计划，签署了置换贷款的协议及新的电价协议，主要是将项目中利率较高的一个国外银行贷款转换为利率较低的国内银行贷款，为项目的资金节约做了努力。

（4）2014 年 7 月 8 日，伙伴双方就长期未决事项签署和解框架协议。广西投资集团与项目公司就项目未决事项达成一致，2014 年 9 月进行谈判，最后共同签署了和解框架的协议。

（5）2015 年 9 月 3 日零点，项目正式移交给广西政府。当事人的发言也支撑了本

---

① 案例分享：广西来宾 B 电厂 BOT 项目介绍.孙洁 PPP 工作室(微信公众号)[2017-03-12]。

书的观点,在上述若干关键事件的处理中,伙伴之间建立合作之初的"价值协同"在合同期间发挥着越来越关键的作用。双方之间的价值协同,使得彼此更知晓双方的行为预期,降低机会主义防范成本,也降低沟通交流成本,还能搭建及时检验 PPP 公共价值属性的沟通平台。

## 二、伙伴选择过程：外企的高能力互补性与价值协同的作用机制

该项目由当时的国家计委批准后,得到了原国家计委、原国家电力工业部(现已撤销)和国家外汇管理局的密切关注和多项支持,再加上广西政府的高度重视和高效运作,得到了国际的广泛关注和参与。该项目也成为我国历史上第一个公开招标的国际BOT 项目。其中,招标环节分为资格预审、招标投标、评标和项目授予三个阶段,吸引了数十家国际公司的关注,具体过程如下[①]。

阶段一：资格预审

1995 年 8 月,政府向国外发展商发出资格预审邀请书,61 家国际公司/联合体购买了预审书。

1995 年 9 月,31 家国外发展商提交资格预审申请。

1995 年 10 月,12 家获准独立投标(A 组);19 家获准与 A 组的公司一起联合投标(B 组)。

阶段二：招标投标

1995 年 12 月,政府给通过资格预审的国外发展商发出招标文件和邀请,12 家购买了标书。

1995 年 12 月—1996 年 1 月,政府组织潜在的投标者进行现场访问/参观。

1996 年 1 月,政府召开投标前期会议,对外商关心的问题予以澄清和解释。

1996 年 5 月 8 日,对按要求提交的 6 家投标者递交的标书进行开标。

阶段三：评标和项目授予

1996 年 6 月 18 日,评估委员会选出 3 家候选中标者：法国电力联合体、新世界联合体、美国国际发电(香港)有限公司,最终法国电力联合体得分第一。

1996 年 11 月,PPP 伙伴双方草签协议,包含特许权协议书(concession agreement,CA)、购电协议(power pnrchase agreement,PPA)、燃油煤供应协议等,同时公告中标通知书。

1997 年 9 月,双方正式签署协议书,项目正式开工。

---

① 王守清等的《特许经营项目融资(BOT、PFI 和 PPP)》第 128 页(引文信息详见参考文献)。

广西来宾 B 电厂的 PPP 伙伴评价标准采用评分制法，评分标准如表 7.4 所示。

表 7.4　案例 3：广西来宾 B 电厂 PPP 伙伴选择评分标准

| 标 准 分 类 | 标 准 因 素 | 评分 |
|---|---|---|
| 电价因素 | 非电价因素 | 500 |
| | 电价走势 | 100 |
| 非电价因素 | 融资方案、技术方案、运营维护、移交方案、对招标文件的响应程度、造成后果的影响程度 | 400 |
| | 合计 | 1000 |

注：笔者根据王薇等（2011）信息绘制。

最终，法国电力联合体因报出最低电单价 0.35 元/（kW·h），而在电价因素中评分获第一名。法国电力公司显然有着丰富的运营经验，又在国有化率方面得分最高；阿尔斯通是有着强大设备供应和集成能力的伙伴，也是唯一一家采用中国本土部分设备的投标人，因此以总分第一的名次胜出。由此可见，法国电力联合体表现出最高的能力互补特征。

广西来宾 B 电厂 PPP 项目的核心事项简述如下。项目特许经营期 18 年，其中建设期约 3 年，运营期约 15 年。项目公司（广西来宾法资发电有限公司）[①]所提供的电价小于 0.05 美元/kW·h（税前），广西电力公司（代表政府）每年负责向来宾 B 项目购买 35 亿 kW·h（5000h）的最低输出电量（超发电量只付燃料电费），并送入广西电网，项目公司的预计投资回报率为 17.5%。为保证项目的顺利实施，按照商业规则，广西政府给出的书面支持包括 6 项：①允许投资者将其从电厂经营中取得的人民币收取，在扣除费用和缴纳税金以后，换成外汇汇出境外。②如果由于政府政策变化导致人民币与外汇的兑换率大幅度变化时，允许调整电价来解决。汇率变动在 5% 以内时，电价不能调整，超过可以调整。③关于通胀问题，规定燃料价格变化可以调整电价。④项目公司可以享受国家和地方政府所规定的税收优惠。⑤广西政府免费或以优惠的价格向项目公司提供电厂建设、运营和维护所需要的土地、供水、供电、通信、道路、铁路等现有设施的使用。⑥在项目公司的整个特许权期限内，所需的各方面的协调和协助，广西政府都给予支持。

能力互补作用具体体现在融资、国际规则学习和运营三个方面。我国各级政府、金融机构和非银行金融机构均不为该项目提供任何资金，也不需要为项目融资提供任何形式的增信/担保/背书，而且在书面协议中也不需要做出投资回报率的担保[②]。该项目在资金方面实现了 PPP 融资的功能，提高了政府资金使用效率。该项目总投资 6.16 亿

---

① 已更名为广西投资集团来宾发电有限公司（2015 年完成移交工作之后，成为国有企业）。

② 广西来宾 B 电厂 PPP 项目更接近于理论上的机制设计，相比之下，我国当前很多 PPP 项目存在政府隐性担保的过渡做法。

美元，由法国电力联合体 100％出资和占股，也是我国第一个允许外国投资者拥有100％股权的电力项目。项目的资金结构为：资本金 1.54 亿美元（占 25％，其中，法国电力国际占 60％，通用电气阿尔斯通占 40％），贷款 4.62 亿美元（占 75％，其中的 30％由法国东方汇理银行、英国汇丰银行及英国巴克莱银行牵头组成的 19 家银团联合承销，另 70％，即 3.12 亿美元由法国对外贸易保险公司提供出口信贷保险）。因此我国无须为来宾 B 电厂筹集任何资金。该项目中的银团联合承销也是我国第一个国际银团联合承销的创新融资样本。来宾 B 电厂的资金结构如图 7.16 所示。[①]

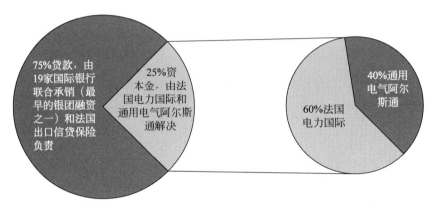

图 7.16　广西来宾 B 电厂 PPP 伙伴投入的资金结构示意图

注：笔者根据王守清等（2017）信息绘制。

同时，我国政府在这一项目中习得了诸多国际规则，也积累了宝贵的文件，许多文件均成为后来我国水、电、热、气、垃圾等市政行业 PPP 项目的参考文本。广西政府积极适应国际通行的商业规则，在实施过程中提高了 PPP 项目合同的政府管理能力（Brown et al.，2003a）。广西政府通过该项目与国际投资人的合作，不仅在合作中掌握了商务谈判、国际惯例等合同管理能力，还在合作中通过聘请中外法律、财务和技术专家作为项目顾问，积累了管理经验和专业能力，对广西政府整体公共行政能力的提高也起到了促进作用。

运营管理方面的能力互补体现在团队、成本、技术等多个方面。来宾 B 电厂的员工仅为 240 余人，普通员工每月收入为 2000～3000 元，相比之下，来宾 A 电厂的员工有600 多人，普通员工每月收入也仅有 1000 余元。发电成本上，当时来宾 B 电厂两台机组每年平均发电超过 5000h，耗煤低于国内电厂 25％。这种低成本、低消耗、高效率的科学管理模式对国内同行业的管理和技术水平的提高都起着十分重要的示范和促进作用。据 2002 年数据统计，来宾 B 电厂装机容量达 72 万 kW，占来宾市境内总发电装机

---

① 王守清的《特许经营项目融资（BOT、PFI 和 PPP）》，页码为第 126～127 页（引文信息详见参考文献）。

容量 149.4kW 的 47.14％。因此该项目大大缓解了当地电力紧缺的局面,使得当地人均装机容量高达 0.627kW,是广西人均装机容量 0.156kW 的 4 倍多,是全国人均装机容量 0.249kW 的 2.5 倍多。

　　不过,在当时的环境下,选择与外商合作,还是需要有很大的外部环境鼓励创新,否则,在公共价值方面显然尚不协同的伙伴,应该不会合作。那么,这里需要进一步探讨的是,是否存在其他竞争性解释,是超出本书理论框架之外的因素促成了公私伙伴关系的达成? 笔者认为,首先可以排除的一个解释是政治关联,对于刚刚打开国门的中国政府,当时与任何国家的合作都是一种新的尝试。而可能的一个竞争性解释是,中国政府确实希望通过这一远在广西的电力枢纽城市,做一个"引进来"试点,从而实现火电技术的学习和模仿,因此中国政府高度重视,甚至视其为政治任务;法国电力联合体作为法国本土的国企,其投资动机也是法国政府的动机,便是希望打开中国国门,由此获得更多与中国的投资合作机会,因此法国政府高度重视。可见,两国政治层面的高度重视,也即政治合作促成了 PPP 伙伴关系达成,其实仍旧是价值观层面的协同,唯一与公公伙伴关系不同的是,双方价值协同的层面不在伙伴之间,而在伙伴身份所辖的上级政治圈层之间。换而言之,上升为政治任务,是公私伙伴关系基于价值协同达成合作的重要机制。

## 三、关键事件:"电价倒挂"危机化解中的能力与价值作用

　　2002 年,广西来宾市电力生产和供应业实现工业总产值 20.13 亿元,占全市工业总产值的 22.8％,而来宾 B 电厂就实现了工业总产值 14.01 亿元,占全市电力总产值的 69.16％,并向政府上缴了 1.71 亿元的税金。然而,随着我国改革开放的发展,国内的火电发电技术迅速提高,全国发电成本大幅下降。

　　来宾 B 电厂的电价不仅不能随着全国火电技术普及带来的发电成本下降,反而根据最初的 PPP 协议约定,还要定期乘以调价系数,调增电价。在"全国降、来宾涨"的争论中,来宾 B 电厂的电价高于全国上网电价的"电价倒挂"现象引起了广泛讨论,也成为中法双方的交锋焦点。广西卫视专门播过"来宾 B 电厂逐年上扬的上网电价问题日益凸现"问题[1]。来宾 B 电厂的员工工资仍旧高于本地其他电厂水平,且远远高于当地居民人均收入 800 元的水平,而来宾 B 电厂的法国专家、法国经营者的收入却比普通员工高出十倍甚至几十倍,一些员工的不满情绪日益积聚。实际上,法国投资者的收入是按

---

① 广西故事:来宾 B 电厂逐年上扬的上网电价问题日益凸现_好看视频. https://haokan.baidu.com/v?pd=wisenatural&vid=13422484902120142607

照法国本国的收入标准计算发放的,远远高于中国国内普通员工的收入也在情理之中。而且按照早期订立的BOT协议,法国电力联合体的内部回报率高达17%以上,也受到了政府内部相关部门的质疑。来宾B电厂PPP伙伴的能力互补作用逐步下降,甚至降到一定阈值,滑向关系破裂的边缘。

广西政府一度考虑过终止PPP协议并解除伙伴关系。然而,法国电力联合体认为,来宾B电厂为广西乃至整个中国带来的价值是无法估量的,它就像一条鲶鱼一样,促使全国学习电力成本节约的生产技术、管理经验等。就像案例2中的客流量一般,也许谁都无法预料到,改革开放之后我国火电发电厂如雨后春笋般出现,火电发电价格通过竞争大幅降低,这却对来宾B电厂带来了不利的冲击。

笔者访谈的广西电力公司负责人对双方的核心协议条款进行了描述:

"当时广西政府与项目公司签署购电合同和调度协议,承诺每年向项目公司购买35亿kW·h的最低电量(超发电量只付燃料电费),并送入广西电网"。

"后来全国电价下降,这确实是不可抗力事件,谁都没有预料到。法国电力联合体感到委屈也是难免的。他们觉得'当时你们靠引进我们学习了火电技术和经营管理经验,现在觉得我们能力不行了,就想与我们解约,这显然没有契约精神'。但是,中国进入快速发展通道,各方面蓬勃发展,是我们谁都需要接受的事实。"

"我们绞尽脑汁,双方友好协商,想尽办法解决这个问题。"(访谈记录:20150717-政府代表-LBB)

确实,广西政府有义务按照协议继续购买来宾B电厂的最低发电购买量。最终,双方本着持续合作的共同目标和信念,找到了解决策略:一方面置换高成本存量贷款,降低融资成本;另一方面,由来宾B电厂继续生产超出最低罚点购买量的超额电量,超出部分按照成本价格支付,从而将总电单价拉低到全国电价水平。笔者访谈的这位广西电力公司负责人对这一解决方案的确定感叹道:

"为了继续履行来宾B电厂协议,双方最终决定通过薄利多销的方法,由来宾B电厂以成本价再发更多的电,从而保证核算后的平均电价与国家电网的上网价格持平。其实按照协议原来的约定,超额发电电价不仅不能降,还得定得更高。法国电力联合体也非常清楚我们提出这一解决方案的目的,因此非常配合地签署补充协议,降低了部分超发电的电价。当然这事只靠我们是不行的,广西政府出面对方才答应。为了这个方案的落地,我们双方做了很多测算、沟通和调研工作。我们得保证报给广西政府的方案既是政府能够接受的,也是公众能够接受的,还需要向全国人民和法国政府交代。而支撑我们继续的信念便是,双方要完成协议的共同价值理念。"(访谈记录:20150717-政府代表-LBB)

来宾 B 电厂化解"电价倒挂"危机的调整策略如图 7.17 所示。

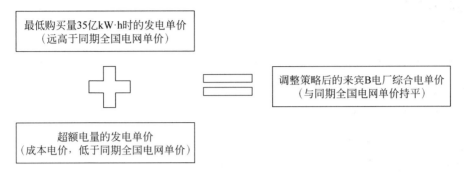

图 7.17　广西来宾 B 电厂 PPP 伙伴的"电价倒挂"危机调整策略

可见,来宾 B 电厂 PPP 伙伴关系的存续动机已超越了"效率至上"。如果广西政府选择停止合作,改而选择国家电网,则可能是当时效率最高的选择。然而,停止合作虽然能降低广西政府一时的发电成本,但是,它可能带来的对广西政府与法国投资人之间的关系损失,进而可能引发的两国之间摩擦等,都可能是得不偿失的。而且,伙伴关系存续过程中,双方还形成了更深层次的互嵌,最为直接的体现便是两国大约有 300 对情侣"终成眷属",一时间被传为佳话。

笔者访谈的广西电力公司负责人表示:"来宾 B 电厂已成为两国之间友好合作与互联互通的象征。我们还为这些新人们举办过集体婚礼。项目移交后,我们还要拍摄一个纪录片,纪录片中的内容会是采访中法公民联姻后留在广西生活的家庭实景。这都是来宾 B 电厂带给我们的珍贵礼物和回忆。"(访谈记录:20150717-政府代表-LBB)

综上,即便是 PPP 伙伴关系的存续动机,也仍旧是战略因素的作用。双方坚持继续合作的共同信念,齐心协力能共渡难关的共同目标,成为双方之间价值协同的重要表现特征。能力互补和价值协同在这一案例中呈现出了人字形的摆动(oscillation)特征(Evans et al.,1992)。当伙伴关系因能力不互补而滑向破裂边缘时,价值协同走到了舞台中央,促使伙伴关系存续;当伙伴关系因价值不协同而滑向破裂边缘时,能力互补便成为支撑伙伴调整各自观念,或者采取其他制度性措施,使得伙伴关系得以继续维持的重要依托。当然,这都是建立在一定阈值之上的范围内,伙伴关系得以存续的机制。

## 四、案例启示

广西政府对来宾 B 电厂 PPP 项目伙伴选择的动机与结果的比较如表 7.5 所示。

表 7.5　案例 3：广西来宾 B 电厂的伙伴选择动机与结果比较

| 伙伴行为样本 | 价值协同 | 能力互补 | 选择结果 |
| --- | --- | --- | --- |
| 法国电力联合体 | 高于阈值 | 高 | 成功 |
| 新世界联合体 | 低于阈值 | 较高 | 失败 |
| 香港联合体 | 低于阈值 | 较高 | 失败 |

　　该案例发生于我国 PPP 发展的第 1 个阶段，是一个处于"长期"的"老年伴侣"。伙伴类型的选择结果为公私伙伴关系，具有低价值协同，政府与外企合作上升为政治任务才能达成。该阶段的 PPP 项目均需中央政府始终监督和指导来保障安全，而且我国当时有强烈的"引进来"学习动机。论证框架如图 7.18 所示。

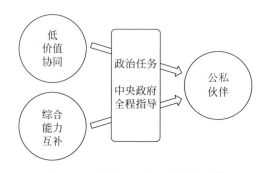

图 7.18　案例 3 的论证框架示意图

　　来宾 B 电厂 15 年的完整合作，揭示了二元性动机的长效作用，也暗示着两者的互动关系。也许假以时日，伙伴之间能力不再那么互补，但由于双方有着最初的约定，价值协同发挥继续协商的作用。而且伙伴关系越持久，双方之间越建立起信任、默契和互嵌等价值协同关系。二元性动机在这一案例中呈现出了摆动特征，"来回摆动"是价值协同与能力互补促成伙伴关系维系长久的过程性要素。

## 第四节　案例比较

　　本书将三个案例进行比较，形成类似于斯考切波的案例内对比和案例间对比，比较结果如表 7.6 中内容所示。罗伯特·K.殷（2004）认为这样的案例策略有助于增强研究效度，也即通过最不相似案例体系之间的三角来源验证、逻辑复制和多元性解释等综合方法的运用，在定量截面检验的基础上，实现包含时间维度的理论框架检验目标。

表 7.6　三个案例间的 PPP 伙伴选择动机与结果比较

| 伙伴行为样本 | | 价值协同 | 能力互补 | 选择结果 | 达成类型 | 案例比较维度 | 关键机制 |
|---|---|---|---|---|---|---|---|
| 案例1 | C 国企 | 高 | 较低 | 失败 | × | × | × |
| | D 民企 | 低于阈值 | 高 | 失败 | × | × | × |
| | E 央企 | 较高 | 较高 | 成功 | 公公 | 高协同、资源型 | 低制度措施 |
| 案例2 | 西门子-中铁建联合体 | 高 | 较低 | 失败 | × | × | × |
| | 欧美澳运营商 | 低于阈值 | 高 | 失败 | × | × | × |
| | 亚洲其他运营商 | 低于阈值 | 较高 | 失败 | × | × | × |
| | 港铁-首创联合体 | 高 | 高 | 成功 | 公公和公私联合体 | 中协同、效率型 | 中制度措施 |
| 案例3 | 新世界联合体 | 低于阈值 | 较高 | 失败 | × | × | × |
| | 香港联合体 | 低于阈值 | 较高 | 失败 | × | × | × |
| | 法国电力联合体 | 高于阈值 | 高 | 成功 | 公私 | 低协同、综合能力 | 高制度措施 |

# 第五节　对理论框架的延伸

下文将基于现实阐释二元性动机的正反作用，以及补充更多 PPP 伙伴类型，从而对本书提出的价值协同和能力互补理论框架进行适度延伸。一方面是警示不应过于强调单一因素的正面作用，以免实践中有失偏颇；另一方面是试图让本书理论框架更有现实解释力。

## 一、二元性动机的正反作用

前文已述，适度的价值协同能降低 PPP 协作的不确定性。而且，在我国情境下，这一机制作用更为明显，本书也正是由此提出了一个新的伙伴类型以及二元性动机作为整合性解释视角。然而，过度的价值协同也可能成为公共事务治理的"枷锁"。2014 年以前，地方政府自主举债建设本地公共设施，负债主体为地方政府或其所辖融资平台，还本付息的责任也都明确由地方政府承担。2014 年，在《预算法》修订案通过之后，C 国企和 E 央企们发挥了类似作用。具体而言，以 C 国企为例，C 国企以 PPP 协议为质押依据，向金融机构融资，但 C 国企与本地政府的 PPP 协议条款往往模糊且简化，许多约定可能仅仅留于口头承诺或意会默契。而且，大型国有属性的金融机构往往也"默许"这类 PPP 协议形式，也有动机为这类大额融资提供金融服务。PPP 协议相对简化，能弱化书面条款对政府与 C 国企的合作行为制约，也能躲过外部监管。其中，最为显著的一项特征便是，政府在这一类 PPP 伙伴关系中往往能继续"垂帘听政"。

可见，价值协同的正反作用显现。一方面，这一伙伴类型在关系达成阶段不需要签署复杂的合同体系，减少制度化方式约束双方的关系达成行为，地方政府与国企的"身份认可"，彼此都知晓的事后行为风险，使得双方可以通过低制度化的方式建立可置信承诺。这也是本书第五章已经阐释的价值协同的作用。它有助于双方高效地达成伙伴关系，降低了关系达成的交易成本，能够做到对国家制度变革的快速响应和公共投资行为的迅速转轨。然而，过多的公公伙伴关系，换言之，过度地强调价值协同作用达成伙伴关系，可能换来效率的继续低下以及制度变革成本的长期隐患。显然，C 国企的 PPP 参与动机就是为地方政府"掠夺"资本，也为地方政府保护国有资产不落入他人"口袋"。但是，过度的行政干预扭曲了市场信息，更抬高了民企无法进入的门槛。而且，国企由于预算软约束"免死金牌"的存在，风险意识依旧孱弱（刘尚希，2003），反而搭便车意识很强。现阶段，全国类似于 C 国企参与 PPP 项目的情况非常普遍。这一类 PPP 项目普遍是融资平台转型的产物，与原有模式相比，是"不换人、换激励"。国家希冀 PPP 机制能在 C 国企的改革中起到"家庭联产承包责任制"改革般的作用，然而改革效果有待时间的考验。而且，笔者访谈的部分企业代表透露，他们公司的资产负债表正被 PPP 项目"拖垮"，他们几乎成为了政府债务的"接盘侠"，不过他们也相信"听政府安排没错的"。E 央企代表的则是近年在 PPP 项目中展开激烈角逐的央企们。针对国务院国资委收紧央企 PPP 投资条件，有企业代表认为：

"我们确实背负了不少 PPP 项目，资产负债率的超上限问题比以往垫资承包时更严重了。不过别人报，我也报。有风险不怕，单个风险是风险，系统风险就没事。国家会统一处理。"（访谈记录：20191231-C10-GT）

此外，过分强调价值协同也可能暗示着更不透明，有违政府提倡的"透明度"建设目标（Yang，2018）。从这一角度来看，价值协同几乎是向未来转嫁制度消散租金成本的"借口"，需要在实践中予以警惕。

同样地，能力互补虽然作为地方政府客观的 PPP 伙伴选择动机，但这仅是基于现实的判断，不应成为国企或民企自身固有问题僵化的理由。当前，PPP 隐含的系统风险可能比垫资承包、BT 等更加严重。异化的 PPP 将带来一场系统性的制度风险，这也进一步警示过多的国企或民企均不是健康的 PPP 伙伴结构。诚然，国企的历史作用理当得到承认和肯定，而且我国央企现阶段在建设管理能力和技术方面确已处于世界先进水平。加之前文已述的金融市场历来的所有制歧视作用，致使央企为代表的国企融资优势明显，也因此国企转型 PPP 伙伴不仅有可行性，还有竞争优势。总之，国企的资源型能力互补作用已不言自明。有些地级市对于能将央企引入本地投资，所带来的资源流入性期待是非常高的。某地方领导表示：

> "在我的任期内，如果能引入哪怕一家央企，无论对于我个人的职业成就，还是对于我市的发展成就来说，都将是巨大的。"（访谈记录：20181014-B14-GT）

不过，国务院国资委已对央企"突出主业"的管理要求愈加严苛，要求央企的宗旨仍是"通过投资带动主业"，即做强"施工"能力，也可以在某些领域条件允许的情况下探索发展运营能力。例如，污水处理技术等环保运维领域已成为多家央企投资收购的一个重点领域。国务院国资委的政策举措虽然作为三角来源资料验证了资源型能力互补作用，但也暗示了我国当前 PPP 实践的制度问题。资源型能力互补作用所依赖的历史、干预、垄断、控制等优势，可能是一种虚假繁荣，也暗示了能力互补的两面性作用。

与案例 1 中类似的 D 民企参与 PPP 项目的情况也日益普遍。然而，东方园林等民企的资金链断裂问题显示出民企的自身实力还相对薄弱，部分企业也许尚未来得及发挥其效率型能力互补作用，就已在 PPP 伙伴关系初期"败下阵来"。此外，目前多数民企集中在公共"软性"服务领域，例如基础教育、医疗卫生、养老、体育、社会服务等行业。虽然民企能为这些领域带来效率型能力互补作用，提高这些领域的公共服务供给质量。然而，这些领域恰恰也是地方政府公共价值取向应该更高的领域，而现阶段这些领域成为新兴市场和投资机遇，集聚了数量众多、资产轻量的民营企业，需要防范其卸责行为。因此，效率型能力互补的反面作用可能是公共价值失灵，这暗示政府仍不能缺席对上述领域的控制力，也暗示上述领域中的政府和市场划分依旧不清晰，有必要对领域进一步细分和建立监管体系。

## 二、PPP 伙伴类型的谱系

案例 1 中涉及的 C 国企、D 民企和 E 央企，以及类似于案例 2 中的港铁-首创联合体所代表的 F 联合体，还有案例 3 中的法国电力联合体所代表的 G 优质民企，上述企业并不是本书所展现案例中的特殊现象，它们有一定的代表性，代表了前文已述的 PPP 伙伴类型的五个更为具体的现实伙伴类型，它们是两个理想的伙伴类型的组合。现实 PPP 伙伴类型的谱系（continuum）如图 7.19 所示。

| 公私伙伴关系 | G优质民企 | D民企 | F联合体 | E央企 | C（本地）国企 | 公公伙伴关系 |
|---|---|---|---|---|---|---|

图 7.19 我国 PPP 伙伴类型的谱系

相比其他模式，通过 PPP 模式能一次性获得建设工程所有标段的任务，这大大激发了企业参与 PPP 的意愿，也进一步验证了我国 PPP 伙伴关系达成主要是政府动机的作用，企业因 PPP 机会分配的稀缺性而普遍存在较高参与意愿，而且为获得项目在市场中展开了充分的自我淘汰和竞争。此外，银行也对 PPP 的贷款业务意愿更高。这在于 PPP 项目有规模效应。有银行表示：

"我做一单 1000 万元的业务，要和业主沟通的量，和我做 100 亿元的沟通量是差不多的。那我当然愿意集合全行之力，拿下一单 100 亿元的业务。也许 PPP 三年不开张，但一开张能吃好多年。"（访谈记录：20170831-C9-GT）

因此，PPP 模式提高了潜在伙伴尤其是央企的参与动机和竞争意识，而这又进一步提高了 PPP 机会分配的稀缺性和准入的门槛。甚至有企业感叹，PPP 模式也逐渐滑向过度竞争的老路：

"以为成了投资人，就能一改过去施工价格战的情况，能站着拿项目，没想到，如今几家央企兄弟单位之间又再一次在 PPP 项目中陷入价格战，甚至比原来更加惨烈。这次不仅是跪着拿项目，甚至是勒着脖子拿项目。"（访谈记录：20191231-C10-GT）

综上，本书将当前我国 PPP 项目中的现实伙伴类型的地位与多寡进行了对比和演化展望，如图 7.20 所示。

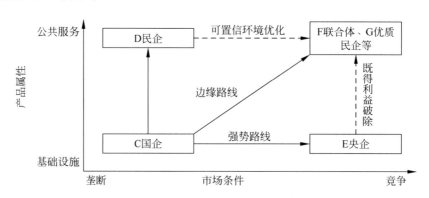

图 7.20    我国现实 PPP 伙伴类型的作用与演化示意

注：箭线实虚代表实然和应然，粗细代表机制多寡程度，方向暗示更优演化。

一个更适合中国转型期经济的创新资源配置格局，应当是发展一部分 F 联合体或者 G 优质民企，实现这一类型演化虽有三条路径，但每条路径均困难重重。总之，我国未来 PPP 伙伴类型向着多样化演化，既要承认国企的稳健作用，也要抓住公共产品和服务供给市场培育的机会，并破除与民企"不清"的顾虑，由国企与民企通过市场化方式建立更多联合体合作，也许是更优的选项。此外，倡导硬化约束经营型国企行为，也有助于我国企业走出国门，为提高全球竞争力打下基础。

## 第六节　本章小结

　　本章通过跨案例比较，采用逻辑复制原则再一次验证了价值协同和能力互补对 PPP 伙伴关系达成的重要作用。不仅如此，本章通过案例分析不仅展现了典型行业中 PPP 伙伴关系达成过程的丰富细节，还对两个经典案例的伙伴关系的长久维系进行了探讨，多元性解释视角又论证了两个因素的重要性。此外，本章还发现了更为丰富的要素，包括任务强度的催化作用、问责制度化的作用、关键人物的"避雷针"作用、制度性措施对价值协同的背书作用和两个因素之间的"钟摆"作用。本章最后还通过补充现实信息，论述了价值协同和能力互补的两面性作用，也揭示了我国 PPP 当前部分扭曲的现实，进而对理论框架做了一定延伸。

# 第八章

## 讨论与结论

自由市场的理念无可争辩,民营化也会继续推进,但重要的是要意识到,具有纯粹公共特征的活动是不可以分配给或者委托给私人组织的。

——茉(Moe,1987)

本章为全书末章,主要呈现研究讨论与结论。首先对质性研究形成的理论进行讨论与延伸,分别做理论框架的内部推论和外部推论(即理论的一般化讨论);其次总结研究结论与创新,并给出政策性启示;最后对研究局限及未来进一步的研究展望进行阐释。

## 第一节　讨论与延伸

### 一、理论框架的内部推论

本书从"地方政府在 PPP 实践中到底选择哪类伙伴"这一现实问题出发,经过文献综述、现实调研、扎根研究、定量实证和案例比较等系列研究过程后,提出并论证了价值协同与能力互补的 PPP 伙伴选择理论框架,以此廓清 PPP 伙伴关系达成机制。而且,通过对比公公伙伴关系和公私伙伴关系的选择动机差异重构了 PPP 模式。本书也揭示了一类特定组织协作——基于正式长期合同的公共组织与异质性伙伴(即政府与多元主体)的 PPP 协作特征,指出其选择动机具有长效战略作用和意义。本书的理论框架与琼斯等(Jones et al.,2020)从西方视角观察我国 PPP 实践得出的研究结论存在很大差异。琼斯等仍基于经典的公私伙伴关系机制解释我国 PPP,认为我国 PPP 仍是加强国家主导(state-led)的一种手段。显然,这样的解释不仅是片面的,而且也是薄弱的,本书的理论解释回应了这一片面观点。

### (一)基于价值协同的内部推论

PPP 呈现战略协作特征,价值协同选择动机尤其体现了这一特征。价值协同选择动机虽非一成不变,但相比利益等短期动机有更高稳定性,是类似于写入组织"基因"层面的要素,因此也只有在长期组织协作(如 PPP)中能够被观察到并发挥重要作用。布林霍夫等(Brinkerhoff et al.,2011)认为公私伙伴关系能实现个体私人价值与公共使命价值的共同创造,其成立前提是"公"与"私"之间信息充分共享、地位相对平等。本书认为西方情境基本符合这一理论预设。然而,中国情境不符合这一预设,因为我国"公"与"私"之间信息相对不充分、地位相对不平等,即政府有更大掌控力、市场却相对不成熟,因此,公私伙伴关系在我国较难充分发挥效应,反而是公公伙伴关系更为普遍。具体而言,在中国情境下,政府更愿意与价值更协同的市场组织建立长期伙伴关系(李晨行等,2019)[30]。事实上,PPP 伙伴选择都是建立在相互信任、不确定性降低的动机之上的,这使得双方有可能通过沟通相互理解,也使彼此行为更可预测(Hoopes et al.,1999;Puranam et al.,2012),从而增进知识共享、提升协作绩效(Cramton,2001;Kotha et al.,2013)。不过,两类伙伴解决信息不对称的机制不同,公私伙伴关系依靠的是法律和契约,公公伙伴关系则强调价值观念和身份互认。由此,价值协同构成伙伴类型选择的重要动机,也回应了以往 PPP 研究多从市场、效率视角解释的局限性(Quélin et al.,2017;Reynaers,2014)。一方面,价值协同体现了合约治理的作用,它能减少伙伴双方对不完备契约隐含的机会主义行为风险的顾虑(Bowles,1998);另一方面,价值协同也是组织协作行为动机的体现,组织行为学中将这一行为动机称作自我归类理论(Hogg,2000)。综上,本书基于价值协同选择伙伴的理论解释,验证了公共管理中多元价值张力的客观存在(Hood,1991;Rosenbloom,1983),而且本书通过合同治理和组织理论视角解释了这一选择动机的合理性。在一般性的理论层面,价值协同选择动机也是自我归类理论的应用拓展,且架设了 PPP 与伪物种(pseudo-species)演化机制、企业战略联盟及择偶等社会现象之间的桥梁(bridge)。

### (二)基于能力互补的内部推论

Savas(2000)认为遵循市场规则的私人部门,其供给效率往往优于遵循科层机制的公共部门,这构成了能力互补选择动机的理论前提。能力互补选择动机的理论基础是资源基础理论(Wernerfelt,1984),强调组织之间的战略协作依赖于各自所拥有的资源和能力整合。在 PPP 的关键成功因素、风险管理等研究中,均指向对 PPP 伙伴能力的要求。然而,已有的能力互补研究尚未区分政府需要的能力类型,或者按照横向维度分为人力资源能力、网络能力、技术能力和财务能力(Christensen et al.,2008),这对于我国当前 PPP 实践中重融资建设、轻运营现象的解释力较为有限。本书基于纵向阶段将PPP 所需的能力分为融资、建设、运营和集成四个方面,并将它们归纳为“资源型”和“效率型”两类能力。这一分类方法既是呼吁对纵向能力的关注,也是遵循公共产品和服务供给领域国企拥有资源优势、民企拥有创新效率优势与资源劣势的客观事实。因此,本书根据 PPP 实践阶段将能力互补概念延伸为资源型与效率型两类,客观地顺应了应国企基于行政垄断或政治关联形成的能力优势,基于实用主义的理论视角,发展了“能力互补”的概念内涵,也进一步提高了这一选择动机的解释力。此外,还需要说明的是,虽然在我国当前情境下,国企具有资源型能力优势,民企具有效率型能力优势,但在欠发达国家则不尽然,加纳等非洲国家的国企也并没有具备很高的建设或融资能力,反而是跨国投资伙伴可能具备更高的资源型能力。同样地,在发达国家,也许并不是国企更有资源型能力优势,反而是民企(即私企)掌握更多资源。

### （三）关于理论框架的情境实证推广

首先,本书对于理论框架成立的预设前提做了辨析,因此为理论推广到类似情境奠定了基础。例如,为推广到发展中国家,检验理论是否成立奠定了基础。此外,尽管本书建构并实证了价值协同与能力互补对于伙伴所有制选择结果的解释框架,但价值协同与能力互补不应仅仅是政府对伙伴所有制身份的选择动机。所有制也仅仅是我国历史和现实情境下的一个特殊观察对象,在其他情境中应该还有大量有待验证本书理论框架的选择效应。由此,可以实现对本书理论框架更一般化情境的应用和拓展。例如,同质的公共组织协作达成研究,政府在自发性的社区机构和正规化的社区机构之间的选择研究,以及社区组织和市场组织之间的协作研究,等等。因此,理论的横向延伸将是未来的一个重要方向。而且,价值协同也仅仅是公共价值失灵理论视角中的一个可操作的概念,而波兹曼等(Bozeman et al,2002)和蓝志勇等(2017;2019)展望的理论内涵远比本书更为包容与深刻。因此,在公共价值理论视角做纵向延伸,尤其是发现更多可操作化和可持续观察的“价值”相关的概念,也将是未来的一个重要方向。

## 二、理论的一般化讨论

本书理论的外部推论仍然有效,本书理论是对本尼斯(Bennis,1967)预言的未来组织间协作将逐渐替代韦伯(Weber,1922)的单一官僚制观点的有力论证,且努力找寻可行的实现路径。这能为发展公共管理理论和丰富协作治理机制作出边际贡献。本书理论的对话分支如图8.1所示。

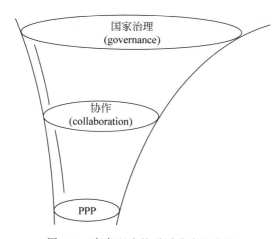

图 8.1　本书理论的对话分支示意图

第一,提出了公公伙伴关系的概念,重构了 PPP 模式。既有的 PPP 研究多关注一类特定的伙伴,即公私伙伴关系,其赖以存在的前提是公私之间的自愿合作,而专业化能力是这类伙伴获得更多公共物品供给机会的主要影响因素(Allison,1980；Savas,2000；Essig,et al.,2005)。然而,既有研究忽略了中国(乃至其他东亚国家)在历史因素(如计划经济)和赶超发展目标下的快速城镇化战略影响下,虽然其 PPP 实践也纳入了市场竞争机制,但政府的主导性力量却与市场机制的力量分庭抗礼。相比之下,在西方限政府情境中,公私伙伴关系的形成有其现实基础；而在我国政府主导情境下,公公伙伴关系也发挥了应有的作用,形成了一个新的伙伴类型,也形成了"此 PPP 非彼 PPP"的模式重构。公公伙伴关系与经典的公私伙伴关系成为 PPP 的两个理想类型,构成一个 PPP 伙伴类型谱系的两端,连接两者的正是本书提出的价值协同程度与能力互补程度,这提高了 PPP 理论的现实解释力,开辟了新的研究场域,也暗示着强国家情境中公公伙伴关系内生性结果的历史必然性。此外,本书的概念发展也对 PPP 作为一项移植性制度的本土化问题给出了一定回应。起源于西方信息社会的 PPP 机制建立在契约和市场基础上,而移植到我国以"人"作为信息载体的社会情境中,PPP 的伙伴类型从单一的私人部门发展为也包括公共组织。

第二,发展了组织协作理论。本书针对 PPP 伙伴关系达成的研究,实际上是对一类特定形式的组织协作(collaboration)达成的有益探讨。按照罗德里格斯等(Rodríguez et al.,2007)对协作达成因素的三个分类,分别是利益性因素、权力因素和规范性因素,本书提出的基于价值协同的战略协作便是规范性因素的具体体现,而能力互补则是前两者因素的综合作用。费奥克(Feoick,2013)的制度性集体行动(institutional collective action,ICA)框架试图打破地方政府协作的黑箱,并识别了 12 种组织协作机制,而如果加入本书发现的这一时间因素,也许能产生更多有益的组织协作形式,进而丰富 ICA 框架的理论纵深,提高 ICA 框架的理论解释力。相比短期或一次性交易,长期战略协作达成更侧重长效因素,其出发点是预期形成稳定的协作关系,本质上是组织自我归类理论的作用。组织的自我身份归类原动力促使组织寻找“更可信”和“更接近”的伙伴,以消除不确定性、让信息更对称。而组织自我归类动机在我国制度环境不成熟的情境下,得以发挥出作用,在其他情境中,战略协作因素也许还会有其他表现形式。

第三,揭示了国家治理二元性的情境特征。贯穿本书始终的是二元性研究视角,将看似矛盾对立的工具理性与价值理性二元性动机纳入统一框架进行解释。而这一二元性动机的发现,正是在我国国家治理二元性的情境中得以观察,发现它通过制度高压作用并体现到最终的“既需要国企也需要民企”的二元性选择结果中。然而,正如本书批判的 PPP 效率追求视角可能忽视公共价值失灵一样,过分强调公共价值及公公伙伴关系的正面意义,则会挫伤公共产品和服务供给的效率和创新性,也同样有违协作的初衷。本书的研究发现是基于事实的判断,而研究的理论意义更在于呼吁价值层面的学术判断。即便基于价值协同与资源型能力互补的公公伙伴关系能得到理论解释,但若过分强调则也许是又一次权威的失范以及利益的共谋,进而导致 PPP 协作的异化,这不仅会进一步激化公私之间的身份对抗性,还违背了协作治理的初衷。而且对整个社会而言,过多的资源型能力互补还意味着宏观营商环境仍不公平和不透明,而过多的国企本身也是一类需要耗费资源的非生产性活动,这往往会造成社会福利的净损失(肖土盛等,2018)。因此,用一种治理二元性的观点看待两个伙伴类型,也许是一个更为可取的理论立场。

行文至此,一个自然产生的问题是:在未来国家治理倡导更加健康、更可持续的发展理念中,如何才是更优的公共产品和服务治理机制?公公伙伴关系的稳健作用或许不可缺席,能有效维护公共产品和服务的公共属性,但如果不在具体领域上做进一步细分,将仍是“市场的还给市场、政府的依旧归政府”。民企依旧无法突破垄断的“铜墙铁壁”,戴着“镣铐”的民营经济也必然无法灵动,国企则仍旧没有生存危机,自然也无法生长出真正的活力。在此,笔者认为有必要回顾胡德(Hood,1991)提出的 $\sigma$ 价值(精简)、$\theta$

价值（公平）和 λ 价值（稳健），强调既不能忽略任一个也要关注三者张力难以调和的观点。罗森布鲁姆（Rosenbloom，1983）提出的三个公共行政价值及手段（行政、立法和司法）也同样强调三者张力及持续关注的必要性。那么，我国 PPP 实践呈现的系列特征，恐怕既是治理二元性的转型期特色，也暗示了公共管理理论本身的多元价值张力与复杂性。

此外，本书的研究也有助于丰富对国企行为的认识：国企除了具有传统的政策性负担和任务驱动特征以及面向国际市场的硬化约束和市场化改革趋势，也具有在地方公共物品治理中的公公伙伴关系特征。这一类型的国企既需要平衡多元价值取向，也需要竞争择优，与传统的和其他情境中的国企行为有较大差异。

# 第二节　结论与创新

本书针对 PPP 的伙伴类型选择动机进行了深入系统的研究。相比一般的协作机制，PPP 是一项基于合同的政府与多元主体的战略协作机制，它从西方诞生并移植到中国情境中后，受中国国家治理二元性的动态作用，进而产生了新的 PPP 作用机理与伙伴类型。本书提出的解释框架与阐明的三个研究问题，如图 8.2 所示。

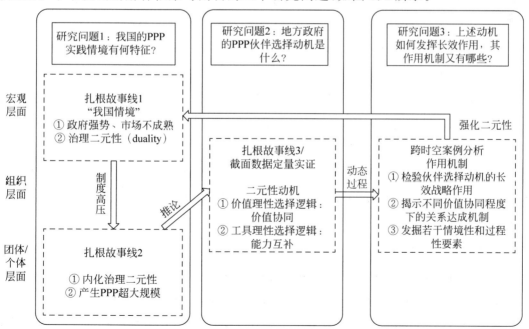

图 8.2　治理二元性与选择动机的动态作用：PPP 伙伴选择

注：笔者根据 Ashforth et al(2014)的组织二元性研究启发，绘制而成。

### 1. 我国的 PPP 实践情境有何特征？

尽管各界都认同政府要依靠 PPP 来充分供给公共产品和服务，但消解地方债、投资保增长和持续城镇化这三个触发条件之间存在的张力，暗示着具体路径选择上仍存在诸多分歧。PPP 制度变革始于消解地方债的"调结构"动机，而国家政策又传递出希冀通过 PPP 投资保增长和持续城镇化的"保增长"动机。这些综合的改革动机又作用于 PPP 伙伴的准入政策，传递出国企稳健和民企创新都必不可少的信号，因此国家治理呈现二元性，且在 PPP 实践的目标、程序和要求中被制度化（institutionalized）。与国企抑或民企对立倾向相关的多元价值动机也因此被植入在 PPP 伙伴关系达成的每一次选择动机中。而且由于国企和民企的重要性不言而喻，缺少任何一方的极端情况都无法存续，因此地方政府也将这一二元性动机内化了。本书通过扎根理论还证明了实施部门团体和官员个体层面同样存在内化的二元性动机，这为本书组织层面的解释机制提供了微观基础。总而言之，中央政府自上而下地主导 PPP，通过制度高压方式内化于地方政府，地方政府成了国家的缩影，在考虑本地公共事务治理时呈现二元性动机。

### 2. 地方政府的 PPP 伙伴选择动机是什么？

从地方政府 PPP 行为的三个层次，即被动接受外部压力、主动发掘内在动力、不稳定预期下的过度攫取，从中看到了压力型体制、分权激励等已有研究揭示的理论解释力，但也发现了地方政府不稳定预期下的 PPP 过度攫取行为。那么，这一意外结果（unintended consequence）何以形成又何以可能？笔者通过扎根理论发现，恰恰是国家治理二元性下允许国企和民企都成为 PPP 伙伴竞争者，且 PPP 制度包容模糊造成了地方政府行为脱耦的可能性，因此，是 PPP 制度为地方政府 PPP 赋能。那么，为何在同一宏观制度背景之下，各地之间的 PPP 伙伴选择结果如此不同？原因在于二元自我的地方政府有着价值协同与能力互补的选择动机，结合地方实际作出时而选择国企时而选择民企的决策。（1）关于价值协同。本书结合现实与理论提出了价值协同这一战略层面的协作因素。在实证层面给出了地方政府对一个 PPP 协作的公共价值取向越高，选择具有公共价值伙伴的概率越高，其参与程度也越高的结论。定量研究虽然只是验证了公公伙伴关系的价值协同因素，但通过本书案例分析暗示了公私伙伴关系之间也具有价值协同的可能性，不同的是需要通过制度性措施"保驾护航"且建立在可置信承诺环境稳定的前提下。（2）关于能力互补。与西方情境相异的是，我国国企基于历史因素和路径依赖成为了有竞争力的 PPP 伙伴，与民企分别形成资源型能力互补和效率型能力互补两种不同作用。然而通过定量实证发现，资源型能力互补动机的作用机制并非财政扩权激励，而是"借新还旧"激励，即 PPP 一定程度上成为化解政府债务的过桥工具，把政府债务推向了企业；效率型能力互补仅仅在改善软件服务方面起作用，这一方面暗示了硬件设施产品更标准化,因此国企更标准化的管理发挥了作用,另一方面也提示民企大量进入的领域恰恰是最需要把握公共价值的公共服务领域,因此政府不能退场,监管和控制也不能松懈。由此,本书也发展了基于资源基础理论的组织协作的能力内涵,分别是资源型能力和效率型能力。(3)关于交互效应。当地方政府的资源型能力互补动机很高时,面对同样的公共价值取向,会更倾向于选择国企,而且通常是具有更多资源的国企。换言之,同样是选择"自己人",高资源型能力互补需求的地方政府会更愿意选择有资源优势的"自己人",如大型央企、上市国有公司等。而效率型能力互补动机和公共价值取向之间存在"跷跷板"关系。当地方政府的提高效率动机很强时,即便对某一项目有很高的公共价值取向,仍有可能选择民企或者选择效率较高的国企作为替代,选择结果视两个因素的净效应和交互效应加成后的阈值来确定。(4)关于行业异质性。在基础设施领域中价值协同和能力互补作用更为明显,表现为国企和民企的二元结构属性更加突出,两个伙伴类型的分层关系更为显著,相比之下,公共服务领域的作用则更弱,这也许和我国公共服务一直匮乏,市场条件不充分、政府控制为主的历史有较大关系。

**3. "价值协同与能力互补"选择动机如何发挥长效作用? 其作用机制又有哪些?**

PPP 伙伴选择动机不是短期利益的交换,而是一次基于合同的长期战略考虑,本书的三个跨不同时空的纵向案例比较也揭示了这一点。作用机制方面则呈现更为丰富的细节。阈值以上的价值协同与能力互补是必要条件,换言之,如果双方之间没有任何的能力互补或价值协同,那么就没有可能达成伙伴关系。制度性措施是 PPP 伙伴选择的中介机制,高价值协同时,通过简单合同、快速谈判等低制度措施便能达成关系;而低价值协同时,需要政治任务等因素保障,以及复杂的协议体系等才能达成伙伴关系。任务强度是选择动机的重要调节因素,当任务强度大时,地方政府的选择动机强度加大,换言之,政府需要伙伴迅速充分理解行为意图并高度配合协作。此时,当 PPP 伙伴无法适应行政指令做法,只能按市场规则行事时,关系就有可能破裂;而且,如果伙伴无法迅速匹配政府急需的某项能力,则关系也将告终,这都是在高强度任务下对选择动机作用效应的催化。问责制度化也是选择动机的重要调节因素,本书侧重于国家对地方政府反腐、寻租、资产流失等问责机制的作用探讨。本书案例显示,当外部制度鼓励创新、虚化问责时,公私伙伴关系的达成概率显著提高。而相比之下,当前地方政府普遍基于公共价值冲突的问责顾虑,对民企的选择动机将会显著降低,也即民营企业家们诉苦的"政府清而不亲了"[①]。关键人物则是 PPP 关系得以存续的重要机制,这一机制的

---

① 国家发展改革委主管的《改革内参》2019 年 10 月 22 日,总第 1533 期(本期不涉密),页码为第 6 页。

发现也回应了本书开篇提出的我国 PPP 伙伴关系达成中"人"的因素更重要这一判断。本书呈现的每一个案例中,都看到了强人推动 PPP 伙伴关系的达成和存续。尤其当出现关系危机时,特别是当公私伙伴之间价值冲突矛盾凸显时,强人发挥了"避雷针"作用,将组织二元价值观的矛盾集中在自己身上,避免了伙伴之间正面冲突可能滑向的关系破裂。进而,强人通过主动化解冲突,有助于伙伴双方恢复到价值协同-能力互补的脆弱平衡阈值内,使得 PPP 伙伴关系得以存续。"钟摆"作用也是价值协同与能力互补之间共同维系 PPP 伙伴关系的重要过程性要素,当伙伴关系因能力不互补而滑向破裂边缘时,价值协同走到了舞台中央,促使伙伴关系存续;而当伙伴关系因价值不协同而滑向破裂边缘时,能力互补便成为支撑,伙伴调整各自观念,共同解决问题并使得伙伴关系得以继续维持。此外,本书通过补充案例信息也揭示了价值协同和能力互补的两面性作用,这实质上也是公公伙伴关系的两面性作用。过多国企参与 PPP,即便是价值非常协同,也很难保证效率的提高,可能到头来仍旧是官僚制的异化并遗留更高的制度改革成本问题。同样,强调国企资源型能力优势互补作用,也启示了我国资源配置和市场竞争机制远未到位(王盈盈等,2021b)。

本书不仅补充了 PPP 价值研究的理论空白(gap),还在 PPP 研究的方法(methodology)上践行创新。笔者采用扎根理论的方法,在原始数据与实质理论(substantive theory)反复互动求证之下(Glaser and Strauss,1967)[79],提炼出具有解释力的理论框架。本书还采用了定量检验和案例分析的混合方法(mixed method)进行实证,也采集编码形成了一套独特的资料数据库(data base)。

## 第三节 政策性启示

本书发现了 PPP 伙伴新类型及二元性选择动机,这有助于在制度上设计更相容的机制,也有助于思考协作治理、复合治理,尤其是制度移植式的创新治理对国家治理现代化的作用。本书的研究结论也回应了国企和民企 PPP"半边天"引发的"国企真的挤出民企了吗"这一普遍质疑,也让到底"应该进一步约束国企,更多释放民企活力"还是"理当让国企参与更多"的改革争议有了理论基础。

此外,本书的这一发现也暗示了我国行政系统的官员绩效问责的长效机制正逐步发挥作用。官员在任期之内做出的 PPP 伙伴选择动机,也考虑了任期之外的因素,这也意味着 PPP 实践有助于问责制、回应性机制的长效化。可见,即使中国式 PPP 的伙伴类型有自身特色,"PPP 是一场婚姻",需要长期合作的实质要义并没有改变(王守清、王盈盈,2017)。然而,一味地强调国企价值更加协同可能适得其反,而且国企的资源型能力互补作用是行政干预和扶持的结果,不过民企的效率型能力互补也可能暗藏价值缺失。因此,若笼统地顺应政府伙伴选择的动机而不加积极引导,则无助于更优的机制设计。

笔者认为,首先可以在制度的优化设计上发力。如前文所述,在制度设计中可以向着"顶天立地"延伸,向上在宪法层面建立法治化的制度,向下则建立吸引公众广泛参与的制度,让 PPP 制度层级更加完整同时向着更加协同的 PPP 管理体制改革演进。(王盈盈等,2021a)。现阶段我国政府购买绩效工作仍旧以效率指标为重,而责任性、回应性、公正性和公平性等价值指标虽有体现,却由于实际操作和配套程序无法保证评价效用,仍停留在"形式主义"阶段,公共价值"虽有却无"。而通过公众参与的制度延伸,可以为价值共识"落地"打下基础,也可以为价值引导的绩效评价工作中加入外部监督力量。

其次,将必要的选择标准制度化,增加公共价值和纵向能力评价指标。现阶段,我国 PPP 项目伙伴选择发生于政府采购/招标投标阶段,但并没有统一选择标准。虽然地方政府根据自身需求的伙伴选择能保证制度灵活性,但多样化的选择标准背后可能也存在很多制度漏洞和行为偏差。尤其在 PPP 逐渐成为部分地区重大项目的主要模式之后,有必要加强对伙伴选择的引导,以兼顾公共事务的效率与公平。其中,最为紧迫的便是将部分标准制度化,增加公共价值指标,从而确保一定阈值的伙伴关系的公共属性。此外,虽然理论界呼吁侧重提高伙伴的运营能力,然而实践依然是侧重建设能力,因为建设能力对应的回报周期相对较短,相比培养运营能力来说,建设工程相当于是"赚快钱"。而且从本书的结论来看,虽然民企在公共服务等专业化要求高、创新需求高的领域更具运营优势,但其体量并不能满足相关领域未来的公共服务需求增长,而且根据民企以往的经营周期普遍较短判断,大部分民企 PPP 项目可能无法维持长周期的合作,若中途夭折,则往往会导致 PPP 项目的运营服务"中断"或"换人",徒增交易成本,也可能有损社会价值(比如某些城市曾经历的民企停水或停电事件)。因此,在伙伴纵向能力方面体现运营相关的长期责任,既是提升公共产品和服务供给的重要手段,也是培育市场的必要举措。

最后,一个更适合中国转型期经济的创新资源配置格局,可能不是极端地倒向大企业或中小型企业,而是一种混合所有制的模式,即本书案例分析中提到的联合体模式。既要承认新中国自成立以来通过政府总体支配、国企半垄断的发展和维稳优势,也要清晰地意识到,一味强调国企价值协同和历史上依靠行政垄断形成的资源型能力优势,可能会让 PPP 国企成分过重,公公伙伴关系过多,从而可能会错失公共产品和服务供给机制发展中培育市场的机会。而且,现有体制对于与民企 PPP"不清"的问责顾虑,也会为 PPP 协作机制套上枷锁。可行的改革方向是"市场的归市场、政府的归政府",对公共产品和服务的产品属性进一步细分,将能市场化的明确市场化,消除垄断和模糊;而不具备市场化条件的领域,则继续依靠行政手段调节来维持和培育。此外,对于进入市场的国企,需进一步硬化约束和培育市场机制,也为我国企业走出国门,提高全球竞争力打下基础。

## 第四节　局限与展望

### （一）研究局限

虽然笔者在第三章研究设计中已经申明研究过程中会采取的一系列措施,以保障研究效度,然而,尽管笔者认为本书得出的核心结论依然稳健,但受制于自身的认知限度以及对现实的妥协,本研究或仍存在一些局限。

#### 1. 关于是否存在选择偏误问题

政府可能出于其他原因选择两个伙伴类型。笔者采用同行反馈、参与者检验和相关检验等方法尽量控制(陈向明,2000)[403-406]。一方面,笔者在过程中将研究结果不断反馈给被研究者,主要是高校学者和地方官员,然后基于他们的反馈修正研究结论,经多轮反复,直至高校学者和地方官员认为研究结论符合事实为止。另一方面,笔者对同一结论用不同的方法(扎根研究、定量研究和案例研究)、在不同的情境和时间里(三项研究的资料来源不同,尤其是三个案例跨越了三个时空)进行检验,以求获得研究结论的最大真实度。此外,针对本书研究的都是已经"入库"的PPP项目,而申请未获批并不是构成本书研究对象的自选择问题,申请阶段并不影响伙伴选择。然而,企业意愿能构成本书研究对象的自选择问题,不过本书通过扎根研究有效地解决了这一问题。我国情境下的PPP伙伴关系达成不是双方互选而是政府主导,具体体现为中央政府主导制度供给,地方政府主导伙伴选择。加之我国城镇化进程日益饱和的趋势下,其他投资渠道尚不明朗,投资准公共物品仍是绝大部分企业愿意为之的业务,坊间所谓的"民企投资热情不高",实则为"民企竞争弱势"的抱怨。

#### 2. 关于是否存在遗漏变量问题

PPP伙伴选择的结果还有政治关联的作用。笔者采用侦探法和证伪法等排除了这一解释(陈向明,2000)[402]。笔者假设政治关联因素确实对PPP伙伴选择结果起到重要作用,但无论是在访谈还是观察的过程中,笔者都发现政治关联是价值协同因素的重要机制。即便企业和政府之间建立了政治关联,政府官员确实会因寻租而获得利益,但其核心作用都仅仅是确认双方价值观念相近、建立信任及消除不确定性的另一个桥梁而已。换言之,价值协同因素是政治关联的前因,而且这一作用在 PPP 等长期战略协作中会发挥出更大效应,从而能在现实中被捕捉到,但也许在短期、一次性协作中,政治关联因素仍更重要。此外,针对政府官员是否就是出于体验式地选择 PPP 伙伴或者"假装"地做出选择,上述因素或将存在,但由于一个 PPP 项目的落地通常是多个团队众多人员合作的结果,因此能尽量消除个体的上述因素或将其控制在可接受的限度内。

### 3. 关于是否存在逆向因果问题

针对也许是企业的特质或意愿,而非政府选择动机的作用质疑,对本书来说并不成立。笔者采用证伪法和比较法等(陈向明,2000)[403-406] 进行了排除。一方面通过扎根研究,将 PPP 伙伴关系达成这一核心机制发生的场景全部呈现出来,这一举措的核心目的便是最大限度地探索比较是否有其他因素在起作用。笔者发现,治理二元性是本书理论得以成立的重大前提,国家表现为既需要国企也需要民企,这允许各类企业成为 PPP 伙伴的合格竞争者。而 PPP 在我国城镇化进程中的机会分配稀缺程度较西方的城市更新情境要大大提高,且 PPP 模式带来的一次性全标段工程业务,也是吸引所有合格企业的重要因素,因此,企业的充分竞争和很高的参与意愿,能消除企业特质的逆向因果或企业意愿的自选择问题。换言之,我国人情社会、政府主导、制度权变的情境是价值协同与能力互补影响 PPP 伙伴选择的重要前提。这一结论是否能推广到其他情境中,则有待未来进一步实证检验。另一方面,本书在开篇提出现实困惑时便已经排除了这一潜在威胁,如果仅仅是出于效率考虑,那么地方政府可能会更多地选择民企,而如果是出于资源优势考虑,则地方政府可能会更多地选择国企。而本书发现在两个能力互补因素起作用之余,捕捉到的政府"没有特殊原因"就是选择国企时,恰恰发现的是价值协同因素的作用,因此本书的理论视角也更具整合性。

### 4. 关于测量效度问题

受限于数据的可获得性,笔者对于公共价值属性的测量所采用的项目回报率的工具变量方法,虽得出了较为理想的结论,但有待寻找更多测量方法以进一步检验结论的稳健性。而且,笔者在定量研究中采用二分法,简化了对伙伴类型的测量,然而现实中的伙伴关系远比理论探讨复杂和丰富,因此笔者在案例研究中初步尝试了连续体视角,将 PPP 伙伴关系的现实类型绘制成谱系。未来有待在定量研究中寻找更为合适的测量方法,试图从二分法的视角发展成连续体的实证检验视角,以揭示更多丰富的研究细节。

### (二)后期展望

笔者认为有若干研究问题有待展望,也作为本书的余论收尾。

### 1. 关于分析单元的展望

分析单元或可向宏观或微观上下求索。本书从项目层面提出了伙伴选择影响因素的理论框架，但政府选择动机还可以从地区层面进行分析，如城市等级对伙伴选择有影响，或存在地缘集聚效应。北京、上海等一线城市，政府自身能力较强，只有比自己更强的企业才愿意合作；而能力或资源较弱的地区，议价能力较弱，可能影响伙伴选择结果。地区层面的伙伴选择可以通过效用函数来解释。按照效用理论，政府是公共产品和服务生产市场中的消费者，国企和民企通过 PPP 供给公共产品和服务，对于政府来说类似于面对两类商品，它们的效用差异影响政府选择。政府的选择受到"预算"约束的制约，即其一个地区对公共物品的综合承载力，包括人口、财政、城市化阶段等，政府通常会做出预算约束最大化的选择，在国企和民企之间分配预算。同时，按照序数效用两类伙伴的组合形成政府的无差异曲线。无差异曲线与政府预算约束的切点，便是一个地区公共产品和服务供给的最大可承受规模，如图 8.3 所示。

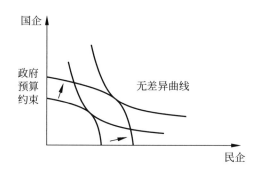

图 8.3　基于政府无差异曲线的公公伙伴关系与公私伙伴关系效用对比

图 8.3 中，本书的发现可以作为地方政府伙伴选择的一致偏好前提预设。在给定一致偏好的作用下，探索上图中 PPP 二元结构的市场条件、产品属性等影响因素。不过求解该图中的最优解，即切点的难度依旧非常大时，或许在加入产品属性、市场条件因素之后，可以在一个更大范围的解释框架里寻找答案，从而形成类似于企业战略联盟最优解决策，这属于公共组织 PPP 协作的最优解决策模型。虽然扎根分析中涉及了官员层面的激励机制，这也是本书中宏观机制成立的微观基础，但由于官员个体激励并非本书的研究重点，因此文中的概念通过推导得来，有待实证检验。

### 2. 关于分析时空的展望

笔者在基于扎根理论的半结构化访谈中，接收到许多访谈对象的一个判断——历史和未来的博弈。在 PPP 模式主宰公共物品供给的今天，国家最为关心的是"PPP 对当期与远期的平衡作用"，（访谈记录：20191211-B1-GT）而"地方政府实施 PPP 的行为特征，就好比政府突然'中了巨额彩票'或者是'获得了一笔意外的遗产'一般，开始非理性挥霍,跃跃欲试要修轨道、要建海绵城市,却忘了还有百姓没吃饱饭、看不起病!也没有意识到这笔有待挥霍的财产其实是来自子孙的代偿",(访谈记录:20180705-D3-GT)"政府过度攫取 PPP 的行为和历史上的假 BT 行为动机有相似之处""PPP 也好,骗骗骗也罢,都是地方抢占发展先机的工具,也是国家激励地方发展的手段,历史总是惊人的相似"。(访谈记录:20170809-D1-GT)本书在分析伙伴关系达成动机时,也不断强调 PPP 长期性等机制特征对政府动机变化的重要作用。为了体现短期合同与长期合同的不同机制激励,笔者认为未来有必要从历史变迁的角度做有益探索,观察我国公共产品和服务市场化供给机制的伙伴选择动机变迁,发现更多历史因素,以史为鉴。

**3.　关于比较研究的展望**

笔者认为,PPP 并不是公共产品和服务供给机制的全部。虽然在演进顺序上,合同外包模式早于 PPP 模式,但因其相对清晰的任务边界、单一的交付模式和简单的互动关系,合同外包模式在基础设施和公共服务领域存续的历史和应用的规模都不容小觑。以我国为例,施工总承包、政府购买服务等制度体系的构建和运行都相对成熟。相信在未来的基础设施和公共服务市场化供给机制中,PPP 模式无法也不可能对合同外包形成全面替代。合同外包、PPP 等多种市场化模式将共同构成地方公共事务治理机制的组合,这不仅增强了公共服务供给侧的能力和调适性,也是国家治理现代化的重要体现。笔者认为未来有必要对不同模式间的伙伴选择进行比较研究,在此基础上拓展本书理论框架的内涵。

**4.　关于情境研究展望**

本书揭示的伙伴选择动机在一般情境下也一定程度地存在,不过在政府比市场权限更大的情境下表现得更为明显。因此,另一个值得探索的研究,便是将本书理论框架应用于其他发展中国家,未来在素材可得的情形下,扩大本书理论框架的实证研究范围,从而进一步提高本书框架的理论解释力和理论生命力。

**5.　关于理论拓展展望**

本书揭示了伙伴选择动机对伙伴类型选择结果的影响,以此廓清 PPP 伙伴关系达成机制。然而,伙伴类型仅仅是伙伴关系达成机制的一个维度,市场条件和产品属性是另外两个重要维度。在本书中,这两个维度被概念化为 PPP 实践中对应的两大行业类型——基础设施和公共服务。然而,这样的分类还有待进一步细化,即便在同一大类中,也存在很大的行业差异。笔者认为,未来有必要对市场条件和产品属性这两个维度做进一步细分和理论解释,以期完善整个伙伴关系达成的理论框架。一方面,PPP 伙伴选择理论框架也能与其他政府和多元主体协作机制之间做更多有益的一致性解释和探索。未来,笔者在素材可获得的情形下,将致力于将本书理论框架应用于其他模式的解释，由此形成更为一般的、上一层次的理论提炼和拓展。另一方面，"伙伴选择"仅仅是PPP伙伴关系达成的重要维度，只是 PPP 机制的起始，并不是 PPP 成功的充分条件。虽然本书也揭示了伙伴选择动机对于伙伴关系达成后的成功维系起到重要作用，但是，未来应该从 PPP 执行和产出绩效角度来进一步拓展本书理论框架的解释力，也进一步揭示更多的细节机制和影响因素。

# 参考文献

ADAMS G B, BALFOUR D L, 2007. In the face of administrative evil: finding a basis for ethics in the public service (1998) [M]//Shafritz M Jay, Hyde C Albert. Classics of Public Administration. Boston: Thomson: 566-576.

ADDAMS J, 1905. Problems of municipal administration [J]. American Journal of Sociology, 10 (4): 425-444.

ALBALATE D, BEL G, GEDDES R R, 2013. Recovery risk and labor costs in public-private partnerships: contractual choice in the US water industry[J]. Local Government Studies, 39(3): 332-351.

ALBALATE D, BEL G, GEDDES R R, 2015. The determinants of contractual choice for private involvement in infrastructure projects[J]. Public Money & Management, 35(1): 87-94.

ALDRICH J H, NELSON F D, KMENTA, et al, 1984. Linear probability, logit, and probit models[M]. Newbury Park, CA: Sage: 5.

ALFORD J, HUGHES O, 2008. Public value pragmatism as the next phase of public management[J]. The American Review of Public Administration, 38(2): 130-148.

ALLISON G, 1980. Public and private management: are they fundamentally alike in all unimportant respects[M]. Washington, D. C: OPM Document: 27-38.

ALMARRI K, ABUHIJLEH B, 2017. A qualitative study for developing a framework for implementing public-private partnerships in developing countries[J]. Journal of Facilities Management, 15: 170-189.

ANSELL C, GASH A, 2008. Collaborative governance in theory and practice [J]. Journal of Public Administration Research and Theory, 18(4): 543-571.

ANTONSEN M, JØRGENSEN T B, 1997. The 'publicness' of public organizations[J]. Public Administration, 75(2): 337-357.

APPLEBY P H, 2007. Government is different[M]//SHAFRITZ M Jay, HYDE C A. Classics of Public Administration. Boston: Thomson: 158-164.

ASHFORTH B, REINGEN P, 2014. Functions of dysfunction: Managing the dynamics of an organizational duality in a natural food cooperative[J]. Administrative Science Quarterly,59(3)：474-516.

BAO G X,WANG X J,LARSEN G L,et al,2013. Beyond new public governance：a value based global framework for performance management, governance, and leadership[J]. Administration & Society, 45(4)：443-467.

BAZZOLI G,STEIN R, ALEXANDER J, et al,1997. Public-private collaboration in health and human service delivery：evidence from community partnerships[J]. The Milbank Quarterly,75(4)：533-561.

BENINGTON J,2009. Creating the public in order to create public value? [J]. International Journal of Public Administration,32(3/4)：232-249.

BENNIS W,2007. Organizations of the Future (1967) [M]//Shafritz M. Jay,Hyde C. Albert Classics of Public Administration. Boston：Thomson：50-51.

BLOOMFIELD P,2006. The challenging business of long-term public-private partnerships：reflections on local experience[J]. Public Administration Review,66(3)：400-411.

BOETTKE P,COYNE C,LEESON P,2008. Institutional stickiness and the new development economics [J]. American Journal of Economics and Sociology,67：331-358.

BOVAIRD T,2007. Beyond engagement and participation：user and community coproduction of public services[J]. Public Administration Review,67(5)：846-860.

BOVAIRD T,2010. A brief intellectual history of the public-private partnership movement[M]//Hodge G A,Greve C,Boardman A E. International Handbook on Public-Private Partnerships,Northampton. MA：Edward Elgar：43-67.

BOWLES S,1998. Endogenous preferences：the cultural consequences of markets and other economic institutions[J]. Journal of Economic Literature,36：75-111.

BOZEMAN B,1987. All organizations are public：bridging public and private organizational theories[M]. Jossey-Bass：83-106.

BOZEMAN B,2002. Public-value failure：when efficient markets may not do[J]. Public Administration Review,62(2)：145-161.

BOZEMAN B,2007. Public values and public interest：counterbalancing economic individualism [M]. Washington D C：Georgetown University Press：10.

BOZEMAN B,BRETSCHNEIDER S, 1994. The "publicness puzzle" in organization theory：a test of alternative explanations of differences between public and private organizations[J]. Journal of Public Administration Research and Theory,4(2)：197-224.

BRADY H E,COLLIER D,2010. Rethinking social inquiry：diverse tools,shared standards[M]. Rowman& Littlefield Publishers：100.

BRAVERMAN A,STIGLITZ J,1982. Sharecropping and the interlinking of agrarian markets[J]. American Economic Review,72(4)：695-715.

BRINKERHOFF D W,BRINKERHOFF J M,2011. Public-private partnerships：perspectives on purposes, publicness,and good governance[J]. Public Administration and Development,31：2-14.

BROWN T L,POTOSKI M,2003a. Managing contract performance: a transaction costs approach[J]. Journal of Policy Analysis and Management,22(2): 275-297.

BROWN T L,POTOSKI M,2003b. Contract-management capacity in municipal and county governments [J]. Public Administration Review,63(2): 153-164.

BROWN T L,POTOSKI M,VAN SLYKE D M,2006. Managing public service contracts: aligning values, institutions,and markets[J]. Public Administration Review,66(3): 323-331.

Buchanan J M,Tullock G, 1962. The Calculus of Consent[M]. Ann Arbor: University of Michigan Press: 3.

CALDWELL N D,ROEHRICH J K,GEORGE G,2017. Social value creation and relational coordination in public-private collaborations[J]. Journal of Management Studies,54(6): 906-928.

CARTWRIGHT S, COOPER C L, 1993. The role of culture compatibility in successful organizational marriage[J]. Academy of Management Perspectives,7(2): 57-70.

CASADY C B,ERIKSSON K,LEVITT R E,et al,2019. (Re)defining public-private partnerships (PPPs) in the new public governance (NPG) paradigm: an institutional maturity perspective[J]. Public Management Review,22: 161-183.

CHAN A P,LAM P T,CHAN D W,et al,2009. Drivers for adopting public private partnerships: empirical comparison between China and Hong Kong special administrative region[J]. Journal of Construction Engineering and Management,135(11): 1115-1124.

CHAN A P,LAM P T,CHAN D W,et al,2010. Potential obstacles to successful implementation of public-private partnerships in Beijing and the Hong Kong special administrative region[J]. Journal of Management in Engineering,6(1): 30-40.

CHAN A P,YEUNG J F,YU C C,et al,2011. Empirical study of risk assessment and allocation of public-private partnership projects in China[J]. Journal of Management in Engineering,27(3): 136-148.

CHENG Z,KE Y,LIN J,et al,2016. Spatiotemporal dynamics of public private partnership projects in China[J]. International Journal of Project Management,34: 1242-1251.

CHRISTENSEN R K,GAZLEY B, 2008. Capacity for public administration: analysis of meaning and measurement[J]. Public Administration and Development,28(4): 265-279.

COASE R H,1937. The Nature of the Firm[J]. Economica,16(4): 386-405.

COLE M,PARSTON G,2006. Unlocking Public Value: A New Model for Achieving High Performance in Public Service Organizations[M]. New York: Wiley: 87.

COLEBATCH H K,2014. Making sense of governance[J]. Policy and Society,33(4): 307-316.

CRAMTON C D,2001. The mutual knowledge problem and its consequences for dispersed collaboration [J]. Organization Science(12): 346-371.

CUMMINGS J L,HOLMBERG S R,2012. Best-fit alliance partners: the use of critical success factors in a comprehensive partner selection process[J]. Long Range Planning,45(2/3): 136-159.

DAHL R A,1947. The science of public administration: three problems[J]. Public Administration Review,

7(1)：1-11.

DAS T K,TENG B S,2000. A resource-based theory of strategic alliances[J]. Journal of Management, 26(1)：31-61.

DAVIS P,WEST K,2009. What do public values mean for public action? Putting public values in their plural place[J]. The American Review of Public Administration,39(6)：602-618.

DE GRAAF G,VAN DER WAL,2010. Managing conflicting public values：governing with integrity and effectiveness[J]. The American Review of Public Administration,40(6)：623-630.

DEHOOG R,1990. Competition,negotiation,and cooperation：three models for service contracting[J]. Administration and Society,22(3)：317-340.

DENHARDT R B,DENHARDT J V,2000. The new public service：serving rather than steering[J]. Public Administration Review,60(6)：549-559.

DIMAGGIO P, POWELL W,1983. The iron cage revisited：institutional isomorphism and collective rationality in organizational fields[J]. American Sociological Review,48(2)：147-160.

EATON D B,1880. Civil service in Great Britain：a history of abuses and reforms and their bearing upon American politics[M],New York：Harper & Brothers：3-4.

ECKSTEIN H,1975. Case study and theory in political science [M]//Greenstein F,Polsby N. Handbook of Political Science：Strategies of Inquiry. Reading：Addison-Wesley：10.

EDWARDS P,SHAOUL J, 2003. Partnerships：for better, for worse? [J]. Accounting，Auditing& Accountability Journal,16(3)：397-421.

ESSIG M,BATRAN A,2005. Public-private partnership：development of long-term relationships in public procurement in Germany[J]. Journal of Purchasing and Supply Management,11(5/6)：221-231.

EVANS P A L,DOZ Y,1992. Dualities：a paradigm for human resource and organizational development in complex multinationals[M]//PUCIK V, TICHY N M,BARNETT C K. Globalizing management：creating and leading the competitive organization. New York：Wiley：85-106.

FEIOCK R C,2013. The institutional collective action framework[J]. The Policy Studies Journal,41(3)：397-425.

FORRER J,KEE J,NEWCOMER K,et al,2010. Public-private partnerships and the public accountability question[J]. Public Administration Review,70(3)：475-484.

FOX C,1996. Reinventing government as postmodern symbolic politics[J]. Public Administration Review,56(3)：256.

FREDERICKSON H G,1971. Toward a new public administration：the Minnowbrook Perspective[M]//FRANK E M. Toward a New Public Administration：the Minnowbrook Perspective, Chandler Publishing Company：54.

FRIEDLAND R,ALFORD R R,1991. Bringing society back in：Symbols,practices and institutional contradictions [M]//POWELL W W, DIMAGGIO P. The new institutionalism in organizational analysis,Chicago,IL：University of Chicago Press：232-263.

FUNG A,2015. Putting the public back into governance: the challenges of citizen participation and its future [J]. Public Administration Review,75(4): 513-522.

GHERE R K,1996. Aligning the ethics of public-private partnership: the issue of local economic development[J]. Journal of Public Administration Research and Theory,6(4): 599-621.

GIDDENS A,1984. The constitution of society: outline of the theory ofstructuration[M]. Cambridge,UK: Polity Press: 9.

GLASER B G,1998. Doing grounded theory: issues and discussions[M]. Mill Valley:Sociology Press.

GLASER B G,STRAUSS A L,1967. The discovery of grounded theory: strategies for qualitative research [M]. Chicago: Aldine: 79.

GOODNOW F J,1900. Politics and administration: a study in government[M]. New York: Russell&. Russell: 17-26.

GRAETZ F,SMITH A,2008. The role of dualities in arbitrating continuity and change in forms of organizing[J]. International Journal of Management Reviews(10): 265-280.

GRIMSEY D,LEWIS M K,2004. The governance of contractual relationships in public-private partnerships [J]. Journal of Corporate Citizenship(15): 91-109.

GROSSMAN S,HART O,1986. The costs and benefits of ownership: a theory of vertical and lateral integration[J]. Journal of Political Economy,94(4): 691-719.

GUBA E G,LINCOLN Y S,1994. Competing paradigms in qualitative research[M]//Denzin N K,Lincoln Y S. Handbook of Qualitative Research. Thousand Oaks: Sage.

HAMMAMI M, RUHASHYANKIKO J F, YEHOUE M E B, 2006. Determinants of public-private partnerships in infrastructure [EB/OL]. International Monetary Fund Working Paper(06/99)[2006-05-27]. https: //www. researchgate. net/publication.

HAMMERSLEY M, ATKINSON P, 1983. Ethnography: principle in practice [M]. New York: Routledge: 10.

HARRIS C,2003. private participation in infrastructure in developing countries: trends,impacts and policy lessons[M]. Washington: World Bank Publications.

HART O,2003. Incomplete contracts and public ownership: remarks,and an application to public-private partnerships[J]. The Economic Journal,113: c69-c76.

HART O,SHLEIFER A,VISHNY R W,1997. The proper scope of government: theory and an application to prisons[J]. The Quarterly Journal of Economics,112(4): 1127-1161.

HASLAM S A,OAKES P J,MC GARTY C,et al,1995. Contextual changes in the prototypicality of extreme and moderate outgroup members[J]. European Journal of Socila Psychologh,25: 509-530.

HE C, 2006. Regional decentralization and location of foreign direct investment in China [J]. Post-Communist Economies,18(1): 33-50.

HEFETZ A,WARNER M E,2012. Contracting or public delivery? The importance of service,market,and management characteristics[J]. Journal of Public Administration Research and Theory,22(2): 289-317.

HODGE G，2004. Risks in public-private partnerships：shifting，sharing or shirking? ［J］. Asia Pacific Journal of Public Administration，26(2)：157-179.

HODGE G，GREVE C，2007. Public-private partnerships：an international performance review［J］. Public Administration Review，67：545-558.

HOGG M A，TERRY D J，2000. Social identity and self-categorization processes in organizational contexts ［J］. Academy of Management Review，25：121-140.

HOOD C，1991. A public management for all seasons? ［J］. Public Administration，69(1)：3-19.

HOOPES D G，POSTREL S，1999. Shared knowledge，"glitches"，and product development performance ［J］. Strategic Management Journal，20：837-865.

HUGHES O E，2012. Public Management and Administration：An Introduction［M］. London：Macmillan International Higher Education：42.

IOSSA E，MARTIMORT D，2015. The simple microeconomics of public - private partnerships［J］. Journal of Public Economic Theory，17(1)：4-48.

JANSSEN R，DE GRAAF R S，SMIT M，et al，2016. Why local governments rarely use PPPs in their road development projects：understanding the barriers［J］. International Journal of Managing Projects in Business，9(1)：33-52.

JOHNSTON S，SELSKY J W，2006. Duality and paradox：trust and duplicity in Japanese business practices ［J］，Organization Studies，27(2)：183-205.

JONES L，BLOOMFIELD M J，2020. PPPs in China：does the growth in Chinese PPPs signal a liberalising economy? ［J］. New Political Economy(10)：1-19.

JORNA F，WAGENAAR P，DAS E，et al，2010. Public-private partnership in Poland：a cosmological journey［J］. Administration & Society，42：668-693.

JØRGENSEN T B，BOZEMAN B，2007. Public values：an inventory［J］. Administration & society，39(3)：354-381.

KE Y，WANG S，CHAN A P，2013. Risk misallocation in public-private partnership projects in China［J］. International Public Management Journal，16(3)：438-460.

KERNAGHAN K，2003. Integrating values into public service：the values statement as centerpiece［J］. Public Administration Review，63(6)：711-719.

KETTL D，1993. Sharing power：public governance and private markets［M］. Washington，DC：The Brookings Institution.

KIM S，O'LEARY R，VAN SLYKE D M，et al，2010. Chapter 1：Introduction［M］//O'LEARY R，VAN SLYKE D，KIM S. Future of Public Administration Around the World：The Minnowbrook Perspective. Washington，DC：Georgetown University Press：17.

KIVLENIECE I，QUÉLIN B，2012. Creating and capturing value in public-private ties：a private actor's perspective［J］. Academy of Management Review，37(2)：272-299.

KLIJN E H，TEISMAN G R，2003. Institutional and strategic barriers to public-private partnership：an analysis of Dutch cases[J]. Public Money & Management,23(3)：137-146.

KOPAŃSKA A,ASINSKI R,2019. Fiscal and political determinants of local government involvement in public-private partnership (PPP) [J]. Local Government Studies,45(6)：957-976.

KORNAI J,1986. The Soft Budget Constraint[J]. Kyklos,39(1)：3-30.

KOTHA R,GEORGE G,SRIKANTH K,2013. Bridging the mutual knowledge gap：coordination costs and the commercialization of science[J]. Academy of Management Journal,56：498-524.

KWAK Y H,CHIH Y, IBBS C W, 2009. Towards a comprehensive understanding of public private partnerships for infrastructure development[J]. California Management Review,51(2)：51-78.

LAVIE D,HAUNSCHILD P R,KHANNA P,2012. Organizational differences,relational mechanisms,and alliance performance[J]. Strategic Management Journal,33：1453-1479.

LEE C,CLERKIN M,2017. The adoption of outcome measurement in human service nonprofits[J]. Journal of Public and Nonprofit Affairs(3)：111-134.

LEVINE C,1978. Organizational decline and cutback management [J]. Public Administration Review, 38：316.

LI H,ZHAO Z J,2018. Does municipal management capacity matter? Competitive versus negotiated procurement in China's public-private partnerships [N/OL]. Lee Kuan Yew School of Public Policy Research Paper[2018-06-27]. https：//papers. ssrn. com/sol3/papers. cfm? abstract_id=3198532

LIANG Y,SHI K,WANG L,et al,2017. Local government debt and firm leverage：evidence from China [J]. Asian Economic Policy Review,12(2)：210-232.

LIJPHART A,1975. The comparable-cases strategy in comparative research[J]. Comparative Political Studies,8(2)：158-177.

LIN J Y,TAN G,1999. Policy burdens accountability and soft budget constraint[J]. American Economic Review,89：100-110.

LINDBLOM C E,1959. The science of "muddling through" [J]. Public Administration Review,19(2)：79-88.

LINDER S,1999. Coming to terms with the public-private partnership：a grammar of multiple meanings [J]. American Behavioral Scientist,43(1)：35-51.

LOBINA E,2005. Problems with private water concessions：a review of experiences and analysis of dynamics[J]. Water Resources Development,21(1)：55-87.

LU H M,MAYER A L,ZHOU S,et al,2021. Unveiling the quasi-public-private partnership (QPPP)：evidence from China's environmental service sector[J]. January 2021Journal of Environmental Policy and Planning,23(4)：1-15.

MAHONEY J T,MC GAHAN A M, PITELIS C N, 2009. The interdependence of private and public interests[J]. Organization Science,20：1034-1052.

MERTHA A,2009. "Fragmented authoritarianism 2. 0"：political pluralization in the Chinese policy process [J]. The China Quarterly,200：995-1012.

MERTON R K,1967. On Theoretical Sociology[M]. New York：Free Press.

MEYER J,ROWAN B,1977. Institutionalized organizations：formal structure as myth and ceremony[J]. American Journal of Sociology,83(2)：340-363.

MOE R C,1987. Exploring the limits of privatization[J]. Public Administration Review：453-460.

MOHAMMAD H,ROSS G,CHRISTINE S,2019. Performance indicators of public private partnership in Bangladesh：an implication for developing countries[J]. International Journal of Productivity and Performance Management,68(1)：46-68.

MOORE M H,1995. Creating Public Value：Strategic Management in Government[M]. Massachusetts：Harvard University Press.

MOORE M H,2013. Recognizing Public Value[M]. Massachusetts：Harvard University Press.

MOULTON S,2009. Putting together the publicness puzzle：a framework for realized publicness[J]. Public Administration Review,69(5)：889-900.

MOURAVIEV N,KAKABADSE N K,2014. Public-private partnerships in Russia：dynamics contributing to an emerging policy paradigm[J]. Policy Studies,3(1)：79-96.

OI J C,1995. The role of the local state in China's transitional economy[J]. The China Quarterly,144：1132-1149.

OLSON M,2009. Dictatorship, democracy, and development[J]. America Political Science Review,87：567-576.

OSBORNE D,1993. Reinventing government[J]. Public Productivity & Management Review：349-356.

OSEI-KYEI R,CHAN A P,2018. Comparative study of governments' reasons/motivations for adopting public-private partnership policy in developing and developed economies/countries[J]. International Journal of Strategic Property Management,22(5)：403-414.

OSEI-KYEI R,DANSOH A,OFORI-KURAGU J K,2014. Reasons for adopting public-private partnership (PPP) for construction projects in Ghana[J]. International Journal of Construction Management,14(4)：227-238.

OSTROM V,OSTROM E,1977. Public goods and public choices[M]//Savas E S. Alternatives for Delivering Public Services：Toward Improved Performance. Boulder：Westview Press.

O'FLYNN J,2007. From new public management to public value：paradigmatic change and managerial implications[J]. Australian Journal of Public Administration,66(3)：353-366.

PERROW C,1986. Complex Organizations[M]. New York：Random House：67.

PERRY J L,RAINEY H G,1988. The public-private distinction in organization theory：a critique and research strategy[J]. Academy of Management Review,13(2)：182-201.

PHILLIPS D C,BURBULES N C,2000. Postpositivism and Educational Research[M]. Lanham M D：Rowman& Littlefield. 转引自约翰·W. 克雷斯威尔. 研究设计与写作指导：定性、定量与混合研究的路径[M]. 崔延强,主译. 孙振东,审校. 重庆：重庆大学出版社,2006：4-5.

PIERSON P,2004. Politics in Time：History, Institutions, and Social Analysis[M]. Princeton：Princeton

University Press.

POPPER K,1968. Conjecture and Refutations[M]. New York：Harper.

PURANAM P, RAVEENDRAN M, KNUDSEN T, 2012. Organization design: the epistemic interdependence perspective[J]. Academy of Management Review,37: 419-440.

QUÉLIN B V,KIVLENIECE I, LAZZARINI S, 2017. Public-private collaboration, hybridity and social value: towards new theoretical perspectives[J]. Journal of Management Studies,54(6): 763-792.

RAMESH M,ARARAL E,WU X,2010. Reasserting the public in public services: new public management reforms[M],New York：Routledge.

REYNAERS A M,2014. Public values in public-private partnerships[J]. Public Administration Review, 74(1): 41-50.

RICHARD S,1982. The changing patterns of public administration theory in America[M]//UVEGES J A. Public Administration: History and Theory in Contemporary Perspective. Marcel Dekker: 5-37.

RODRÍGUEZ C,LANGLEY A,BÉLAND F,et al,2007. Governance,power,and mandated collaboration in an interorganizational network[J]. Administration & Society,39(2): 150-193.

ROHR J,1979. Ethics for bureaucrats: an essay on law and values[J]. American Review of Public Administration,13(3): 190-192.

ROSENBLOOM D H,1983. Public administration theory and the separation of power [J]. Public Administration Review,43(3): 219-227.

ROSENEAU P V,1999. The strengths and weaknesses of public private policy partnerships[J]. American Behavioral Scientist,43(1): 10-34.

ROSS T W,YAN J,2015. Comparing public-private partnerships and traditional public procurement: Efficiency vs. flexibility[J]. Journal of Comparative Policy Analysis: Research and Practice,17(5): 448-466.

RUFIN C, RIVERA-SANTOS M, 2012. Between commonweal and competition: understanding the governance of public-private partnerships[J]. Journal of Management,38(5): 1634-1654.

RUTGERS M R,2008. Sorting out public values? On the contingency of value classification in public administration[J]. Administrative Theory & Praxis,30(1): 92-113.

SAMII R, VAN WASSENHOVE L, BHATTACHARYA S, 2002. An innovative public-private partnership: new approach to development[J]. World Development,30(6): 991-1008.

SAVAS E,2000. Privatization and public-private partnerships[M]. Chatham,NJ: Chatham House.

SCOTT W R,RUEF M,MENDEL P J,et al,2000. Institutional change and healthcare organizations: from professional dominance to managed care[M]. Chicago,IL: University of Chicago Press.

SEAWRIGHT J,GERRING J,2008. Case selection techniques in case study research: a menu of qualitative and quantitative options [J]. Political Research Quarterly,61(2): 294-308.

SHAH R H,SWAMINATHAN V,2008. Factors influencing partner selection in strategic alliances: The moderating role of alliance context[J]. Strategic Management Journal,29(5): 471-494.

SHAW T,2000. HANDOUTS for the Course "Ethnography for Youth Cultures"[M]. Cambridge,US:

Harvard Graduate school of education,1993.转引自陈向明.质的研究方法与社会科学研究[M].北京：教育科学出版社：323-327.

SILVESTRE H,MARQUES R,DOLLERY B, et al,2020. Is cooperation cost reducing? An analysis of public-public partnerships and inter-municipal cooperation in Brazilian local government[J]. Local Government Studies,46(1)：1-23.

SIMON H A,1947. A comment on " the science of public administration"[J]. Public Administration Review,7(3)：200-203.

SIMON H A,DRUCKER P F,WALDO D,1952. "Development of theory of democratic administration"：replies and comments[J]. American Political Science Review,46(2)：494-503.

SIMÕES P,CAVALHO P,MARQUES R C,2013. The market structure of urban solid waste services：how different models lead to different results[J]. Local Government Studies,39(3)：396-413.

SMETS M,JARZABKOWSKI P,BURKE G, et al,2015. Reinsurance rtading in Lloyds of London：balancing conflicting-yet-complementrary logics in practice[J]  Academy of Management Journal,58(3)：923-970.

SMITH K K,BERG D N,1987. Paradoxes of Group Life：Understanding Conflict,Paralysis,and Movement in Group Dynamics[M]. San Francisco：Jossey-Bass.

SNIJDERS T A B,BOSKER R J,1999. Multilevel Analysis. an Introduction to Basic and Advanced Multilevel Modeling[M],London：Sage.

SONG J,LI Y,FENG Z,et al,2019. Cluster analysis of the intellectual structure of PPP research[J]. Journal of Management in Engineering,35(10)：1943-5479.

SOWA J E,2016. Considering the public in public management research[J]. Journal of Public Administration Research and Theory,26(3)：584-588.

SPANO A,2009. Public value creation and management control systems[J]. International Journal of Public Administration,32(3/4)：328-348.

STEPHENSON M O,1991. Whither the public-private partnership：a critical overview[J]. Urban Affairs Quarterly,27：109-127.

STIVERS C,1991. Toward a feminist perspective in public administration theory[J]. Women & Politics,10(4)：49-65.

STOKER G,2006. Public value management：a new narrative for networked governance[J]. American Review of Public Administration,36(1)：41-57.

TAN J,ZHAO J Z,2019. The rise of public-private partnerships in China：an effective financing approach for infrastructure investment[J]. Public Administration Review,79(4)：514-518.

TECCO N,2008. Financially sustainable investments in developing countries water sectors：what conditions could promote private sector involvement?[J]. International Environmental Agreements：Politics,Law and Economics,8(2)：129-142.

TESCH R,2000. Qualitative research：Analysis Types & Software Tools[M]. New York：The Falmer

Press. 转引自陈向明. 质的研究方法与社会科学研究[M]. 北京：教育科学出版社：67-75.

THOMPSON D F，1985. The possibility of administrative ethics［J］. Public Administration Review：555-561.

THORNTON P H，OCASIO W，2012，LOUNSBURY M. The Institutional Logics Perspective：A New Approach to Culture，Structure and Process[M]. Oxford，UK：Oxford University Press.

TIEBOUT C M，1956. A pure theory of local expenditures［J］. Journal of political economy，64（5）：416-424.

TOBIN J，1958. Estimation of relationships for limited dependent variables[J]. Econometrica：Journal of the Econometric Society，26(1)：24-36.

VAN DER WAL Z，VAN HOURT E T J，2009. Is public value pluralism paramount? The intrinsic multiplicity and hybridity of public values[J]. International Journal of Public Administration，32(3/4)：220-231.

VAN GESTEL K，VOETS J，VERHOEST K，2012. How governance of complex PPPs affects performance ［J］. Public Administration Quarterly：140-188.

VAN HAM H，KOPPENJAN J，2001. Building public-private partnerships：assessing and managing risks in port development[J]. Public Management Review，3(4)：593-616.

WALDO D，1948. The Administrative State：A Study of the political theory of American public administration[M]. 2nd ed. New York：Holmes and Meier：199-204.

WALDO D，1952. Development of theory of democratic administration ［J］. American Political Science Review，46(1)：81-103.

WANG H，CHEN B，XIONG W，et al，2018b. Commercial investment in public-private partnerships：the impact of contract characteristics[J]. Policy & Politics，46(4)：589-606.

WANG H，MA L，2019. Ownership，corruption，and revenue regimes for infrastructure partnerships：evidence from China[J]. Utilities Policy，60：100942.

WANG H，XIONG W，WU G，et al，2018a. Public-private partnership in public administration discipline：a literature review[J]. Public Management Review，20(2)：293-316.

WANG S Q，TIONG R L，TING S K，et al，1998. Evaluation and competitive tendering of BOT power plant project in China[J]. Journal of Construction Engineering and Management，124(4)：333-341.

WANG S Q，TIONG R L，TING S K，et al，1999. Political risks：analysis of key contract clauses in China's BOT project[J]. Journal of Construction Engineering and Management，125(3)：190-197.

WANG S Q，TIONG R L，TING S K，et al，2000a. Evaluation and management of political risks in China's BOT projects[J]. Journal of Construction Engineering and Management，126(3)：242-250.

WANG S Q，TIONG R L，TING S K，et al，2000b. Foreign exchange and revenue risks：analysis of key contract clauses in China's BOT project[J]. Construction Management and Economics，18：311-320.

WANG Y，2015. Evolution of public-private partnership models in American toll road development：learning based on public institutions risk management[J]. International Journal of Project Management，

33(3)：684-696.

WANG Y, ZHAO Z J, 2014. Motivations, obstacles, and resources: determinants of public-private partnership in state toll road financing[J]. Public Performance & Management Review, 37(4)：679-704.

WEBER M, 2007. Bureaucracy[M]//SHAFRITZ M J, HYDE C A. Classics of Public Administration. Boston：Thomson.

WERNERFELT B, 1984. A resource-based view of the firm[J]. Strategic Management Journal, 5(2)：171-180.

WETTENHALL R, 2003. The rhetoric and reality of public-private partnerships[J]. Public Organization Review(3)：77-107.

WHITE L, 1926. Introduction to the Study of Public Administration[M]. New York：Macmillan.

WILLIAMS I, SHEARER H, 2011. Appraising public value：past, present and futures[J]. Public Administration, 89(4)：1367-1384.

WILLIAMSON O E, 1999. Public and private bureaucracies：a transaction cost economics perspectives[J]. The Journal of Law, Economics, and Organization, 15(1)：306-342.

WILLIS P, 1977. Learning to Labor：How Working Class Kids Get Working Class Jobs[M]. Farnborough：Saxon House. 转引自陈向明,2000. 质的研究方法与社会科学研究[M]. 北京：教育科学出版社：323-327.

WILSON W, 1887. The study of administration[J]. Political Science Quarterly(2)：197.

YACKEE S W, 2015. Participant voice in the bureaucratic policymaking process[J]. Journal of Public Administration Research and Theory, 25(2)：427-449.

YANG Y H, 2018. Is transparency a double-edged sword in citizen satisfaction with public service? Evidence from China's public healthcare[J]. Journal of Service Theory and Practice：2055-6225.

ZHANG S, GAO Y, FENG Z, et al, 2015. PPP application in infrastructure development in China：institutional analysis and implications[J]. International Journal of Project Management, 33(3)：497-509.

ZHANG Y L, 2015. The formation of public-private partnerships in China：an institutional perspective[J]. Journal of Public Policy, 35(2)：329-354.

ZHOU X G, LIAN H, ORTOLANO L, et al, 2013. A behavioral model of "muddling through" in the Chinese bureaucracy：the case of environmental protection[J]. The China Journal, 70：120-147.

阿伦特 H,1998. 文化与公共性[M]. 刘锋,译. 北京：生活·读书·新知三联书店：70.

埃莉诺·奥斯特罗姆,2012. 公共事物的治理之道：集体行动制度的演进[M]. 余逊达,等译. 上海：上海译文出版社：34.

包国宪,保海旭,2015. 以公共价值为基础的政府战略管理[J]. 兰州大学学报(社会科学版),43(4)：24-30.

包国宪,关斌,2019. 公民集体偏好会影响地方政府公共支出结构吗：基于公共价值理论的实证研究[J]. 东北大学学报(社会科学版),21(2)：156-164.

包国宪,王学军,2012a. 以公共价值为基础的政府绩效治理：源起、架构与研究问题[J]. 公共管理学报(2)：89-97.

包国宪,文宏,王学军,2012b.基于公共价值的政府绩效管理学科体系构建[J].中国行政管理(5):98-104.

曹曦东,于立,2018.海绵城市建设中对政府和社会资本合作模式运用的思考及建议:以泰安徂汶景区海绵城市项目为例[J].城市发展研究,25(5):29-36.

常亮,刘凤朝,杨春薇,2017.基于市场机制的流域管理 PPP 模式项目契约研究[J].管理评论,29(3):197-206.

常伟,2003.农民负担问题的经济学研究[D].合肥:安徽大学:45.

陈必轩,2017.基于 PPP 模式的云南旅游景区投融资研究[D].昆明:云南财经大学:31.

陈国权,2009.责任政府:从权力本位到责任本位[M].杭州:浙江大学出版社:100.

陈家建,2017.项目化治理的组织形式及其演变机制:基于一个国家项目的历史过程分析[J].社会学研究,32(2):150-173,245.

陈玲,赵静,薛澜,2010.择优还是折衷?:转型期中国政策过程的一个解释框架和共识决策模型[J].管理世界(8):59-72,187.

陈民,陈非迟,2016.解密轨道交通 PPP[M].北京:北京交通大学出版社:79-95.

陈向明,1998.旅居者和"外国人":留美中国学生跨文化人际交往研究[M].长沙:湖南教育出版社.

陈向明,1999.扎根理论的思路和方法[J].教育研究与实验(4):58-63,73.

陈向明,2000.质的研究方法与社会科学研究[M].北京:教育科学出版社:67-75,142-148,307,323-327,335,402-410.

陈新平,2017.PPP 立法实践国际比较:大陆法系与英美法系国家 PPP 法律制度差异分析[J].中国财政(22):69-71.

陈振明,刘祺,邓剑伟,2011.公共服务体制与机制及其创新的研究进展[J].电子科技大学学报(社会科学版),13(1):11-16.

邓国胜,2009.公共服务提供的组织形态及其选择[J].中国行政管理(9):125-128.

邓国胜,肖明超,2006.群众评议政府绩效:理论、方法与实践[M].北京:北京大学出版社.

丁新正,2020.构建以普通法律立法为引领的我国 PPP 制度体系安排研究[J].重庆理工大学学报(社会科学),34(1):132-145.

董礼胜,王少泉,2014.穆尔的公共价值管理理论述评[J].青海社会科学(3):19-26.

董晓松,2009.公共部门创造市场化公共价值的实证研究:基于公民为先的善治理念视角[J].公共管理学报(4):1-8.

杜国臣,吕振艳,2012.管理学视角下的转型经济民营化研究述评与展望[J].外国经济与管理,34(7):1-8,16.

杜娟娟,2013.以《预算法》修订为契机推动公共财政建设[J].前沿(12):79-80.

范剑勇,莫家伟,2014.地方债务、土地市场与地区工业增长[J].经济研究,49(1):41-55.

费小冬,2008.扎根理论研究方法论:要素、研究程序和评判标准[J].公共行政评论(3):23-43,197.

傅勇,2010.财政分权、政府治理与非经济性公共物品供给[J].经济研究,45(8):4-15,65.

高盟斯,2017.公用事业特许经营权利的法律规制研究[D].哈尔滨:哈尔滨工程大学:32.

龚璞,杨永恒,2017.财政分权、政府规模与公共服务成本效益:基于 2002—2012 年省级面板数据的实证分析[J].公共行政评论(5):144-170.

苟琴,黄益平,刘晓光,2014.银行信贷配置真的存在所有制歧视吗？[J].管理世界(1)：16-26.

郭佳良,2017.应对"棘手问题"：公共价值管理范式的源起及其方法论特征[J].中国行政管理(11)：111-117.

韩蔚,2008.当代中国公共行政模式探析——构建"管理＋服务"复合行政模式[D].济南：山东大学：40.

韩志锋,郝雅风,李开孟,等,2016.借鉴英法经验,促进我国PPP模式健康发展[J].中国工程咨询(8)：16-21.

郝伟亚,王盈盈,丁慧平,2012.城市轨道交通PPP模式核心要点研究：北京地铁M号线案例分析[J].土木工程学报,45(10)：175-180.

何佳艳,2017.2016基础设施建设与改革年[J].投资北京(2)：34-37.

何艳玲,2009.公共价值管理：一个新的公共行政学范式[J].政治学研究(6)：62-68.

何艳玲,李丹,2020.扭曲或退出：城市水务PPP中的政企合作关系转换[J].公共管理学报,17(3)：62-73,169.

洪源,张玉灶,王群群,2018.财政压力、转移支付与地方政府债务风险：基于央地财政关系的视角[J].中国软科学(9)：173-184.

胡萍,2004.专用性资产特性对治理机制选择的博弈分析[D].杭州：浙江大学：50.

胡冉冉,2017.我国大型体育场馆PPP项目合作伙伴选择研究——以社会资本视角[D].重庆：重庆大学：4.

胡振,2010.公私合作项目范式选择研究：以日本案例为研究对象[J].公共管理学报,7(3)：113-121,128.

贾康,2020.PPP合同定性为"行政协议"将颠覆PPP创新根基[J].中国招标(1)：52-55.

贾哲敏,2015.扎根理论在公共管理研究中的应用：方法与实践[J].中国行政管理(3)：90-95.

蒋华林,2015.从"条块分割"到"块块分割"——我国高等教育发展转型中的地方政府竞争研究[D].武汉：华中科技大学：30.

杰伊·M.沙夫里茨,艾伯特·C.海德,桑德拉·J.帕克斯,2010.公共行政学经典(公共管理英文版系列教材)[M].5版,北京：中国人民大学出版社：IV,4,199,387.

靳鹏越,2017.城市轨道交通PPP融资模式应用研究——以北京市地铁14号线PPP项目为例[D].广州：广州大学：63.

敬乂嘉,2011.社会服务中的公共非营利合作关系研究：一个基于地方改革实践的分析[J].公共行政评论(5)：5-25.

凯西·卡麦兹,2009.建构扎根理论：质性研究实践指南[M].边国英,译,重庆：重庆大学出版社：77.

柯永建,2010.中国PPP项目风险公平分担[D].北京：清华大学.

孔进,刘连光,郝春红,2010.污水处理设施建设与运营模式浅析[J].环境科学与管理,35(9)：6-10.

莱斯特·M.萨拉蒙,2008.公共服务中的伙伴：福利国家中政府与非营利组织的关系[M].田凯,译.北京：商务印书馆.

蓝志勇,2006.公共管理中的公共性问题[J].中国行政管理(7)：38-40.

蓝志勇,2019.也谈当代中国公共管理的大问题：一个多视角的思考[J].中国行政管理(10)：6-13.

蓝志勇,2020.公共管理学科的理论基础与基础理论[J].学海(1)：30-37.

蓝志勇,凯瑟琳·安德逊,2005.当代公共管理研究的范式观：一项经验研究[J].公共管理学报(3)：12-22,92-93.

蓝志勇,郑国谋,2017.从公共价值失灵分析视角看PPP合作:以澳门固定网络电讯服务为例[J].经济与管理研究,38(4):95-104.

蓝志勇,郑国谋,2019.公用事业PPP发展的靶向目标研究[J].南京社会科学(7):68-75.

乐云,李永奎,胡毅,等,2019."政府—市场"二元作用下我国重大工程组织模式及基本演进规律[J].管理世界,35(4):17-27.

黎梦兵,2019.PPP项目资产权属法律问题研究——基于公共设施运营权角度[D].湘潭:湘潭大学:73.

李宝礼,2016.公共物品PPP建设模式成功的关键因素分析:基于城镇化进程的研究环境[J].中国商论(16):146-147.

李晨行,史普原,2019.科层与市场之间:政府购买服务项目中的复合治理:基于信息模糊视角的组织分析[J].公共管理学报,16(1):29-40,170.

李飞,秦士坤,胡新宇,2018.收费公路PPP模式全解析[J].中国公路(14):32-39.

李红霞,2014.基本公共服务供给不足的原因分析与强化政府财政责任的对策[J].财政研究(2):58-61.

李翃楠,2016.我国市场准入制度中的所有制歧视分析[J].当代财经(4):12-19.

李慧龙,文宏,2019.外部约束与内在激励:政府购买公共服务持续性的双重逻辑:以A市社区购买社工服务为例[J].甘肃行政学院学报(6):16-25,124-125.

李开孟,2017."PPP基本法"重在标准统一和治理创新:关于《基础设施和公共服务领域政府和社会资本合作条例(征求意见稿)》的几点建议[J].招标采购管理(9):16-19.

李朋非,2016.PPP模式下私人投资者利益保护机制研究[D].重庆:西南政法大学:49.

李婷婷,2019.地方治理创新中移植制度附着黏性的增强机制:基于DBOO模式移植案例的考察[J].公共管理学报,16(4):12-23,169.

李伟,陈民,彭松,等,2010.破解城投公司困局:探索中国经济发展基因[M].北京:中国统计出版社:5-19.

李蔚,2013.地方政府融资平台贷款的风险评估与控制[J].科技创新与应用(10):299-300.

李友梅,2017.中国社会治理的新内涵与新作为[J].社会学研究,32(6):27-34,242.

李志军,尚增健,2020.亟需纠正学术研究和论文写作中的"数学化""模型化"等不良倾向[J].管理世界,36(4):5-6.

李忠汉,2017.公共行政公共性的构成要素及其逻辑关系[J].闽台关系研究(4):19-26.

廖艳嫔,2015.论我国国有企业垄断行为的法律规制[J].管理世界(5):182-183.

林伟鑫,2009.承包企业适度规模经营研究[D].北京:清华大学.

林毅夫,2007.潮涌现象与发展中国家宏观经济理论的重新构建[J].经济研究(1):126-131.

林毅夫,李志赟,2004.政策性负担、道德风险与预算软约束[J].经济研究(2):17-27.

林毅夫,李志赟,2005.中国的国有企业与金融体制改革[J].经济学,4(3):913-936.

林毅夫,刘培林,2001.自生能力和国企改革[J].经济研究(9):60-70.

刘畅,曹光宇,马光荣,2020.地方政府融资平台挤出了中小企业贷款吗?[J].经济研究,55(3):50-64.

刘凯,2018.中国特色的土地制度如何影响中国经济增长:基于多部门动态一般均衡框架的分析[J].中国工业经济(10):80-98.

刘朋朋,贠杰,2017.中国政府绩效评估领域研究述评[J].甘肃行政学院学报(3)：18-27,125.

刘瑞明,2011.国有企业如何拖累了经济增长：理论与中国的经验证据[D].上海：复旦大学：40,69.

刘瑞明,2019.现代企业制度三大特征的重要性[J].现代国企研究(11)：39-41.

刘润泽,巩宜萱,2019.回顾与反思：定量研究在公共管理学科的滥用[J].公共管理学报：1-13.

刘尚希,2003.财政风险：一个分析框架[J].经济研究(5)：23-31,91.

刘世定,1999.嵌入性与关系合同[J].社会学研究(4)：77-90.

刘益,2007.信用、契约与文明：基于契约经济和契约文明的角度[D].成都：西南财经大学：24.

刘银喜,2005.农村公共产品供给的市场化研究[J].中国行政管理(3)：62-65.

刘璎,2018.公共价值实现的治理逻辑——以山西省子长县医改为例[D].兰州：兰州大学.

刘迎秋,1994.中国经济"民营化"的必要性和现实性分析[J].经济研究(6)：48-55.

楼婷婷,2011.不完全信息下PPP项目合作伙伴选择变更及利益分配研究[D].重庆：重庆大学：10.

卢现祥,2011.新制度经济学[M].2版.武汉：武汉大学出版社：290-292.

路风,2019.冲破迷雾：揭开中国高铁技术进步之源[J].管理世界,35(9)：164-194,200.

吕健,2014.政绩竞赛、经济转型与地方政府债务增长[J].中国软科学(8)：17-28.

吕纳,2016.公共服务购买中政府制度逻辑与行动策略研究[J].公共行政评论,9(4)：45-63,206.

吕志奎,2012.从二分走向整合："政治与行政二分法"的反思与超越[J].电子科技大学学报(社科版),14(3)：1-8.

罗伯特·K.殷,2004.案例研究：设计与方法[M].周海涛,等译.3版.重庆：重庆大学出版社：1-22,51,116.

罗祎楠,2019.中国国家治理"内生性演化"的学理探索：以宋元明历史为例[J].中国社会科学(1)：123-136.

麻青青,2014.政府职能转变视角下我国公共服务市场化研究[D].济南：山东师范大学.

马克斯·韦伯,2012.新教伦理与资本主义精神[M].骑炎,译.北京：北京大学出版社.

马强,2003.近年来北美关于"TOD"的研究进展[J].国际城市规划(5)：45-50.

马树才,李华,袁国敏,等,2001.基础设施建设投资拉动经济增长测算研究[J].统计研究(10)：30-33.

马文聪,叶阳平,徐梦丹,等,2018."两情相悦"还是"门当户对"：产学研合作伙伴匹配性及其对知识共享和合作绩效的影响机制[J].南开管理评论,21(6)：95-106.

马翔,包国宪,2020.网络舆情事件中的公共价值偏好与政府回应绩效[J].公共管理学报,17(2)：70-83,169.

蒙克,李朔严,2019.公共管理研究中的案例方法：一个误区和两种传承[J].中国行政管理(9)：89-94.

宁靓,赵立波,2018.公共价值视域下的PPP价值冲突与协调研究：以澳大利亚新学校项目为例[J].中国行政管理(10)：139-144.

潘洪洋,2009.私营企业主阶层政治参与问题研究：基于国家与社会关系的视角[D].上海：上海师范大学.

潘俊,王亮亮,吴宁,等,2016.财政透明度与城投债信用评级[J].会计研究(12)：72-78,96.

裴俊巍,张克,2017.英国PPP中心的演变及经验借鉴[J].国家行政学院学报(3)：124-127,132.

彭国甫,2004.价值取向是地方政府绩效评估的深层结构[J].中国行政管理(7)：75-78,84.

彭国甫,张玉亮,2007.追寻工具理性与价值理性的整合:地方政府公共事业管理绩效评估的发展方向[J].
　　中国行政管理(6):29-32.

彭宗超,庄立,2008.中国地方政府公共服务竞争力相关概念探析[J].中国行政管理(5):75-80.

齐亚莉,2006.中国金融生态问题研究[D].成都:西南财经大学.

祁志伟,2018.价值比较与现实启示:传统公共行政与新公共行政的视角[J].学术交流(5):54-60.

渠敬东,2012.项目制:一种新的国家治理体制[J].中国社会科学(5):113-130,207.

任浩,2006.公共组织行为学[M].上海:同济大学出版社:400.

盛昭瀚,薛小龙,安实,2019.构建中国特色重大工程管理理论体系与话语体系[J].管理世界,35(4):2-16,
　　51,195.

石世英,2017.PPP伙伴关系维系与项目价值的关联关系研究[D].重庆:重庆大学.

史丁莎,2017.中国PPP市场对外开放研究[D].北京:对外经济贸易大学.

宋冯艳,2012.组织趋同性分析[J].价值工程,31(4):272-274.

苏为华,2000.多指标综合评价理论与方法问题研究[D].厦门:厦门大学:193.

孙斐,2017.基于公共价值创造的网络治理绩效评价框架构建[J].武汉大学学报(哲学社会科学版),70(6):
　　132-144.

孙斐,黄卉,2015.公共价值的类型、关系与结构研究[J].甘肃行政学院学报(6):22-29,125-126.

孙健,2009.西方国家公共行政范式的演变及其发展趋势[J].学术界(6):271-277.

孙立平,王汉生,王思斌,等,1994.改革以来中国社会结构的变迁[J].中国社会科学(2):47-62.

孙学致,宿辉,2018.PPP合同的法律属性:一个解释论的立场[J].山东社会科学(7):179-186.

谈婕,郁建兴,赵志荣,2019.PPP落地快慢:地方政府能力、领导者特征与项目特点:基于项目的连续时间
　　事件史分析[J].公共管理学报(4):72-82.

谈婕,赵志荣,2019.政府和社会资本合作:国际比较视野下的中国PPP[J].公共管理与政策评论(c):2-6.

谭海波,蔡立辉,2010.论"碎片化"政府管理模式及其改革路径:"整体型政府"的分析视角[J].社会科学(8):
　　12-18,187.

谭敬慧,2016.特许经营合同常见法律问题研究[J].招标采购管理(11):56-60.

田芊,2012.中国女性择偶倾向研究——基于进化心理学的解释[D].上海:复旦大学.

田振清,任宇航,2011.北京地铁4号线公私合作项目融资模式后评价研究[J].城市轨道交通研究,
　　14(12):5-9.

汪辉勇,2008.公共价值论[D].湘潭:湘潭大学:90.

汪永成,2004.政府能力的结构分析[J].政治学研究(2):103-113.

王佃利,王铮,2019.国外公共价值理论研究的知识图谱、研究热点与拓展空间:基于SSCI(1998—2018)的
　　可视化分析[J].中国行政管理(6):103-110.

王灏,2009.城市轨道交通投融理论研究与实践[M].北京:中国金融出版社:114-124.

王名,蓝煜昕,王玉宝,等,2020.第三次分配:理论、实践与政策建议[J].中国行政管理(3):101-105,116.

王浦劬,莱斯特·M.萨拉蒙,2010.政府向社会组织购买公共服务研究:中国与全球经验分析[M].北京:
　　北京大学出版社:23.

王守坤,2010.中国式分权、政府竞争与经济绩效[D].西安：西北大学：49.

于守清,柯永建,2008.特许经营项目融资(BOT、PFI和PPP)[M].北京：清华大学出版社：126-140.

王守清,王盈盈,2017.政企合作(PPP).王守清核心观点(共三册)[M].北京：中国电力出版社.

王田苗,2019.合同特征对社会资本参与PPP的影响研究[D].大连：大连理工大学：38.

王薇,戴大双,王东波,2011.广西来宾B电厂BOT项目特许经营者选择研究[J].科技与管理,13(2)：96-99.

王伟朋,2018.价值共创视角下社区公共服务供给机制研究：以贵阳市G社区为例[J].中国集体经济：34,152-153.

王学军,2020.公共价值视角下的公共服务合作生产：回顾与前瞻[J].南京社会科学(2)：59-66,94.

王学军,包国宪,2014.地方政府公共价值创造的挑战与路径：基于G省地方政府官员访谈的探索性研究[J].兰州大学学报(社会科学版),42(3)：57-64.

王学军,张弘,2013.公共价值的研究路径与前沿问题[J].公共管理学报,10(2)：126-136,144.

王亚华,2005.中国水权结构变迁：科层理论与实证分析[D].北京：清华大学：87-89.

王盈盈,2010.中国建筑市场的结构调整研究[D].北京：清华大学：32.

王盈盈,杜鹏,2015.杨家溪污水处理厂PPP项目的成功经验[J].中国投资(10)：98-102,11.

王盈盈,冯珂,王守清,2017.特许经营项目融资(PPP)实务问答1000例[M].北京：清华大学出版社.

王盈盈,冯珂,尹晋,等,2015.物有所值评价模型的构建及应用：以城市轨道交通PPP项目为例[J].项目管理技术,13(8)：21-27.

王盈盈,甘甜,郭栋,等,2020.从项目管理到公共管理：PPP研究述评与展望[J].管理现代化,40(06)：67-74.

王盈盈,甘甜,王欢明,2021b.多主体视阈下的PPP项目运作逻辑——基于基础设施和公共服务项目的多案例研究[J].公共行政评论,14(05)：3-22.

王盈盈,甘甜,王守清,2021a.走向协同：中国PPP管理体制改革研究[J].经济体制改革,(03)：18-24.

王盈盈,柯永建,王守清,2008.中国PPP项目中政治风险的变化和趋势[J].建筑经济(12)：58-61.

王盈盈,王守清,2017.PPP发展这三年：基于干系人6P视角分析[J].新理财(政府理财)(1)：36-39.

王永钦,陈映辉,杜巨澜,2016.软预算约束与中国地方政府债务违约风险：来自金融市场的证据[J].经济研究,51(11)：96-109.

韦炯超,2016.基于地方政府视角的PPP投融资模式应用研究——以NS保税港区L项目为例[D].广州：暨南大学：58.

卫武,2006.中国环境下企业政治资源、政治策略和政治绩效及其关系研究[J].管理世界(2)：95-109.

巫永平,2017.谁创造的经济奇迹？[M].北京：生活·读书·新知三联书店：90-113.

吴江,王斌,申丽娟,2009.中国新型城镇化进程中的地方政府行为研究[J].中国行政管理(3)：88-91.

吴俊培,卢洪友,2004.公共品的"公"、"私"供给效率制度安排：一个理论假说[J].经济评论(4)：15-18,59.

伍迪,2015.PPP项目的控制权配置研究[D].北京：清华大学：73.

肖土盛,李丹,袁淳,2018.企业风格与政府环境匹配：基于异地并购的证据[J].管理世界,34(3)：124-138.

徐国冲,翟文康,2017.公共价值是如何被创造出来的？兼评《创造公共价值：政府战略管理》与

Recognizing public value[J].公共行政评论,10(4):179-188.

徐玖玖,2019.公私合作制 PPP 项目法律激励机制的制度重估及其优化[J].商业研究(6):139-152.

许光东,2018.基于效率视角的 PPP 模式优化研究[D].合肥:安徽大学.

许秋起,2004.透析中国市场化进程中权力嵌入现象:市场化"质"的问题的政治经济学思考[J].当代财经(6):
13-18.

薛澜,2014.顶层设计与泥泞前行:中国国家治理现代化之路[J].公共管理学报,11(4):1-6,139.

严荣,2007.公共服务供给不足的政治经济分析[J].上海行政学院学报(3):37-46.

颜昌武,2019.刚性约束与自主性扩张:乡镇政府编外用工的一个解释性框架[J].中国行政管理(04):
100-106.

颜昌武,刘云东,2008.西蒙-瓦尔多之争:回顾与评论[J].公共行政评论(2):144-170,201.

杨立华,李凯林,2019.公共管理混合研究方法的基本路径[J].甘肃行政学院学报(6):36-46,125.

杨淑琴,2018.国有企业高管薪酬的问题与法律治理路径[J].商场现代化(3):177-178.

杨永恒,龚璞,潘雅婷,2018a.公共文化服务效能评估:理论与方法[M].北京:科学出版社:12-17.

杨永恒,王强,肖光睿,等,2018b.中国 PPP 事业发展分析与预测(2017):促进中国 PPP 事业健康可持续发
展[M]//王天义,韩志峰.中国 PPP 年度发展报告,2017(PPP 蓝皮书),北京:社会科学文献出版社:
001-042.

杨占武,2006.我国政府采购中寻租行为及对策研究[D].上海:上海交通大学.

叶林,杨宇泽,2018.行政区划调整中的政府组织重构与上下级谈判:以江城撤市设区为例[J].武汉大学学
报(哲学社会科学版),71(3):164-176.

叶托,2014.超越民营化:多元视角下的政府购买公共服务[J].中国行政管理(4):56-61.

衣亚男,2019.黑龙江省政府债务风险管理的问题及对策研究[D].哈尔滨:哈尔滨商业大学:39.

于文轩,樊博,2020.公共管理学科的定量研究被滥用了吗?:与刘润泽、巩宜萱一文商榷[J].公共管理学报(2):
30-32.

郁建兴,高翔,2012.地方发展型政府的行为逻辑及制度基础[J].中国社会科学(5):95-112.

郁建兴,任杰,2018.沃尔多《行政国家》及其当代意义[J].公共管理与政策评论,7(4):15-29.

郁振华,2001.波兰尼的默会认识论[J].自然辩证法研究(8):5-10.

袁海霞,2015.启动地方债限额托底经济增长[J].投资北京(10):29-30.

约翰·W.克雷斯威尔,2007.研究设计与写作指导:定性、定量与混合研究的路径[M].崔延强,主译;孙
振东,审校.重庆:重庆大学出版社:3-5,17.

张德胜,金耀基,陈海文,等,2001.论中庸理性:工具理性、价值理性和沟通理性之外[J].社会学研究(2):
33-48.

张国平,2012.女性的长期择偶策略与短期性关系策略对比研究[J].中国性科学,21(2):48-51.

张莉,年永威,刘京军,2018.土地市场波动与地方债:以城投债为例[J].经济学(季刊),17(3):1103-1126.

张玲,2000.财务危机预警分析判别模型及其研究[J].预测(3):49-51.

张绍瑞,王志刚,2002.道德风险与软约束:对"借新还旧"政策的分析[J].金融研究(6):74-78.

张水波,张晨,高颖,2014.公私合营(PPP)项目的规制研究[J].天津大学学报(社会科学版)(1):32-37.

张童,2019.金融机构防范 PPP 政府隐性债务风险之探析：基于财金[2019]10 号文的解读[J].财会月刊,
    17：172-176.

张万宽,杨永恒,王有强,2010.公私伙伴关系绩效的关键影响因素：基于若干转型国家的经验研究[J].公
    共管理学报,7(3)：103-112,127-128.

张维迎,1998.控制权损失的不可补偿性与国有企业兼并中的产权障碍[J].经济研究(7)：4-15.

张希博,吴育成,陈雨婷,等,2018.PPP 发展之坚守合规[J].施工企业管理(8)：72-74.

赵昌平,王方华,2001.跨国公司国际战略联盟的动因研究[J].上海交通大学学报(社会科学版)(3)：
    41-44.

赵鼎新,2015.社会科学研究的困境：从与自然科学的区别谈起[J].社会学评论,3(4)：3-18.

赵鼎新,2018.从美国实用主义社会科学到中国特色社会科学：哲学和方法论基础探究[J].社会学研究,
    33(1)：17-40,242-243.

赵鼎新,2019.价值缺失与过度有为：从古今异同看当前官僚制的困境[J].文化纵横(5)：30-36,142.

赵静,陈玲,薛澜,2013.地方政府的角色原型、利益选择和行为差异：一项基于政策过程研究的地方政府理
    论[J].管理世界(2)：90-106.

赵梦媛,2018.中俄战略伙伴语境下报业合作研究[D].郑州：郑州大学：20.

赵珍,2018.当前融资模式下地方政府隐性债务风险探析[J].财政科学(2)：107-116.

折晓叶,陈婴婴,2011.项目制的分级运作机制和治理逻辑：对"项目进村"案例的社会学分析[J].中国社会
    科学(4)：126-148,223.

郑凤麟,2016.新常态下轨道交通公司融资思路探讨[J].企业改革与管理(8)：114.

郑谦,2012.公共物品"多中心"供给研究：基于公共性价值实现的分析视角[M].北京：北京大学出版社：
    263-265.

郑思齐,孙伟增,吴璟,等,2014."以地生财,以财养地"：中国特色城市建设投融资模式研究[J].经济研究,
    49(8)：14-27.

郑文全,2014.剩余收益能够间接分享吗？——基于终身教职制度性质的系统解释[J].管理世界(2)：44-
    67,187.

郑永年,黄彦杰,2021.制内市场：中国国家主导型政治经济学[M].杭州：浙江人民出版社.

仲凡,2018.我国地方政府性债务管理研究[D].长沙：湖南大学.

周迪雯,2016.以 PPP 模式支持我国社会养老机构建设的对策研究[D].昆明：云南财经大学.

周芳友,倪凌,2012.西蒙与沃尔多之争及其影响[J].湖南大学学报(社会科学版),26(3)：117-120.

周飞舟,2012.以利为利财政关系与地方政府行为[M].上海：上海三联书店.

周飞舟,2019.政府行为与中国社会发展：社会学的研究发现及范式演变[J].中国社会科学(3)：21-38,
    204-205.

周黎安,2007.中国地方官员的晋升锦标赛模式研究[J].经济研究(7)：36-50.

周黎安,2008.转型中的地方政府：官员激励与治理[M].上海：格致出版社.

周姝含,2018.政府合理付费视角下污水处理 PPP 项目运营阶段绩效评价研究[D].天津：天津理工大学：62.

周雪光,2003.组织社会学十讲[M].北京：社会科学文献出版社：224.

周雪光,2005."逆向软预算约束":一个政府行为的组织分析[J].中国社会科学(2):132-143,207.

周雪光,2008.基层政府间的"共谋现象":一个政府行为的制度逻辑[J].社会学研究(6):1-21,243.

周雪光,2011.权威体制与有效治理:当代中国国家治理的制度逻辑[J].开放时代(10):67-85.

周雪光,练宏,2012.中国政府的治理模式:一个"控制权"理论[J].社会学研究,27(5):69-93,243.

周雨濛,2017.PPP 模式中社会资本的法律研究[D].长沙:湖南大学:101.

周志忍,2009.认识市场化改革的新视角[J].中国行政管理(3):11-16.

朱恒鹏,2004.地区间竞争、财政自给率和公有制企业民营化[J].经济研究(10):24-34.

朱丽叶·M.科宾,安塞尔姆·L.施特劳斯,2015.质性研究的基础:形成扎根理论的程序与方法[M].朱光明,译.3 版,重庆:重庆大学出版社:100.

庄鹏,2017.深圳市龙岗区规范推动政府和社会资本合作(PPP)对策研究[D].兰州:兰州大学.

# 附　录

## 附录 A　用于扎根理论的 PPP 相关政策法规汇编（2014—2020）

| 政策编号 | 政　策　名 | 发布机构 | 发布时间/年 | 文　号 |
|---|---|---|---|---|
| 1 | 关于推广运用政府和社会资本合作模式有关问题的通知 | 财政部 | 2014 | 财金〔2014〕76号 |
| 2 | 关于创新重点领域投融资机制鼓励社会投资的指导意见 | 国务院 | 2014 | 国发〔2014〕60号 |
| 3 | 关于印发政府和社会资本合作模式操作指南（试行）的通知 | 财政部 | 2014 | 财金〔2014〕113号 |
| 4 | 关于政府和社会资本合作示范项目实施有关问题的通知 | 财政部 | 2014 | 财金〔2014〕112号 |
| 5 | 关于规范政府和社会资本合作合同管理工作的通知 | 财政部 | 2014 | 财金〔2014〕156号 |
| 6 | 关于印发《政府采购竞争性磋商采购方式管理暂行办法》的通知 | 财政部 | 2014 | 财库〔2014〕214号 |
| 7 | 关于印发《政府和社会资本合作项目政府采购管理办法》的通知 | 财政部 | 2014 | 财库〔2014〕215号 |
| 8 | 关于鼓励和引导社会资本参与重大水利工程建设运营的实施意见 | 发展改革委 | 2015 | 发改农经〔2015〕488号 |
| 9 | 关于印发《政府和社会资本合作项目财政承受能力论证指引》的通知 | 财政部 | 2015 | 财金〔2015〕21号 |
| 10 | 关于推进水污染防治领域政府和社会资本合作的实施意见 | 财政部 | 2015 | 财建〔2015〕90号 |
| 11 | 关于在收费公路领域推广运用政府和社会资本合作模式的实施意见 | 财政部 | 2015 | 财建〔2015〕111号 |

| 政策编号 | 政 策 名 | 发布机构 | 发布时间/年 | 文 号 |
|---|---|---|---|---|
| 12 | 关于运用政府和社会资本合作模式推进公共租赁住房投资建设和运营管理的通知 | 财政部 | 2015 | 财综〔2015〕15号 |
| 13 | 财政部 发展改革委 人民银行关于在公共服务领域推广政府和社会资本合作模式指导意见的通知 | 国务院办公厅 | 2015 | 国办发〔2015〕42号 |
| 14 | 关于印发《中央财政服务业发展专项资金管理办法》的通知 | 财政部 | 2015 | 财建〔2015〕256号 |
| 15 | 关于印发《城市管网专项资金管理暂行办法》的通知 | 财政部 | 2015 | 财建〔2015〕201号 |
| 16 | 关于进一步做好政府和社会资本合作项目示范工作的通知 | 财政部 | 2015 | 财金〔2015〕57号 |
| 17 | 关于印发《水污染防治专项资金管理办法》的通知 | 财政部 | 2015 | 财建〔2015〕226号 |
| 18 | 关于推进城市地下综合管廊建设的指导意见 | 国务院办公厅 | 2015 | 国办发〔2015〕61号 |
| 19 | 关于进一步促进旅游投资和消费的若干意见 | 国务院办公厅 | 2015 | 国办发〔2015〕62号 |
| 20 | 关于深化国有企业改革的指导意见 | 中共中央、国务院 | 2015 | 中发〔2015〕22号 |
| 21 | 关于加快融资租赁业发展的指导意见 | 国务院办公厅 | 2015 | 国办发〔2015〕68号 |
| 22 | 关于国有企业发展混合所有制经济的意见 | 国务院 | 2015 | 国发〔2015〕54号 |
| 23 | 印发《生态文明体制改革总体方案》 | 中共中央 国务院 | 2017 | — |
| 24 | 关于推进海绵城市建设的指导意见 | 国务院办公厅 | 2015 | 国办发〔2015〕75号 |
| 25 | 关于加快发展生活性服务业促进消费结构升级的指导意见 | 国务院办公厅 | 2015 | 国办发〔2015〕85号 |
| 26 | 关于积极发挥新消费引领作用加快培育形成新供给新动力的指导意见 | 国务院 | 2015 | 国发〔2015〕66号 |
| 27 | 关于实施政府和社会资本合作项目以奖代补政策的通知 | 财政部 | 2015 | 财金〔2015〕158号 |
| 28 | 关于规范政府和社会资本合作（PPP）综合信息平台运行的通知 | 财政部 | 2015 | 财金〔2015〕166号 |
| 29 | 关于印发《PPP物有所值评价指引（试行）》的通知 | 财政部 | 2015 | 财金〔2015〕167号 |
| 30 | 关于对地方政府债务实行限额管理的实施意见 | 财政部 | 2015 | 财预〔2015〕225号 |
| 31 | 关于金融支持工业稳增长调结构增效益的若干意见 | 中国人民银行、发展改革委、工业和信息化部、财政部、商务部、银监会、证监会、原保监会 | 2016 | — |

续表

| 政策编号 | 政　策　名 | 发布机构 | 发布时间/年 | 文　号 |
|---|---|---|---|---|
| 32 | 关于印发 2016 年政务公开工作要点的通知 | 国务院办公厅 | 2016 | 国办发[2016]19 号 |
| 33 | 关于印发《江河湖库水系综合整治资金使用管理暂行办法》的通知 | 财政部 | 2016 | 财农[2016]11 号 |
| 34 | 国务院办公厅关于支持贫困县开展统筹整合使用财政涉农资金试点的意见 | 国务院 | 2016 | 国办发[2016]22 号 |
| 35 | 关于印发《法治财政建设实施方案》的通知 | 财政部 | 2016 | 财法[2016]5 号 |
| 36 | 关于进一步共同做好政府和社会资本合作(PPP)有关工作的通知 | 财政部 | 2016 | 财金[2016]32 号 |
| 37 | 关于开展农业综合开发高标准农田建设模式创新试点的通知 | 国务院 | 2016 | 国农办[2016]31 号 |
| 38 | 关于组织开展第三批政府和社会资本合作示范项目申报筛选工作的通知 | 财政部 | 2016 | 财金函[2016]47 号 |
| 39 | 关于印发《政府和社会资本合作项目财政管理暂行办法》的通知 | 财政部 | 2016 | 财金[2016]92 号 |
| 40 | 关于联合公布第三批政府和社会资本合作示范项目加快推动示范项目建设的通知 | 财政部 | 2016 | 财金[2016]91 号 |
| 41 | 关于在公共服务领域深入推进政府和社会资本合作工作的通知 | 财政部 | 2016 | 财金[2016]90 号 |
| 42 | 《财政部驻各地财政监察专员办事处实施地方政府债务监督暂行办法》的通知 | 财政部 | 2016 | 财预[2016]175 号 |
| 43 | 关于印发《中央财政水利发展资金使用管理办法》的通知 | 财政部 | 2016 | 财农[2016]181 号 |
| 44 | 关于印发《财政部政府和社会资本合作(PPP)专家库管理办法》的通知 | 财政部 | 2016 | 财金[2016]144 号 |
| 45 | 关于印发《政府和社会资本合作(PPP)综合信息平台信息公开管理暂行办法》的通知 | 财政部 | 2017 | 财金[2017]1 号 |
| 46 | 关于印发《中央财政专项扶贫资金管理办法》的通知 | 财政部 | 2017 | 财农[2017]8 号 |
| 47 | 关于做好当前和今后一段时期就业创业工作的意见 | 国务院 | 2017 | 国发[2017]28 号 |
| 48 | 关于进一步规范地方政府举债融资行为的通知 | 财政部 | 2017 | 财预[2017]50 号 |
| 49 | 关于深入推进农业领域政府和社会资本合作的实施意见 | 财政部 | 2017 | 财金[2017]50 号 |
| 50 | 关于规范开展政府和社会资本合作项目资产证券化有关事宜的通知 | 财政部 | 2017 | 财金[2017]55 号 |

| 政策编号 | 政　策　名 | 发布机构 | 发布时间/年 | 文　号 |
|---|---|---|---|---|
| 51 | 关于政府参与的污水、垃圾处理项目全面实施 PPP 模式的通知 | 财政部 | 2017 | 财建[2017]455 号 |
| 52 | 关于运用政府和社会资本合作模式支持养老服务业发展的实施意见 | 财政部 | 2017 | 财金[2017]86 号 |
| 53 | 关于规范政府和社会资本合作(PPP)综合信息平台项目库管理的通知 | 财政部 | 2017 | 财办金[2017]92 号 |
| 54 | 关于国有资本加大对公益性行业投入的指导意见 | 财政部 | 2017 | 财建[2017]743 号 |
| 55 | 关于加强保险资金运用管理支持防范化解地方政府债务风险的指导意见 | 原保监会、财政部 | 2018 | 保监发[2018]6 号 |
| 56 | 关于进一步增强企业债券服务实体经济能力严格防范地方债务风险的通知 | 发展改革委 | 2018 | 发改办财金[2018]194 号 |
| 57 | 关于规范金融企业对地方政府和国有企业投融资行为有关问题的通知 | 财政部 | 2018 | 财金[2018]23 号 |
| 58 | 关于在旅游领域推广政府和社会资本合作模式的指导意见 | 文化和旅游部、财政部 | 2018 | 文旅旅发[2018]3 号 |
| 59 | 关于进一步加强政府和社会资本合作(PPP)示范项目规范管理的通知 | 财政部 | 2018 | 财金[2018]54 号 |
| 60 | 关于进一步加强城市轨道交通规划建设管理的意见 | 国务院办公厅 | 2018 | 国办发[2018]52 号 |
| 61 | 关于贯彻落实《中共中央 国务院关于全面实施预算绩效管理的意见》的通知 | 财政部 | 2018 | 财预[2018]167 号 |
| 62 | 关于印发"无废城市"建设试点工作方案的通知 | 国务院办公厅 | 2018 | 国办发[2018]128 号 |
| 63 | 国务院办公厅关于保持基础设施领域补短板力度的指导意见 | 国务院 | 2018 | 国办发[2018]101 号 |
| 64 | 关于聚焦企业关切进一步推动优化营商环境政策落实的通知 | 国务院办公厅 | 2018 | 国办发[2018]104 号 |
| 65 | 关于对 2017 年落实有关重大政策措施真抓实干成效明显地方予以督查激励的通报 | 国务院 | 2018 | 国办发[2018]28 号 |
| 66 | 关于进一步激发民间有效投资活力促进经济持续健康发展的指导意见 | 国务院 | 2017 | 国办发[2017]79 号 |
| 67 | 关于推进农业高新技术产业示范区建设发展的指导意见 | 国务院办公厅 | 2018 | 国办发[2018]4 号 |
| 68 | 关于加快推进畜禽养殖废弃物资源化利用的意见 | 国务院办公厅 | 2017 | 国办发[2017]48 号 |
| 69 | 关于印发打赢蓝天保卫战三年行动计划的通知 | 国务院 | 2018 | 国发[2018]22 号 |
| 70 | 关于进一步激发社会领域投资活力的意见 | 国务院办公厅 | 2017 | 国办发[2017]21 号 |

续表

| 政策编号 | 政　策　名 | 发布机构 | 发布时间/年 | 文　号 |
|---|---|---|---|---|
| 71 | 关于印发东北地区与东部地区部分省市对口合作工作方案的通知 | 国务院办公厅 | 2017 | 国办发〔2017〕22号 |
| 72 | 关于印发2017年政务公开工作要点的通知 | 国务院办公厅 | 2017 | 国办发〔2017〕24号 |
| 73 | 转发国家发展改革委关于"十三五"期间实施新一轮农村电网改造升级工程意见的通知 | 国务院办公厅 | 2016 | 国办发〔2016〕9号 |
| 74 | 关于加快培育和发展住房租赁市场的若干意见 | 国务院办公厅 | 2016 | 国办发〔2016〕39号 |
| 75 | 关于实施支持农业转移人口市民化若干财政政策的通知 | 国务院 | 2016 | 国发〔2016〕44号 |
| 76 | 关于印发中国（陕西）自由贸易试验区总体方案通知 | 国务院 | 2017 | 国发〔2017〕21号 |
| 77 | 关于深化改革推进北京市服务业扩大开放综合试点工作方案的批复 | 国务院 | 2017 | 国函〔2017〕86号 |
| 78 | 关于进一步扩大和升级信息消费持续释放内需潜力的指导意见 | 国务院 | 2017 | 国发〔2017〕40号 |
| 79 | 关于进一步健全特困人员 救助供养制度的意见 | 国务院 | 2016 | 国发〔2016〕14号 |
| 80 | 关于印发推动1亿非户籍人口在城市落户方案的通知 | 国务院办公厅 | 2016 | 国办发〔2016〕72号 |
| 81 | 关于对真抓实干成效明显地方加大激励支持力度的通知 | 国务院办公厅 | 2016 | 国办发〔2016〕82号 |
| 82 | 关于推进农业水价综合改革的意见 | 国务院办公厅 | 2016 | 国办发〔2016〕2号 |
| 83 | 关于全面放开养老服务市场提升养老服务质量的若干意见 | 国务院办公厅 | 2016 | 国办发〔2016〕91号 |
| 84 | 关于印发生产者责任延伸制度推行方案的通知 | 国务院办公厅 | 2016 | 国办发〔2016〕99号 |
| 85 | 关于促进开发区改革和创新发展的若干意见 | 国务院办公厅 | 2017 | 国办发〔2017〕7号 |
| 86 | 批转国家发展改革委关于2017年深化经济体制改革重点工作意见的通知 | 国务院 | 2017 | 国发〔2017〕27号 |
| 87 | 关于加快推进重要产品追溯体系建设的意见 | 国务院办公厅 | 2015 | 国办发〔2015〕95号 |
| 88 | 关于加强困境儿童保障工作的意见 | 国务院 | 2016 | 国发〔2016〕36号 |
| 89 | 关于促进和规范健康医疗大数据应用发展的指导意见 | 国务院办公厅 | 2016 | 国办发〔2016〕47号 |
| 90 | 关于深入推进实施新一轮东北振兴战略加快推动东北地区经济企稳向好若干重要举措的意见 | 国务院 | 2016 | 国发〔2016〕62号 |

续表

| 政策编号 | 政　策　名 | 发布机构 | 发布时间/年 | 文　号 |
|---|---|---|---|---|
| 91 | 关于印发"十三五"现代综合交通运输体系发展规划的通知 | 国务院 | 2017 | 国发〔2017〕11号 |
| 92 | 关于加快电动汽车充电基础设施建设的指导意见 | 国务院办公厅 | 2015 | 国办发〔2015〕73号 |
| 93 | 关于鼓励社会力量兴办教育促进民办教育健康发展的若干意见 | 国务院 | 2016 | 国发〔2016〕81号 |
| 94 | 关于全面振兴东北地区等老工业基地的若干意见 | 中共中央、国务院 | 2016 | — |
| 95 | 关于全面实施预算绩效管理的意见 | 中共中央、国务院 | 2018 | — |
| 96 | 关于开展政府和社会资本合作的指导意见 | 发展改革委 | 2014 | 发改投资〔2014〕2724号 |
| 97 | 关于推进开发性金融支持政府和社会资本合作有关工作的通知 | 发展改革委、国家开发银行 | 2015 | 发改投资〔2015〕445号 |
| 98 | 关于推进开发性金融支持国家级新区健康发展有关工作的通知 | 发展改革委、国家开发银行 | 2015 | 发改地区〔2015〕1584号 |
| 99 | 关于进一步鼓励和扩大社会资本投资建设铁路的实施意见 | 发展改革委 | 2015 | 发改基础〔2015〕1610号 |
| 100 | 关于加强城市停车设施建设的指导意见 | 发展改革委 | 2015 | 发改基础〔2015〕1788号 |
| 101 | 关于银行业支持重点领域重大工程建设的指导意见 | 原中国银监会、发展改革委 | 2015 | 银监发〔2015〕43号 |
| 102 | 关于加快配电网建设改造的指导意见 | 发展改革委 | 2015 | 发改能源〔2015〕1899号 |
| 103 | 关于进一步加强区域合作工作的指导意见 | 发展改革委 | 2015 | 发改地区〔2015〕3107号 |
| 104 | 关于做好社会资本投资铁路项目示范工作的通知 | 发展改革委 | 2015 | 发改基础〔2015〕3123号 |
| 105 | 关于推进东北地区民营经济发展改革的指导意见 | 发展改革委 | 2016 | 发改振兴〔2016〕623号 |
| 106 | 关于实施光伏发电扶贫工作的意见 | 发展改革委 | 2016 | 发改能源〔2016〕621号 |
| 107 | 关于印发《关于进一步发挥交通扶贫脱贫攻坚基础支撑作用的实施意见》的通知 | 发展改革委 | 2016 | 发改基础〔2016〕926 |
| 108 | 关于促进具备条件的开发区向城市综合功能区转型的指导意见 | 发展改革委 | 2015 | 发改规划〔2015〕2832号 |
| 109 | 关于推进多能互补集成优化示范工程建设的实施意见 | 发展改革委、国家能源局 | 2016 | 发改能源〔2016〕1430号 |
| 110 | 关于推行合同节水管理促进节水服务产业发展的意见 | 发展改革委 | 2016 | 发改环资〔2016〕1629号 |

| 政策编号 | 政 策 名 | 发 布 机 构 | 发布时间/年 | 文 号 |
|---|---|---|---|---|
| 111 | 关于国家高速公路网新建政府和社会资本合作项目批复方式的通知 | 发展改革委办公厅 | 2016 | 发改办基础〔2016〕1818号 |
| 112 | 关于切实做好传统基础设施领域政府和社会资本合作有关工作的通知 | 发展改革委 | 2016 | 发改投资〔2016〕1744号 |
| 113 | 《关于推动积极发挥新消费引领作用加快培育形成新供给新动力重点任务落实的分工方案》的通知 | 发展改革委 | 2016 | 发改规划〔2016〕1553号 |
| 114 | 《关于加快推进国家"十三五"规划＜纲要＞重大工程项目实施工作的意见》的通知 | 发展改革委 | 2016 | 发改规划〔2016〕1641号 |
| 115 | 关于开展重大市政工程领域政府和社会资本合作（PPP）创新工作的通知 | 发展改革委、住房城乡建设部 | 2016 | 发改投资〔2016〕2068号 |
| 116 | 关于印发《传统基础设施领域实施政府和社会资本合作项目工作导则》的通知 | 发展改革委 | 2016 | 发改投资〔2016〕2231号 |
| 117 | 关于加快美丽特色小（城）镇建设的指导意见 | 发展改革委 | 2016 | 发改规划〔2016〕2125号 |
| 118 | 关于加快推进"一带一路"空间信息走廊建设与应用的指导意见 | 国防科工局、发展改革委 | 2016 | 科工一司〔2016〕1199号 |
| 119 | 关于运用政府和社会资本合作模式推进林业建设的指导意见 | 发展改革委、林业局 | 2016 | 发改农经〔2016〕2455号 |
| 120 | 关于推进农业领域政府和社会资本合作的指导意见 | 发展改革委、农业部 | 2016 | 发改农经〔2016〕2574号 |
| 121 | 关于进一步做好收费公路政府和社会资本合作项目前期工作的通知 | 发展改革委办公厅、交通运输部办公厅 | 2016 | 发改办基础〔2016〕2851号 |
| 122 | 关于进一步贯彻落实"三大战略"发挥高速公路支撑引领作用的实施意见 | 发展改革委、交通运输部 | 2016 | 发改基础〔2016〕2806号 |
| 123 | 关于在能源领域积极推广政府和社会资本合作模式的通知 | 国家能源局 | 2016 | 国能法改〔2016〕96号 |
| 124 | 关于加强分类引导培育资源型城市转型发展新动能的指导意见 | 发展改革委 | 2017 | 发改振兴〔2017〕52号 |
| 125 | 关于创新农村基础设施投融资体制机制的指导意见 | 国务院办公厅 | 2017 | 国办发〔2017〕17号 |
| 126 | 关于推进传统基础设施领域政府和社会资本合作（PPP）项目资产证券化相关工作的通知 | 发展改革委、中国证监会 | 2016 | 发改投资〔2016〕2698号 |
| 127 | 关于进一步做好重大市政工程领域政府和社会资本合作（PPP）创新工作的通知 | 发展改革委、住房城乡建设部 | 2017 | 发改投资〔2017〕328号 |
| 128 | 关于印发《政府和社会资本合作（PPP）项目专项债券发行指引》的通知 | 发展改革委办公厅 | 2017 | 发改办财金〔2017〕730号 |
| 129 | 关于请报送养老服务业发展典型案例的通知 | 发展改革委 | 2017 | 发改办社会〔2017〕769号 |

| 政策编号 | 政　策　名 | 发　布　机　构 | 发布时间/年 | 文　号 |
|---|---|---|---|---|
| 130 | 关于请报送体育产业联系点典型案例的通知 | 发展改革委办公厅、体育总局办公厅 | 2017 | 发改办社会〔2017〕841 号 |
| 131 | 关于支持"飞地经济"发展的指导意见 | 发展改革委 | 2017 | 发改地区〔2017〕922 号 |
| 132 | 国家发展改革委关于加快运用 PPP 模式盘活基础设施存量资产有关工作的通知 | 发展改革委 | 2017 | 发改投资〔2017〕1266 号 |
| 133 | 关于印发社会资本参与林业生态建设第一批试点项目的通知 | 发展改革委办公厅、林业局办公室 | 2017 | 发改办农经〔2017〕1243 号 |
| 134 | 关于印发农业领域政府和社会资本合作第一批试点项目的通知 | 发展改革委办公厅、农业部办公厅 | 2017 | 发改办农经〔2017〕1322 号 |
| 135 | 关于在企业债券领域进一步防范风险加强监管和服务实体经济有关工作的通知 | 发展改革委办公厅 | 2017 | 发改办财金〔2017〕1358 号 |
| 136 | 关于推进资源循环利用基地建设的指导意见 | 发展改革委 | 2017 | 发改办环资〔2017〕1778 号 |
| 137 | 关于全面深化价格机制改革的意见 | 发展改革委 | 2017 | 发改价格〔2017〕1941 号 |
| 138 | 关于鼓励民间资本参与政府和社会资本合作(PPP)项目的指导意见 | 发展改革委 | 2017 | 发改投资〔2017〕2059 号 |
| 139 | 关于印发《政府和社会资本合作建设重大水利工程操作指南(试行)》的通知 | 发展改革委、水利部 | 2017 | 发改农经〔2017〕2119 号 |
| 140 | 关于加快浅层地热能开发利用促进北方采暖地区燃煤减量替代的通知 | 发展改革委 | 2017 | 发改环资〔2017〕2278 号 |
| 141 | 关于支持香港全面参与和助力"一带一路"建设的安排 | 发展改革委、香港特别行政区政府 | 2017 | — |
| 142 | 关于加强金融服务民营企业的若干意见 | 中共中央办公厅、国务院办公厅 | 2019 | 中办发〔2019〕6 号 |
| 143 | 加大力度推动社会领域公共服务补短板强弱项提质量 促进形成强大国内市场的行动方案 | 发展改革委、中央宣传部、教育部、工业和信息化部、民政部、财政部、人力资源社会保障部、自然资源部、住房城乡建设部、农业农村部、商务部、文化和旅游部、卫生健康委、广电总局、体育总局、文物局、中医药局、中国残联 | 2019 | 发改社会〔2019〕0160 号 |

续表

| 政策编号 | 政 策 名 | 发布机构 | 发布时间/年 | 文　号 |
|---|---|---|---|---|
| 144 | 基础设施和公用事业特许经营管理办法 | 发展改革委、财政部、住房城乡建设部、交通运输部、水利部、中国人民银行 | 2015 | 国家发展和改革委员会 财政部 住房城乡建设部 交通运输部 水利部 中国人民银行令第25号 |
| 145 | 关于有效发挥政府性融资担保基金作用切实支持小微企业和"三农"发展的指导意见 | 国务院办公厅 | 2019 | 国办发〔2018〕6号 |
| 146 | 关于印发《地方政府债务信息公开办法（试行）》的通知 | 财政部 | 2018 | 财预〔2018〕209号 |
| 147 | 关于贯彻落实《中共中央国务院关于全面实施预算绩效管理的意见》的通知 | 财政部 | 2018 | 财预〔2018〕167号 |
| 148 | 财政部贯彻落实实施乡村振兴战略的意见 | 财政部 | 2018 | 财办〔2018〕34号 |
| 149 | 关于进一步加强城市轨道交通规划建设管理的意见 | 国务院办公厅 | 2018 | 国办发〔2018〕52号 |
| 150 | 关于完善市场约束机制严格防范外债风险和地方债务风险的通知 | 发展改革委 | 2018 | 发改外资〔2018〕706号 |
| 151 | 关于在旅游领域推广政府和社会资本合作模式的指导意见 | 文化和旅游部、财政部 | 2018 | 文旅旅发〔2018〕3号 |
| 152 | 关于规范金融企业对地方政府和国有企业投融资行为有关问题的通知 | 财政部 | 2018 | 财金〔2018〕23号 |
| 153 | 关于印发《预算稳定调节基金管理暂行办法》的通知 | 财政部 | 2018 | 财预〔2018〕35号 |
| 154 | 关于做好2018年地方政府债务管理工作的通知 | 财政部 | 2018 | 财预〔2018〕34号 |
| 155 | 关于进一步增强企业债券服务实体经济能力严格防范地方债务风险的通知 | 发展改革委 | 2018 | 发改办财金〔2018〕194号 |
| 156 | 关于加强保险资金运用管理支持防范化解地方政府债务风险的指导意见 | 银保监会 | 2018 | 保监发〔2018〕6号 |
| 157 | 关于政府参与的污水、垃圾处理项目全面实施PPP模式的通知 | 财政部 | 2017 | 财建〔2017〕455号 |
| 158 | 关于印发《地方政府收费公路专项债券管理办法（试行）》的通知 | 财政部 | 2017 | 财预〔2017〕97号 |
| 159 | 关于试点发展项目收益与融资自求平衡的地方政府专项债券品种的通知 | 财政部 | 2017 | 财预〔2017〕89号 |
| 160 | 关于深入推进农业领域政府和社会资本合作的实施意见 | 财政部 | 2017 | 财金〔2017〕50号 |

| 政策编号 | 政　策　名 | 发布机构 | 发布时间/年 | 文　号 |
|---|---|---|---|---|
| 161 | 关于开展田园综合体建设试点工作的通知 | 财政部 | 2017 | 财办〔2017〕29 号 |
| 162 | 关于进一步规范地方政府举债融资行为的通知 | 财政部 | 2017 | 财预〔2017〕50 号 |
| 163 | 关于印发《新增地方政府债务限额分配管理暂行办法》的通知 | 财政部 | 2017 | 财预〔2017〕35 号 |
| 164 | 关于印发《财政部驻各地财政监察专员办事处实施地方政府债务监督暂行办法》的通知 | 财政部 | 2016 | 财预〔2016〕17 |
| 165 | 关于印发《地方政府专项债务预算管理办法》的通知 | 财政部 | 2016 | 财预〔2016〕155 号 |
| 166 | 关于印发《地方政府一般债务预算管理办法》的通知 | 财政部 | 2016 | 财预〔2016〕154 号 |
| 167 | 关于印发《地方预决算公开操作规程》的通知 | 财政部 | 2016 | 财预〔2016〕143 号 |
| 168 | 关于印发地方政府性债务风险应急处置预案的通知 | 国务院办公厅 | 2016 | 国办函〔2016〕88 号 |
| 169 | 关于印发《政府和社会资本合作项目财政管理暂行办法》的通知 | 财政部 | 2016 | 财金〔2016〕92 号 |
| 170 | 关于印发《法治财政建设实施方案》的通知 | 财政部 | 2016 | 财法〔2016〕5 号 |
| 171 | 关于对地方政府债务实行限额管理的实施意见 | 财政部 | 2015 | 财预〔2015〕225 号 |
| 172 | 关于规范政府和社会资本合作（PPP）综合信息平台运行的通知 | 财政部 | 2015 | 财金〔2015〕166 号 |
| 173 | 关于印发《政府财务报告编制办法（试行）》的通知 | 财政部 | 2015 | 财库〔2015〕212 号 |
| 174 | 关于进一步做好城镇棚户区和城乡危房改造及配套基础设施建设有关工作的意见 | 国务院 | 2015 | 国发〔2015〕37 |
| 175 | 关于印发推进财政资金统筹使用方案的通知 | 国务院 | 2015 | 国发〔2015〕35 号 |
| 176 | 社会资本投资农业农村指引 | 农村农业部 | 2020 | — |
| 177 | 关于运用政府和社会资本合作模式推进公共租赁住房投资建设和运营管理的通知 | 财政部 | 2015 | 财综〔2015〕15 号 |
| 178 | 关于地方政府专项债券会计核算问题的通知 | 财政部 | 2015 | 财库〔2015〕91 号 |
| 179 | 关于印发《2015 年地方政府一般债券预算管理办法》的通知 | 财政部 | 2015 | 财预〔2015〕47 号 |

续表

| 政策编号 | 政　策　名 | 发布机构 | 发布时间/年 | 文　号 |
|---|---|---|---|---|
| 180 | 关于印发《地方政府专项债券发行管理暂行办法》的通知 | 财政部 | 2015 | 财库[2015]83号 |
| 181 | 关于印发《2015年地方政府专项债券预算管理办法》的通知 | 财政部 | 2015 | 财预[2015]32号 |
| 182 | 关于印发《地方政府一般债券发行管理暂行办法》的通知 | 财政部 | 2015 | 财库[2015]64号 |
| 183 | 关于进一步做好盘活财政存量资金工作的通知 | 国务院办公厅 | 2014 | 国办发[2014]70号 |
| 184 | 关于批转财政部权责发生制政府综合财务报告制度改革方案的通知 | 国务院 | 2014 | 国发[2014]63号 |
| 185 | 关于贯彻实施修改后的预算法的通知 | 财政部 | 2014 | 财法[2014]10号 |
| 186 | 关于印发《地方政府存量债务纳入预算管理清理甄别办法》的通知 | 财政部 | 2014 | 财预[2014]351号 |
| 187 | 关于深化预算管理制度改革的决定 | 国务院 | 2014 | 国发[2014]45号 |
| 188 | 关于加强地方政府性债务管理的意见 | 国务院 | 2014 | 国发[2014]43号 |
| 189 | 中华人民共和国预算法（2014年修正） | 全国人大 | 2014 | — |
| 190 | 关于修改《中华人民共和国预算法》的决定 | 全国人民代表大会常务委员会 | 2014 | 主席令第12号 |
| 191 | 关于印发《地方财政管理绩效综合评价方案》的通知 | 财政部 | 2014 | 财预[2014]45号 |
| 192 | 关于推进政府和社会资本合作规范发展的实施意见 | 财政部 | 2019 | 财金[2019]10号 |
| 193 | 关于推进养老服务发展的意见 | 国务院办公厅 | 2019 | 国办发[2019]5号 |
| 194 | 政府投资条例 | 国务院 | 2019 | 国令第712号 |
| 195 | 重大行政决策程序暂行条例 | 国务院 | 2019 | 国令第713号 |
| 196 | 关于依法依规加强PPP项目投资和建设管理的通知 | 发展改革委 | 2019 | 发改投资规[2019]1098号 |
| 197 | 关于促进平台经济规范健康发展的指导意见 | 国务院办公厅 | 2019 | 国办发[2019]38号 |
| 198 | 关于印发改革国有资本授权经营体制方案的通知 | 国务院 | 2019 | 国发[2019]9号 |
| 199 | 关于加快发展体育竞赛表演产业的指导意见 | 国务院办公厅 | 2018 | 国办发[2018]121号 |
| 200 | 关于加强国有企业资产负债约束的指导意见 | 中共中央办公厅、国务院办公厅 | 2018 | — |
| 201 | 政府和社会资本合作（PPP）项目资产证券化业务尽职调查工作细则 | 中国基金业协会 | 2019 | 中基协字[2019]292号 |
| 202 | 关于促进政府采购公平竞争优化营商环境的通知 | 财政部 | 2019 | 财库[2019]38号 |

| 政策编号 | 政　策　名 | 发　布　机　构 | 发布时间/年 | 文　号 |
|---|---|---|---|---|
| 203 | 关于推进农村生活污水治理的指导意见 | 中央农办、农业农村部、生态环境部、住房城乡建设部、水利部、科技部、国家发展改革委、财政部、银保监会 | 2019 | 中农发〔2019〕14号 |
| 204 | 关于进一步加快推进中西部地区城镇污水垃圾处理有关工作的通知 | 发展改革委 | 2019 | 发改环资〔2019〕1227号 |
| 205 | 关于印发《水利发展资金管理办法》的通知 | 财政部、水利部 | 2019 | 财农〔2019〕54号 |
| 206 | 关于印发《城市管网及污水处理补助资金管理办法》的通知 | 财政部、住建部 | 2019 | 财建〔2019〕288号 |
| 207 | 关于梳理PPP项目增加地方政府隐性债务情况的通知 | 财政部办公厅 | 2019 | 财办金〔2019〕40号 |
| 208 | 关于印发《政府和社会资本合作（PPP）项目绩效管理操作指引》的通知 | 财政部 | 2020 | 财金〔2020〕13号 |

## 附录B　用于扎根理论的半结构化访谈提纲

访谈编号：_____①

尊敬的_____：

您好，非常感谢您参与本次访谈！

近年来，PPP成为我国基础设施投资和建设的重要制度安排。我国十八届三中全会中提到"发挥市场资源配置决定性作用"，国务院会议也多次提到在地方公共投资中，不能靠政府投资包打天下。要实现PPP这一公共产品和服务市场化创新机制的功能，需要政府治理能力和体系现代化的配套。地方政府作为PPP机制的直接行为人，既受到国家政策的外部约束，又有着社会职责的内在激励。其PPP伙伴选择的行为动机，成为当前PPP实践结果的核心因素，也是考察地方政府是否具备运用PPP机制进行善治的能力。

有鉴于此，清华大学政府和社会资本合作研究中心（简称"清华大学PPP研究中心"，依托清华大学公共管理学院运行）广泛开展调研，以期为我国PPP机制的理论与政策研究积累宝贵素材。地方政府在我国公共产品和服务市场化供给中起着为社会创造价值的重要作用，而有效供给也成为地方政府治理能力的重要考验。我们希望通过访谈，从您这里了解中国PPP的制度背景、实践过程、行为逻辑以及市场情况，以期了解地方政府作用的实际情况，同时聆听您对我国PPP实践与发展问题的切身体会与独到见解。

清华大学PPP研究中心将按照学术规范，对您的个人信息进行严格保密。您的参与是本次研究的关键，再次向您表示衷心感谢与崇高敬意！

访谈提纲如下页所示。②

清华大学PPP研究中心

访谈者：王盈盈

_____年____月____日

---

　　①　根据访谈对象所在单位进行编码，所在单位具体包含政府（中央政府、地方政府）、企业（国有企业、民营企业）、思想库（高校、科研机构、咨询机构等）。

　　②　考虑到不同访谈对象的访谈提纲有所不同，下页顺序展示面向政府、企业和思想库三份访谈提纲。

## 附录 C　用于案例分析的参与式观察工作提纲

考虑到本研究观察工作针对的是案例分析环节,笔者计划在观察过程中至少关注和回答如下六个方面的问题。

(1)谁?(观察的 PPP 项目中,包含哪些行动者? 他们的角色、地位和身份是什么? 谁是关键行动者? 该 PPP 项目最终选择的伙伴是谁? 相比没有中选的伙伴,选中的伙伴有什么特征?)

(2)什么?(观察的 PPP 项目伙伴选择过程经历了哪些环节? 政府的伙伴选择标准是什么? 这些标准是否有制度依据? 这些标准在哪些环节发挥作用? 行动者们行动的类型、性质、细节、产生与发展的过程是什么? 还有哪些变化或者细节值得关注?)

(3)何时?(当地 PPP 是什么时候开始推行的? 是在什么情况下开始推行的? 是省级压力、本级自发还是官员力推? 在当地一个 PPP 项目从发起到选定伙伴一般要经历多长时间?)

(4)何地?(当地 PPP 项目的执行通常在哪几个单位、哪些场景推动? 当地哪些行业 PPP 项目执行较多? 为什么? 其他行业为什么没有执行? 是受到了什么阻力?)

(5)如何?(PPP 伙伴选择是如何发生的? 整个流程相互之间存在什么样的关系? 地方政府 PPP 伙伴选择过程中有什么明显的规范或规则? 有出现过寻租、干预行为吗? 有操纵选择过程吗? 与该部门负责的其他市场化项目的伙伴选择有什么不同,例如承包商选择、供应商选择等?)

(6)为什么?(为什么上述观察到的事件会发生? 促使事件发生的原因是什么? 对于 PPP 伙伴选择工作,当地政府部门之间有什么不同的看法? 当地该部门推动 PPP 及选择伙伴的目的、动机和态度是什么?)由于这类问题需要通过一定的推论,不能完全通过外部观察而获得,笔者在参与型观察现场,适时地展开询问和访谈,以及时获得相关信息。

以本工作提纲为主线,围绕相关问题灵活开展参与式观察工作。

# 致　谢

感谢导师杨永恒教授对我的悉心指导和点拨。在我回校学习和工作期间，有缘结识杨老师，有幸被其收做学生攻读博士学位，这是我人生道路的重要转折点。杨老师不仅给予了我攻读博士学位期间的资助、督促与指导，还为我谋划了继续从事学术研究的未来。杨老师的为人、为师、为学、为公将成为我一生学习和追随的榜样。

衷心感谢本科毕业设计导师、硕士研究生导师王守清教授一直以来对我的关心和指导。自 2005 年初一次期末考试现场初识鹤发童颜的恩师，到毕业参加工作，再到返校回炉再造，这一路走来，恩师的关照已无法言谢。我将秉承恩师一贯的行胜于言作风、宽广为人格局，以未来的努力和表现来回报恩师，将其作为毕生之己任。同时，在论文的选题和写作过程中，我还得到了王有强教授、邓国胜教授、朱旭峰教授、巫永平教授、孟庆国教授、刘志林教授、王永贵教授、王强教授、宋金波教授、梅赐琪副教授、高宇宁副教授、殷成志副教授、周源副教授、蒙克副教授以及陈天昊、赵静、胡业飞等老师的指导与帮助，在此一并表示感谢。治学期间，巫永平教授的课程和专著深刻影响了我的学术研究旨趣；朱旭峰教授和王亚华教授的博士论文也给了我很大启发。在博士生学术研究的孤独道路上，我和教授们透过纸张、跨越时空的交流和对话，是学术研究历程中最具奇幻色彩的经历，也将成为我今后治愈焦虑、疗愈寂寞的一剂良方。

感谢武健博士、曾麒玥博士、刘方涛博士、任怀艺博士、龚璞博士、郭栋博士等的帮助。武博士鞭策，治学时间有限当珍惜。任博士则提醒，学术过程艰辛当踏实。龚博士一路上的苦口婆心，是为我保驾护航中隐形的翅膀。也感谢王红帅、甘甜、潘雅婷、范梓腾、宋文娟、张睿君、柯羿恩、黄昊以及范承铭等同学的帮助。在攻坚克难时与郭栋、红帅及雅婷同学的共勉，以及和甘甜同学的多年探讨与互相指导等种种经历，是支撑并激励我完成每一天学术工作的最真实存在。我们彼此磨合出了学术默契，也建立起了继续学术合作的坚实信任。感谢你们,也希望我能为你们带来同样的帮助和收获。同时感谢董煜老师、刘世坚老师、韩思萌老师、张媛老师、曹蓉老师、陈佳佳老师和杨晓路老师等发展规划研究院和 PPP 中心成员的帮助和支持,也感谢明树数据公司的技术支持。

感谢家人、感谢孩子们(Season 辰和 Sage 鸠)给予我无尽的爱、支持与包容。感谢清华大学政府和社会资本合作研究中心的资助。